全国高校出版社主题出版
国家哲学社会科学基金课题《汉字学视域下的"道""德"研究》阶段性成果
（课题批准号：15BZX053）

强国之道

社会主义核心价值观的汉字学解读

何铁山 ◎ 著

上海交通大学出版社
SHANGHAI JIAO TONG UNIVERSITY PRESS

内容提要

　　本书从汉字学视角分析社会主义核心价值观所论及的 24 个汉字的字源、字形、字义及发展变化，结合古籍经典文献和人们的生活实践，对其蕴含的意义进行了丰富的解读，同时也通过对"道""德""礼""孝""廉""勇"等汉字的分析，论述了中国人的传统道德观及其在当代社会的继承与发展。本书认为，社会主义核心价值观以中华传统文化为根基，与马克思主义基本原理相融相通，且能经我党革命建设实践的检验，既是民众的做人做事之德，也是国家的立国强国之道，既是我国当代社会发展的必由之路，也是我国未来相当长时间内的一种发展理论，是实现中华民族伟大复兴的具体途径和指导思想。

图书在版编目(CIP)数据

强国之道：社会主义核心价值观的汉字学解读／何
铁山著. —上海：上海交通大学出版社，2018
ISBN 978 - 7 - 313 - 16366 - 0

Ⅰ. ①强… Ⅱ. ①何… Ⅲ. ①汉字-文字学 Ⅳ.
①H12

中国版本图书馆 CIP 数据核字(2016)第 316196 号

强国之道：社会主义核心价值观的汉字学解读

著　　者：何铁山
出版发行：上海交通大学出版社　　　　地　　址：上海市番禺路 951 号
邮政编码：200030　　　　　　　　　　电　　话：021 - 64071208
出 版 人：谈　毅
印　　制：上海万卷印刷有限公司
开　　本：710mm×1000mm 1/16　　　　印　　张：13.25
字　　数：252 千字
版　　次：2018 年 5 月第 1 版　　　　　印　　次：2018 年 5 月第 1 次印刷
书　　号：ISBN 978 - 7 - 313 - 16366 - 0/H
定　　价：58.00 元

前 言

　　当代中国所面临的国际形势与历史上有着巨大的不同。历史上的秦国，仅靠"富国强兵"就能"一统天下""顺天应民"，因为当时的"天下"是"周天下"，是"近古之无王者久矣！周室卑微，五霸既没，令不行于天下，强侵弱，众暴寡，兵革不休，士民罢蔽"①的天下。汉、唐时期，外部的敌人相对弱小，至少是在文化上比较弱小和落后，以至于最后都为中华民族所同化了。但及至晚晴，"天朝上国"的迷梦被西方的"坚船利炮"所击碎，给予中国人深刻而复杂的情感冲击，也让中国人对自己的传统文化进行了许多反思。

　　现在，经过百余年的奋斗，我们终于有了实现中华民族伟大复兴的具体途径和指导思想——社会主义核心价值观：富强、民主、文明、和谐、自由、平等、公正、法治、爱国、敬业、诚信、友善。这个核心价值观的提出，既是对中国传统文化中最优秀最具普遍意义部分的传承和发扬，也涵括了对马克思主义基本原理和西方先进思想成果的中国化吸收。它既是我们的做人做事之德，也是我们的立国强国之道。

　　本书所论，即是对社会主义核心价值观（富强、民主、文明、和谐、自由、平等、公正、法治、爱国、敬业、诚信、友善）的汉字学解读。

　　"价值"，简言之就是事物对于人或主体的意义。"价值观"即人或主体关于事物的价值的认知以及由此而形成的观点与看法。这里所说的主体，可以是单个的人，也可以是国家、民族或其他共同体。对于同一事物，因其对于不同主体的意义既可能相同或相近，也可能不同或相去甚远，所以既可能形成相同或相近的观点与看法，也可能形成不同或相去甚远的观点与看法。相同或相近的叫"价值共识"，不同或相去甚远的则可称之为"价值多元"。当代世界，价值共识与价值多元并存。对此，我们既不能强求共识，更不能否定多元。

　　社会主义核心价值观，由于以"富强、民主、文明、和谐"为价值目标，以"自由、

_____

　　①　语出贾谊《过秦论》。

平等、公正、法治"为价值原则，以"爱国、敬业、诚信、友善"为价值规范，运用于公共生活，不仅不会损害任何人的利益，而且会增进每一个人的利益，所以它不仅是我们全体中国人民的价值共识，也是我们的行动准则。之所以称其为"核心价值观"，是因为这一价值观不仅仅是执政党积极倡导的，也是每个中国人在自己的工作生活中都应当并且都愿意遵循、践行、追求的目标、原则或规范，所以其价值地位既毋庸置疑，亦不可动摇。

汉字学，一般认为它只是书法学、汉语言文学等学科的一个分支，其研究内容主要为汉字形体的产生、发展、变化规律以及汉字的音义训诂等。本书的研究，实际上对上述汉字学有所扬弃，主要关注的是汉字构形中蕴涵的哲学意义，关注汉字构形的多义性、想象性及其相互关系，关注汉字构形与经典论述的关系等。

所谓"汉字学解读"，是指以汉字学为切入点，分析汉字构形的基本特点，并将其中蕴涵的哲学意义与古代典籍中的论述有机结合起来，以便更加深刻地认识字词的意义，并以此来观察和反思某些社会现象。事实上，从古圣先贤的智慧中寻求解决现实生活难题的办法，不仅过去可行(思想史的发展就是如此)，而且在今天也依然有效。汉字学解读之所以有如此功效，是因为汉字的原初构造，本来就是古圣先贤对于自然以及人类社会发展规律深度认知的高度抽象或概括。

此处，试以"人"的构形为例做以分析。

"人"之初形是"🧍"，是象形字。所谓"象形"，按照东汉文字学家许慎的说法，是"近取诸身，远取诸物"，"画成其物，随体诘诎"而成。"近"，根据人之自身如口、耳、眼、鼻、手、脚、身、心等具体形象；"远"，根据自然之物如日月星辰、山河大地、草木虫鱼等；由此描摹而成。不过，"象形"的"描摹"并不等同于绘画，不是写实或具体描绘，而是"具象"与"抽象"的高度统一。"人"之"象形"，属于"剪影成形"之"像"。它是人"侧身俯首而立"之形象的剪影。除了"🧍"之外，"𠆢""𠆢""𠆢""𠆢"等皆为象形。可是，为什么古人要以人之侧身俯首而立之形以作"人"呢？其中大有"玄机"。

1. 如此之"🧍"，一曰"畏"

侧身俯首而立，最早表达的是"人"的"畏"。在从类人猿向人进化的过程中，由于对自然界伟大力量的不可抗拒与长时间的无知，人的内心充满了恐惧，这种恐惧又逐渐迁延至对人类社会本身。到春秋战国时期，孔子便清醒地认识到，要做好"人"必须心有所"畏"！不仅要"畏天命"，而且要"畏大人，畏圣人之言"[①]。为什

[①]　"天命"，最初主要指来自自然的不可抗拒且难以认知的伟大力量，后来也指来自人类社会的绝对的道德命令或不可抗拒的绝对权威。"大人"，主要指人类社会中掌握绝对权力者，以及父母、先祖等。"圣人之言"，在孔子之前，主要指历代圣王流传下来的经典语录；孔子之后，"圣人"的概念与范畴发生了变化，"圣人之言"便指高度智慧性、真理性的语言。

么？因为人只有"临事而惧"，才可能"好谋而成"！

当代社会中的贪官污吏、不法商贩，之所以为所欲为，就是因为抛弃了人之"畏"，从而"欲令智昏"，走上不归路。

2. 如此之"彳"，又曰"礼"

中国古人行礼以这种形象最为普遍。墨子说："礼，敬也。"以"敬"释"礼"，意味深长。所谓"敬"，不仅要敬天命、大人、圣人、自然、鬼神、父母、兄弟、师长、朋友、妻子，也需敬小人、敌人、一粥一饭、一草一木。不过，敬则敬矣，态度却有所区别：敬君子要"亲而敬之"，敬鬼神、小人要"敬而远之"，敬父母要"敬而孝之"，敬敌人要"敬而重之"，敬衣食要"敬而惜之"。

3. 如此之"彳"，又曰"智"

《论语·雍也》："樊迟问知，子曰：'务民之义，敬鬼神而远之，可谓知矣。'"其中之"敬"，既是"礼"，亦是"知"或"智"。在那个年代，"鬼神"是人们不可抗拒且无法确切认知的伟大力量。对此力量所采取的"敬而远之"的态度，不仅是"礼"，而且是"智慧"或"策略"。

子产说："人之所以贵于禽兽者，智虑。智虑之所将者，礼义。"许多时候，人之行"礼"，其实也是"智"的具体化表现。

春秋时晋楚城濮之战，晋侯重耳退避三舍以打败子玉所率楚军，则不仅是"礼"，也是"智"，是"义"，是"信"。说是"礼"，是因它以国君避让大夫；说是"智"，是因其以"避"而实现了诱敌、骄敌；说是"义"，是因其提高了自身在民众与诸侯中的地位与形象，从而赢得了霸主地位；说是"信"，是因其实现了出亡楚国时曾对楚君许下的承诺。

4. 如此之"彳"，又曰"仁"

《孟子·尽心下》："仁也者，人也；义也者，宜也；礼也者，履也；智也者，知也；信也者，实也。合而言之，道也。"

马克思说，人是一切社会关系的总和①，即人必得与其他人发生关系。而这种关系的最普遍存在（"即时"的）只能发生在"两人"之间。"两人"即"二人"，"二人"即"仁"。"二人"也是人类社会最小的共同体，家庭便是这种共同体的普遍形式。"二人"能在一起，特别是能长久地在一起，原因只有一个，那就是"爱"。《论语·颜渊》："樊迟问仁，子曰：'爱人。'""爱"是"仁"的最基本内涵之一。"仁"是人之为人的基础，人若无"仁"，就是脱离了"人"的范畴。

---

①　有人可能会联想到某些极个别的与世隔绝而存在的"人"，但事实上如他们真已与世隔绝，他们也就不再属于"人"的范畴了。

5. 如此之"ᐩ"，又曰"信"

"信"由"人"与"言"构成。《论语·为政》："人而无信，不知其可也。"即人如果没有"信"，就不能在社会立足或生存。《吕氏春秋》也有"人曰信"的论断。具体言之：一方面，"信"是共同体得以建立或存在的基石；另一方面，人有了"信"才可能真正实现独立与自由。一个没有诚信、信用的社会，人将寸步难行！

6. 一撇一捺是个"人"

一撇一捺的"人"，与"近取诸身""随体诘诎"的"ᐩ"已有了巨大区别！

一撇一捺之"人"的写法最早出现于秦末汉初，从表面上看，这种变化只是书写方法由屈曲蜿蜒而变得平直简单，但其背后反映的却是"人"对旧的礼法、制度的无视与挣脱，以及对自由的向往与渴望；但另一方面，也同样反映出"人"的无知、自大与狂妄。这也有如东汉赵壹所言，此书"上非天象所垂，下非河洛所吐，中非圣人所造"①，已经失去其本来的意旨了。

是的，人有追求个性解放、精神意志、艺术实践的自由，但绝不能丢弃了人之为人最基本的"畏""仁""义""礼""智""信"等。正是因为有了它们，我们才有了最基本的人性光辉。非如此，我们的共同体将会失去安宁与和平，我们的灵魂将无所归依。于是乎，我们既要有"人"的自在、自适、自为、自信，又要有"ᐩ"的礼义谦卑；既不能完全固守传统，也不能抛弃传统。

---

① 语出《非草书》。

目　录

第一章　社会主义核心价值观与道德 ……………………………………… 1

一、"社会主义核心价值观"是"强国之道" ………………………… 1

（一）"道"的构形：行、首、之 …………………………… 2

（二）"道"的四重意义 ………………………………………… 51

（三）"道"的多重启示 ………………………………………… 53

二、"德"通于"道" ………………………………………………… 56

（一）"德"的构形：行、直、心 …………………………… 56

（二）"道""德"的构形关系及其启示 …………………… 66

三、先秦经典作家关于"道""德"及其关系的主要论述 ……… 76

第二章　社会主义核心价值观的具体内涵 ……………………………… 80

一、治国平天下之道——富强、民主、文明、和谐 …………… 80

（一）富强 ……………………………………………………… 80

（二）民主 ……………………………………………………… 86

（三）文明 ……………………………………………………… 95

（四）和谐 ……………………………………………………… 105

二、实现尊严幸福之道——自由、平等、公正、法治 ………… 116

（一）自由 ……………………………………………………… 116

（二）平等 ……………………………………………………… 125

（三）公正 ……………………………………………………… 135

（四）法治 …………………………………………………… 140

三、个人修身养性之道——爱国、敬业、诚信、友善 ………… 148

　　（一）爱国 …………………………………………………… 148

　　（二）敬业 …………………………………………………… 154

　　（三）诚信 …………………………………………………… 163

　　（四）友善 …………………………………………………… 168

第三章　社会主义核心价值观的核心 …………………………… 180

一、汉字学关于"道""德"与"公""正"构形关系的认知 …… 180

　　（一）"道"与"公" ………………………………………… 180

　　（二）"道"与"正" ………………………………………… 181

　　（三）"德"与"公" ………………………………………… 182

　　（四）"德"与"正" ………………………………………… 182

　　（五）"道德"与"公正" …………………………………… 182

二、先秦思想家关于"道""德""公""正"关系的论述或认知 … 182

　　（一）"公"即"道" ………………………………………… 182

　　（二）"公"即"德" ………………………………………… 184

　　（三）"正"即"道" ………………………………………… 184

　　（四）"正"即"德" ………………………………………… 186

　　（五）"公正"即"道德" …………………………………… 188

三、其他圣贤关于"公正"的论述或认知 ……………………… 190

四、"公正"与其他核心价值观的简单比较 …………………… 192

　　（一）"公正"与"富强" …………………………………… 192

　　（二）"公正"与"民主" …………………………………… 193

　　（三）"公正"与"文明" …………………………………… 193

　　（四）"公正"与"和谐" …………………………………… 194

　　（五）"公正"与"自由" …………………………………… 194

　　（六）"公正"与"平等" …………………………………… 194

（七）"公正"与"法治" ………………………………………… 195

（八）"公正"与"爱国" ………………………………………… 196

（九）"公正"与"敬业" ………………………………………… 196

（十）"公正"与"诚信" ………………………………………… 197

（十一）"公正"与"友善" ……………………………………… 197

五、今天我们需要什么样的"公正" ……………………………… 198

第四章　结语 …………………………………………………………… 199

参考文献 ……………………………………………………………… 200

第一章　社会主义核心价值观与道德

对于社会主义核心价值观,习近平总书记认为,"核心价值观,其实就是一种德,既是个人的德,也是一种大德,就是国家的德,社会的德"①。这一论述简略而深刻。那么,什么是"德"? 为什么说社会主义核心价值观是一种"德"? 它的具体内涵是什么? 本书试以汉字学为切入点,并联系先秦典籍,联系日常生活实践和笔者的一些思考,给予一些回答,就教于方家。

一、"社会主义核心价值观"是"强国之道"

"社会主义核心价值观"是一种"德",首先因为它是一种"道"。这种认识对于一般人言,可能有点突兀。其实,从"道"与"德"的汉字构形关系中,从古人关于"道"与"德"的关系论述中皆可得出这一结论。后面将会论及。

简言之,社会主义核心价值观既是我国当代现实发展的一条必由之路,也是我国未来相当长时间内的一种发展理论。其中,"富强、民主、文明、和谐"乃"治国平天下之道","自由、平等、公正、法治"乃广大人民"实现尊严幸福之道","爱国、敬业、诚信、友善"乃我们每个中国人的"修身养性之道"。它们三者紧密联系、相互渗透、相互补充、不可分割。只要我们每个中国人都循此"理论"而进、顺此"道"而行,就一定能实现复兴中华民族的中国梦。

可是,既然是"道",习近平总书记为什么又要称之为"德"呢? 理解这一点,就需要我们对传统国学,对汉字学、先秦哲学有所了解。

---

① 习近平:《青年要自觉践行社会主义核心价值观——在北京大学师生座谈会上的讲话》,《人民教育》2014年第10期。

链接

　　《易经·系辞》："形而上者谓之道,形而下者谓之器。"

　　在中国哲学中,"形而下"既可指有具体形状看得见摸得着或感觉得到的"器"或"物",亦可指人所从事的制造器物或改变器物形状的专业技术活动。"形而上"既可指没有具体形状看不见摸不着或感觉不到的"道"或理论、概念、思想、信念、价值、方法、道德,亦可指人所从事的社会治理、道德理论研究等活动。《论语·为政》："君子不器。"即认为真正的君子,无需从事一般的专业技术活动。这种观点在西方也有。柏拉图在其《理想国》中斥责手工业者,说"他们的灵魂已因从事下贱的技艺和职业而变得残废和畸形,正像他们的身体受到他们的技艺和职业损坏一样"①。亚里士多德在其《政治学》中说："任何职业、工技或学科,凡可影响一个自由人的身体、灵魂或心理,使之降格而不复适合于善德的操修者,都属'卑陋'。所以那些有害于人们身体的工艺或技术,以及一切受人雇用、赚取金钱、劳悴并堕坏意志的活计,我们就称之为'卑陋的'行当。"②这些蔑视技艺的言论无疑是经不起追问的,因为"器中有道""道不离器"。在今天,从事科学技术活动的人转而从事治国理政者比比皆是,从"器"中悟出或成就了"大道"的人也有很多。可见,"器"与"道"从来就是纠缠在一起的。

　　本书中,借用"形下"指汉字符号所呈现出的具体形态,用"形上"指这种形态背后所隐含的思想智慧。

（一）"道"的构形：行、首、之

　　什么是"道"？在中国传统哲学中,"道"既"可道"又"不可道",一两句话很难言说明白。

　　"道"的意项主要有如下数种。

　　路程、行程。《孙子·军争》："日夜不处,倍道兼行。"意思就是：日夜都不停息,连续走了双倍的路程。

　　取道、经过。《史记·魏世家》"若道河内"即"若取道河内"。

　　水道、河道。《史记·河渠书》："使其道皆离常流。"意为：让新开通的水道皆离开原来常年流过的河床。

　　古代棋局上的格道或交叉点。

　　种类、门类。《礼记·檀弓上》："哭有二道,有爱而哭之,有畏而哭之。"意为：哭有两个种类,一个是因为爱而哭,一个是因为害怕而哭。

---

① 柏拉图：《理想国》,郭斌和、张竹明译,商务印书馆1986年版,第246页。
② 亚里士多德：《政治学》,吴寿彭译,商务印书馆1983年版,第408页。

方位。《史记·游侠列传》："北道姚氏，西道诸杜，南道仇景，东道赵他……"其中"道"即指方位，"北道"即北方。

方法。《商君书·更法》："治世不一道，便国不法古。"其意为：治理国家不一定要用一种不变的方法，只要于国家有利就行，不一定要照搬古代的成法。

技术、技艺。张拟《棋经》："棋虽小道，实与兵合。"其意为：围棋虽然只是小技艺，但与兵法上的战略战术却是相一致的。这说明"技"或"艺"亦能进乎"道"。

事理、规律。《易·说卦传》："昔者圣人之作易也，将以顺性命之理。是以立天之道，曰阴与阳；立地之道，曰柔与刚；立人之道，曰仁与义。兼三才而两之，故易六画而成卦。分阴与阳，迭用柔刚，故易六位而成章。"圣人发现了天、地、人存在发展变化的规律，并作《易》八卦以垂示人间。其中，"阴阳互化，万物负阴以抱阳，生生不息"，为"天道"；"刚柔相济，刚示之以死，柔示之以生"，为"地道"；"内涵以仁，外示之以义，并以孝慈为本"，为"人道"。

政治主张或思想体系。《论语·卫灵公》："道不同不相为谋。"意为：政治主张不同的人不可能在一起共同谋划国家大事。

好的政治局面、政治措施。《左传·成公十二年》："天下有道，则公侯能为民干城。"意为：如果国家有好的政治局面或政策措施，那么当权的公侯就能成为人民的依靠。

道德、道义。《左传·桓公六年》："所谓道，忠于民而信于神也。"其意为：所谓道义，就是指对人民要忠诚，对神要诚信。其"神"主要指不可抗拒的"天命"或自然力量。

道家、道士。鲁迅《呐喊·风波》："从前是绢光乌黑的辫子，现在弄得僧不僧道不道的。"

神仙、方术、仙术。《汉书·张良传》："乃学道，欲轻举。"意为：于是学习神仙之术，想飞升起来。

行政区划；汉代少数民族聚居的县；唐代把全国分为十至十五道，大致相当于今天的省；清代的某些专职，如粮道、巡警道、分守道等。

讲述、说。俗语云："请听我慢慢道来。"

施行、实行。《荀子·议兵》："遇敌决战，必道吾所明，无道吾所疑。"意即：遇到敌我双方决战的死生大事，必须施行我们自己都明白无误的方针政策、战略战术，而不能施行我们自己都没底气或疑惑不解的战术策略。

知道、体验。南朝梁吴均《咏雪》："零泪无人道，相思空何益。"意为：独自流泪无人知道，这种虚无的相思对谁都没有好处。

正直。《说苑·修文》："乐之动于内，使人易道而好良；乐之动下外，使人温恭而文雅。"意为：快乐健康的音乐感动于人的内心，会让人变得正直而善良；感动于人的外表或行为举止，会使人变得敦厚、谦恭而文雅。

量词。如"三道门""一道闪电""五道题""八道菜"，再如李白诗句"黄云万里动风色，白波九道流雪山"。

此外还有"辈份""疏通""引导""看""存在""料想""反倒""开导""治理"等意。

但其中最难理解或最难言说明白的还是老子在《道德经》(亦称《老子》)中反复讲到的"道"。为什么？因为此"道"是一个独特的哲学体系。而且老子之"道"有时还不用"道"字表达，而用"象""一""天""天道""谷神""玄牝""无""不死""母""自然""大""逝""远"等，因此历代学者对老子的释解各有不同。笔者试从汉字学角度，对老子其人作以分析，以便更深刻地认识其所论述的"道"。

链接

一、以汉字学解读"老子"

1. "老"字探源

"老"的初文为""，是个象形或会意字：一个人头上戴着帽子，弓着背，手里拄着拐棍。很明显，这是一个暮年老者的形象。给人的感觉既有几分庄重、威严，又有几分衰弱、颓唐。它本意同"考"。在古代，"考"一般是长寿之意，同时也有功德圆满之意。我们在墓碑上看到的"显考"或"先考"，就是对已经逝世的父亲的美称。此处之"考"，主要是指功德圆满。此外，"老"又是经岁月磨砺、不断学习，有经验、有知识、有学问、有智慧的象征。唐朝孙过庭《书谱》中"思则老而愈妙，学乃少而可勉"便表达了这种意思。在中国传统社会中，老者受到普遍的尊重，这不仅是中华民族的传统美德，也是尊重知识、尊重经验、尊重智慧、尊重人才的客观反映。

基于以上认识，"老"字本意，以表达尊重、尊敬为多。过去，我们把当官的称"老爷"；现在，我们把父母、兄长称"老爸""老妈""老哥"，把"传道授业解惑"者称"老师"，都是以"老"来表达对地位高者、长者、智者的尊重、尊敬。"老子"之"老"，亦属此列。

2. "子"字探源

子的初文为""，象形字，象襁褓中的婴儿。上部为头，中部为举起的一双小手，下部为合并于襁褓中的一双腿脚。在古代，"子"既可单称儿子、女儿、后嗣，也可是子女的合称，这都是由襁褓中的婴孩看不能分出男女引申而来。此外，由于子女、后嗣在中国传统伦理道德中相当重要，所以"子"也有"爱"的意思。《战国策·秦策·苏秦始将连横》中有"制海内，子元元，臣诸侯"句，其中的"子元元"，就是"爱百姓"，像爱自己的子女一样地爱百姓。此外，"子"亦可称男子、女子、臣民、百姓、士大夫等。在古代，"子"也是对有学问、德高望重、名气大的男性老师、智者、贤者的尊称，如我们常说的"先秦诸子"。春秋时，也有以"子"称极有名、极美丽之女子的，如西子、南子等。

3. "老子"推论

据司马迁《史记》所载，老子姓李，并不姓老。那么，以"老""子"两字尊称一人，便是对有崇高地位、有思想、有学问的智者、老师的尊称的重复。因而，可以这么认为："老子"就是诸子之中，地位最高、年龄最长、学问最大的"子"。从中国古代思想史的发展脉络来说，老子思想也确实是诸子思想之源。

当然，也有研究者认为，老子或有姓"老"之说（即认为"老"为姓，"李"为氏），也有人认为老子生而须发皆白，"老子"即"老儿子"是也。但不管如何，都无法抹去用"老"与"子"来尊称智者、长者的美意。

老子以"耳""聃"为名与字，即指老子耳朵特别大、耳垂特别厚长，这种形象，正是中国古代圣人的"标准像"。"圣"字的初文为 𦔻，一个人，头上顶着一个大耳朵，就是"圣"。有了这只大耳朵，就能听得见、听得多、听得远，兼听则明，大耳朵也就成了圣人的象征，代表着聪明与智慧。后来的 𦕡（圣）字，先加进了"口"（象征语言、文采、智慧），后又加进了"土"（象征绝对权力），则说明人们对于"圣"的认知是不断地发展变化的。

二、老子思想的伟大之处

1. 老子思想的时空穿越

说老子思想伟大，就是指老子思想能穿越时空，与当代哲学、自然科学、社会科学、伦理道德等相通相融。

如"道可道，非常道"，表面上看语言简洁，但实际上却含义丰瞻：道，是可以言说明白的，但却不是随随便便可以，而必须把它放到一定的情境之下与一定的主客对象之间才行①。"道可道，非常道"不仅说出了"道"的复杂性、多义性、哲理性，也寓涵着"真理总是具有相对性""具体问题必须具体分析"的思想原则。又如"失道而后德，失德而后仁，失仁而后义，失义而后礼""孔德之容，惟道是从""尊道贵德""上德不德""报怨以德"等，不仅为人类的道德实践提供了深刻的理论指导，也为人为什么必须恪守伦理道德寻到了最深刻的形而上学根源。又如"天道无亲，常与善人"是说天道或自然规律是没有偏私的，但总能帮助那些善于深入认知它，并能很好地顺应、利用它的人；此语与西方名言"自助者，上帝助之"高度契合，如出一辙。

---

① 何铁山：《"道可道，非常道"别解》，《北京师范大学学报（社会科学版）》2013年第6期。

2. 老子思想与孔子思想的脉承和光大

孔子是老子的学生，且孔子思想的不少内容都来源于老子。

关于孔子求学于老子（或"问礼于老子"）的事，有多种文献记载，如《史记·老子韩非列传》《史记·孔子世家》《庄子》《列子》《礼记》《吕氏春秋》等，完全可以互相印证。从《史记》中我们可以看到，虽是孔子"问礼于老子"，但实际上，老子给孔子讲的却只是"道"与"德"。这说明老子对孔子有全面深入的了解，也能因材施教：当时只有34岁的孔子，对于"礼"，虽已有全面深入的了解与认知，但对于"道"与"德"的重要性及作用，却没有认识到。除文献记载外，如果我们能完整、认真地读完《老子》《论语》，并对它们进行全面的比较、研究，也会得出结论：孔子的思想大多来源于老子。

孔子的"中庸""过犹不及"，是老子"守中"的另说。

孔子说："可与共学，未可与适道；可与适道，未可与立；可与立，未可与权。"认真分析便可发现，它就是老子"道可道，非常道"的某种诠释：道的言说或传播，不仅要有一定的环境条件，也必须在一定的主客对象之间。

孔子说："毋意，毋必，毋固，毋我。"如认真推究，即与老子的"为人子者毋以有己，为人臣者毋以有己"高度一致。

孔子说："天下有道则见，无道则隐。""邦有道，则仕；邦无道，则可卷而怀之。""用之则行，舍之则藏。"这些论述所讲的道理其实就是老子说的"君子得其时则驾，不得其时则蓬累而行"。

孔子说："宁武子邦有道，则知；邦无道，则愚。其知可及也，其愚不可及也。"这与老子说的"良贾深藏若虚，君子盛德，容貌若愚"以及"大巧若拙"相近。

孔子说："暴虎冯河，死而无悔者，吾不与也。必也临事而惧，好谋而成者也！"说到底就是老子"勇于敢，则杀；勇于不敢，则活"的继承或引申。

孔子说："何以报德？以直报怨，以德报德。"这既是对老子"尊道贵德"思想的深刻认知，也是对老子"报怨以德"的深刻诠释。

此外，老子、孔子思想，均以探求宇宙人生"大道""上德""上善"为最高旨趣；行为均以成为"圣人"为最高目标；都讲"仁""义""礼""智""信"；都主张"和谐共荣""天人合一"；都重视主体生命的体验与反省；都主张远鬼神，重人事，尚质朴、诚信；都反对苛税与刑杀；都反对贪婪、腐败、骄奢、淫逸；都深切怀念人类历史的原初时光；都主张继承古代优秀文化遗产；等等。如果硬要问老子、孔子思想有何区别，在笔者看来，只在于其各自关注的重点不同：孔子的着重点是现实政治、人生的应对与实践，即"道""德"之外，对从属于"道""德"的"仁""义""礼""智""信"有更具体的发挥；老子则着重于理论或形而上学，即更着重于强调"道"与"德"。换个角度说，孔子讲得更加生动、具体、形象，更有针对性，而老子讲得则相对虚无,难以理解。

三、历代学者对于老子其人其书的评价

1. 孔子:其犹龙也

据《史记》《论语》《礼记》《庄子》等资料记载,孔子对老子的评价十分简略。《史记》仅有一句:"其犹龙也。"《庄子·天运》的记载是:"孔子见老聃归,三日不谈。弟子问曰:'夫子见老聃,亦将何规哉?'孔子曰:'吾乃今于是乎见龙!龙,合而成体,散而成章,乘云气而养乎阴阳。予口张而不能嗋,予又何规老聃哉!'"意思与"其犹龙也"一致。仅此一个"龙"字,足矣!它不仅表达了孔子对老子的崇敬与钦佩,也表达了那个时代对一个伟大哲人、智者的高度认可。事实上,孔子对许多历史人物都进行过评价,但他既没有把尧、舜、禹、周公、文王等古圣先贤比作龙,也没有把同时代的其他英雄豪杰比作龙,足见老子在其心目中的地位。至于后世自称为龙子龙孙的帝王,虽或有"龙"的威势,但又有谁可比肩老子,具有"龙"的气质、精神与智慧呢?

2. 葛洪:道乃百家之基

晋代著名道教思想家、医学家葛洪在他的《抱朴子·内篇》中说:"道也者,所以陶冶百氏,范铸二仪,胞胎万类,酝酿彝伦者也。"就是说:所谓道,既是我国百家学说的基础,也是天地万物的母体,是一切伦理道德、形上之思的根源。这既是对老子之"道"的高度认可,也是对老子其人的高度认可。

3. 王国维:中国哲学始于老子

清末著名学者、思想家王国维说:"我中国真正的哲学始于老子。"即是说,老子之前的中国哲学,即或有,也是不成系统的,或是与迷信、传说、神话纠结在一起的。鲁迅说:"老子思想是中国一切文化的根柢。"胡孚琛、吕锡琛两位先生说:"《老子》上承《周易》,下启百家。其中关于'道德'的深刻认知,一变为仁义,为墨家所本;再变为礼乐,为儒家所宗;三变为刑名,成就法家之学。"①

最后,笔者想要特别申说的是老子的一句名言:"君子得其时则驾,不得其时则蓬累而行。"其中的"蓬累而行",在笔者看来,绝不是有学者所认为的"随波逐流"。"蓬累而行"的本意是有生命力的植物种子(如蒲公英)随风飘荡,一旦风停雨住,种子就会生根发芽开花结果,再度灿烂辉煌。这种策略与精神,既是对命运的深刻认知,又不简单地屈从于命运。在中国历史上,似只有孔子对这一精神体会最深,继承与发展得最好,实践得最为成功。而中国人民,也正因为有了老子、孔子哲学,所以,无论是战乱频频,还是困苦艰难,都会顽强奋斗、生

---

① 胡孚琛、吕锡琛:《道学通论》,社会科学文献出版社2004年版,第15页。

生不息、英勇乐观向前。

　　总而言之，当代人在解读《老子》时，如只一味因循前人，不熟悉老子整个的思想体系，不做扎实求证功夫，特别是对汉字的诸多特性缺乏了解，只从现代哲学或养生的角度，对其内容进行臆测与延展，就会给大家带来一个不能深入追问的"非老子"。

　　其实，关于什么是"道"，《老子》之外其他先秦经典亦各有论述。老子认为"道可道"，庄子认为"道不可道"，似乎各执一端、互相矛盾。但其实，"道"之"可道"与"不可道"是可以互相贯通的。"道"之"可道"，源于"道"的单面性或具体性；"道"之"不可道"，源于"道"的总体性或复杂性。此认识既可从汉字学关于"道"的揣摩中得出，亦可从古人的相关论述中总结出。

　　我们现在能见到的"道"字，其初形主要有"𧗟""𧗞""𧗶"三种。前者出于西周青铜器《貉子卣》的铭文，中者出自西周青铜器《散氏盘》的铭文（与大篆或史籀同），后者出自秦小篆①。它们与今天所写的"道"字，表面上看差别很大，但其实只是笔画略有简省合并，或由屈曲盘旋而变得略挺直方正而已。今天的"道"字相对于"𧗟"而言，多了下面"走之"的一"捺"，简省了右边的两笔，即右半个"行"字。而相对于"𧗞"而言，则不仅是省略了右边的半个"行"，而且下部笔画与左部合二为一了，即左半个"行"字与下部的"止"或"之"合成了"辶"。如相对于秦统一文字后的小篆之"𧗶"而言，除了笔画有所形变之外，其他则保持了完全的一致。

　　大概与"𧗟""𧗞"两字同期，"道"也曾有个异体——"𤔡"。其造字理据虽与前面的几种写法相类，但却有着形体上与意义上的巨大差别，"人头""首""脚印"等的象形变成了完整的"人"形，它所表达的意义也就没有"𧗞"丰富多彩了，因而最后被淘汰出局，也就理所当然。不过，它也从另一个方面告诉我们，"𧗟"字中间的"首"或"𧗞"字中间的"首"与"之"皆可代表一个完整的"人"。

　　上述"道"之初文中的"𧗟"与"𧗞"，无论哪个，其两边笔画加起来皆构成一个"行"（行）字。"𧗟"是"行"之中部加一"首"（首）。而"𧗞"则比"𧗟"的下

---

① 据《说文解字·序》，小篆因于大篆，由李斯、胡毋敬、赵高等人于史籀大篆"或颇改省"而来。

部多了个"之"或"止"字。今天的楷书之"道"直接源于秦小篆"𧗎"，而间接则源于"𧗅"。值得一提的是，"𧗅"与甲骨文之"𢛳"（德）相比，差别很小。"𢛳"的中间为"直"，即一只直视的"眼睛"。

1."行"的构形分析及其启示

"𣥂"（行）是个象形字（亦可称会意），象四通八达的十字路口，在中国古典文学中，既可表达为"路""径""道"，又可表达为"道路"。

"路"，一般是看得见、摸得着的实实在在的形下之物。《尔雅·释宫》云："行，道也。"这里的"道"便是"路"或"道路"。《诗经·豳风·七月》："女执懿筐，遵彼微行。"《毛传》："微行，墙下径也。""墙下径"就是"墙下的小路"。《左传·襄公九年》："魏绛斩行栗。"此处"行栗"便指长在道路上的栗子树。

可事实上，我们人所生活的物质世界，不管从哪个维度来看，皆有"路"，或皆可寻得到"路"。空中、地下，微观、宏观，"路"无处不在。很多"路"，虽然人们的身体不能行，但可以想象着行，如"网路""电路"等。所以，"𣥂"又可以视作我们生存于其中的整个物质世界。老子所言"迎之不见其首，随之不见其后"即可视为对此"行"或"路"的描绘。事实上，整个"物质世界"与"人"的关系，就是这样一种"迎之不见其首，随之不见其后"的关系。人"行"于"路"或"道"中，即人存在于物质世界之中，既为物质世界所包围，亦是其极微小的一部分。

"行"，不仅是"形而下"之"路"，还可从"形而上"会意为"通""流行"或"公众场所"。因为是"路"，所以四通八达。这从"𣥂"的构形即可看出。自然，也只有"通"的"路"，才可能把人们送到远方或目的地。于是，"形而下"的"通"，又可以引申到"形而上"的"通"。

《吕氏春秋·适音》："先王之制礼乐也，非特以欢耳目，极口腹之欲也，将以教民平好恶，行理义也。"高诱注："行，犹通也。"此"行"之"通"已把"形下"之"路"引入到"形上"的社会人生。《左传·鲁襄公二十五年》载孔子语："《志》有之：'言以足志，文以足言。'不言，谁知其志？言之无文，行而不远。"此"行"则指思想的"流行"。

只要有"路"，就不可能只有一人能够行走或到达。你能到达的地方，或迟或早，总有别人可以到达。众人都能到达的地方，不仅能成为四通八达的"通衢"，也可成为公众场所，如"商行""银行"等，莫不如此。因此，"通""流行""公众性"亦为"道"的重要特征。

"行"，还可以是"行走""行动""实践""用"，甚或就是"形上之道"或"规律"或

"自然之理"，或者说，就是"道"。《易·复》："反复其道，七日来复，天行也。"孔颖达疏："阳气绝灭之后，不过七日，阳气复生，此乃天之自然之理，故曰天行也。"其中"天行"即"天体或自然运动变化的规律"，亦可称"天道"。《礼记·缁衣》："《诗》云：人之好我，示我周行。"郑玄注："行，道也。言示我忠信之道。"

"行"为什么有如此众多的意义呢？因为它首先是"形下之路"，代表整个物质世界，此外又把"形上之道"或整个精神世界囊括在内。"形下之路"本来就涵有"形上之道"的所有内容并规约着其所有特征；而且，无论是"行"或"路"或"道"，它们皆由人所造，由人所想象所规约。没有人，世界就没有价值或意义。"行"也可是"物质世界"与"精神世界"的高度统一。事实上，当它表达"行走""行动""实践""用"时，便是这种统一的具体化。换言之，"形下之路"既是"形上之道"赖以存在、发展、变化的物质基础，也可以是"形上之道"本身。一切所谓"形上之道"，不管其意义如何曲折幽深，皆可从"形下之路"中引出。

不过，"行路难，行路难，多歧路""行衢道者不至"，即或是"通达"之路，也可能因为是"歧路""衢道"，而让你并不那么容易"到达"理想目的地。换言之，"道"之"通""流行"必然要置于一定的时空、条件、范围与主客对象之间才可实现；不然，"通"与"流行"便不可能，"衢道不至"便无人领会。

综合上述关于"行"的分析，我们还可得出如下一些启示。

其一，"行"的物质性决定了"道"与"人"的物质性，因此人的"行"或"行为实践"，或人在思考问题、解决问题的过程中，首先想到或关注到的必然是物质性的问题。老子说"虚其心，实其腹；弱其志，强其骨""圣人为腹不为目""甘其食，美其服，安其居，乐其俗""常有欲，以观其徼"等，就是在反复强调人的物质性。人的存在与发展需要解决的问题，首先是"实其腹"，其次才是"甘其食，美其服，安其居，乐其俗"。以此观之，社会主义核心价值观将"富强"列作首位，既是基于人的物质性，也是基于历史传统，当然也与历史唯物主义观点相统一。

链接

老子所言"物质"，并不仅仅指我们一般所认为的这个看得见摸得着的物质世界，它还是"视之不见名曰夷，听之不闻名曰希，搏之不得名曰微，此三者不可致诘，故混而为一"，用现代语言来讲，可以说是时空、物质、能量、信息等的高度统一。这颇类似我们现在讲的宇宙大爆炸前的"奇异点"状态。事实上，"无"不仅是宇宙的原初状态，而且是物质存在的最主要方式。

请注意，由于此物质世界并不全是我们看得见摸得着的，许多时候只能靠人的想象，故所谓"道"也就自然而然地与"形而上"紧密联系在一起了。以此，庄子的"道不可言,言而非也",王阳明的"道不可言也,强为之言而益晦"也就很容易理解。说"道不可言",是因为"道"的内涵极为复杂,既是物质的又超越于物质,既是形而上又为形而下所规约,既是实践的又是理论的,既是世界观又是方法论,所以,"道"总是因为无法完整定义或规约而让人觉得难以言说。但是,老子的"道可道,非常道"告诉我们,"道"是可以言说的,但却不是随随便便可以,而必须放到一定环境条件与一定的主客对象之间。

这两种认识看似矛盾,其实并行不悖。比如有人问什么是水。如果不加任何条件限制,我们很难说清楚。在化学中,我们用 H_2O 来指水,但它并不等同于我们日常所说的"水"。我们生活中一般所言之水,含有许多并不能随意说明白的其他东西。我们之所以自认为用 H_2O 把"水"解读清楚了,那是因为我们把它放到了一定的语境中。而且,在传统中国经典哲学中,水还可以是"道""德"或"仁""义""礼""智""信"的象征,这都是从"形而下"引申出的"形而上"意义。

其二,"行"即"路","路"皆"通","路"必"通"。"道"亦如之,"德"亦如之,"人"亦如之,"天下"亦如之。《史记·仲尼弟子列传第七》有"天下无行"之说,亦可称"天下无道""天下无德""大道不通"。"大道"之所以不"通",又皆因"人无德"。《史记·张仪列传》有"仪贫无行,必此盗相君之璧"句,其"仪贫无行"亦即"仪贫无德"。《左传》云"君无道""昭公无道""庆氏无道"等,其"无道"亦可谓"无德""无行"。俗语说"文人无行"也即"文人无德"。其实,人之"无行",除"无德"或"品行不端",更在于其不能把自己所了解的先进思想、理论或信念付诸行动以改变世界面貌,因为"德"必得以"行"体现出来。历史上有一些书生气较重的文人因为不能"行",即缺乏行动力或实践力,而不能成就大功业。所以庄子不仅认为"道通为一",而且认为"德"就是"道德"。人可因"立德""立功""立言"而"通",天下亦可因"通"而"有行""有道""有德"。

链接

1842 年第一次鸦片战争结束之后,中国开始进入半殖民地半封建社会,帝国主义、封建主义、官僚资本主义横行,民智未开,国家不仅贫穷落后,而且混乱不堪。一方面,国家受到列强的任意欺凌而没有国格;另一方面,统治者视人民如土芥,人民则视统治者如寇仇。一些先进的知识分子目睹时局,欲向西方寻求救国救民之方案。当时,进入中国士人眼中的"主义"甚多,但大多因在中国的革命斗争实践中不能"通",所以便不能称之为"道",或不能称之为真正的"大道"。

其三，"行"即"路"即"道"即"规律性"，表明人之存在的根本意义在"行"或"实践"。"路"不"行"不"通"，"道"不"行"同样不可能"通"。释迦牟尼证得"缘起性空"之"道"，我们今天就算表面上懂得，如果不能自己"行之"或"行而证之"，则永远不可能实现真正的"通"，正所谓"不涉太行险，谁知斯路难"。

链接：古人关于"行"的论述

《老子》第四十一章："上士闻道，勤而行之。""上士闻道"之后，为什么会"勤而行之"？原因是："上士"确实听懂了所闻之"道"。正因为懂了，所以他便深刻地明白，只有"行之"，才可能"通"，才可能证其是非、匡其谬误，或更进一步对其加以发展并造福于大众。以此可知，"勤而行之"既是"上士"区分于"中士""下士"的根本标志，也是其能成为"上士"的根本前提。当然，这也说明"道"是可以言说明白的，否则"上士"也不可能听得懂。

《老子》第二章："行不言之教。"为什么要"行不言之教"？一般认为身教重于言教，更因为"修道之谓教"。"行"就是"修道""修行""修身"。"静以修身"，"静然后能虑"，"才须学也，学须静也；非学无以广才，非志无以成学"。"修道""修身""修行"的关键在"学"或"好学"。当然，"学"并不单指读书，许多时候，"行动"与"实践"是更重要的"学"，许多人读书虽不多，却因善"行"而成就非凡。

《论语·为政》："先行，其言而后从之。""先行"即先做，先实践。这是对老子的"行不言之教"的继承与发展。为什么一定要"先行"呢？"行"是实践，"言"是理论。"行"与"言"总是有一定距离的。"行"是"言"的基础。没有"行"，"言"就没有说服力。"言"从"行"中产生，并接受"行"的检验。孔子强调"先行"即是强调"行"的重要性胜于"言"。

"古人学问无遗力，少壮工夫老始成。纸上来得终觉浅，绝知此事要躬行。"不仅强调了亲历亲为的重要性，而且认为还需多次反复，"如切如磋，如琢如磨"。

"成败极知无定势，是非元自要徐观；行一棋不足以见智，弹一弦不足以见悲。"即如孟子所云："道在迩而求诸远，事在易而成诸难。"没有一定的时间积淀，没有一番磨砺工夫，要想功成事遂，往往是不可能的。

王夫之云："知所不豫，行且通焉。"如果有不明白的事，只要实践就可以弄通了。在此，"行"既是道、规律，亦是辩证法、方法论、认识论。以此，最后的"通"便水到渠成。

子思则把"仁""义""礼""智""圣"或"仁""义""礼""智""信"诸德目称为"五行"，即是强调"道德"若不能"行"，不可谓之"道德"也。

链接：玄奘西行

要了解唐僧玄奘的真实故事，必须读读玄奘自己写的《大唐西域记》以及他的弟子慧立、彦琮写的《大唐大慈恩寺三藏法师传》，以及《新唐书》的相关传记。和《西游记》的记载不同，玄奘既非李世民御弟，也没有一个中了状元的父亲。当时，不仅唐太宗没有帮助他，就是长安洛阳的僧侣集团，甚或同为僧人的同胞哥哥也坚决反对他出行。他是随"寻食"（因长安当年霜灾，农业歉收）的百姓潜出长安的。西行路漫漫，孤身一人的远行，无疑是送死，一般人根本无法理解。但玄奘意志坚定，义无反顾。其间多次被抓，几次濒临死亡，特别是在莫贺延碛沙漠的四天五夜，水食无进，如果不是意念坚定以及识途老马相救，取经的故事就真没有下文了。

玄奘的西行无疑取得了巨大的成功，不仅学到了他梦寐以求的《瑜伽师地论》，在印度的全国性经论大辩中搏得了桂冠，获得巨大成功，而且还带回并保存了大量的印度佛经。更可贵的是，他后来的著作《大唐西域记》也成了那段时期印度乃至中亚诸国的信史。

玄奘的成功经历，如果用一个字来概括就是"行"。其幼时的"好学"是"行"，如果不好学便不能发现已有佛经的乖舛谬误；成年后的辩经是"行"，如果不辩就不会产生西去求经的决心与信念；西去的过程是"行"，如果没有这样的艰难曲折就不会有非同常人的深刻的人生感悟；求师、学经、藏经、译经、传经、著述同样是"行"，没有这样的过程，就不能传播文化、弘扬佛法。以此观之，"知"与"行"是统一的。一方面，"知"是"行"的重要组成部分，另一方面，具体的"行动实践"又可反过来促进"知"的发展或检验"知"的谬误。"知"很重要，但"知行合一"——把深刻的"知"付诸具体的有明确目标的行动与实践更重要。可以说，玄奘通过自己伟大的"行"而超绝众僧，成为一代圣僧。故"行"即"道"即"德"。

其四，"行"即"路"，"路有他歧，可以南可以北"。路，既能通向相同的方向，亦能通向完全相反的方向。"道"亦如之。故"遵道而行"之"德"，关键在于识"道"。不能深刻地"识"，便没有正确的"行"。

链接：上德不德

《老子》第三十八章："上德不德，是以有德。下德不失德，是以无德。"此语的核心点告诉我们："上德"因通于"道"，识得"道"，或对"道"有深入的认知，所以其行为实践虽然从表面上看似为"不德"，但却因符合了"道"，即符合了事物的发展规律，所以不仅"有德"，而且是"上德"。"下德"则相反，虽然主观上是追求"有德"而且"不失德"，但却因缺乏对"道"或规律的认知而陷于"无德"。换言之，"上德"就是"道"，"下德"则不符合"道"。

19世纪中期，爱尔兰发生连续的大灾荒，五年中有上百万人饿死。其间，许多灾民自愿找到一个叫基尔拉什的船长，希望他能把他们卖到美洲为奴以求活命。船长见此事既能顺乎民心又有利可图，便答应了他们，很快便把成千上万的爱尔兰人卖到了美洲，并赚到了无数的金钱。此事惹恼了当地一名极有名望的教士乔治。他以一封长达68页的控诉信把基尔拉什船长送进了监狱。进了监狱的船长追悔莫及，不久便于狱中自杀。可是爱尔兰的灾荒问题并未解决。愤怒而又饥肠辘辘的灾民只得涌进乔治的修道院。但修道院的微薄之力仍然没能阻止有人因饥饿而死。于是乔治只好雇佣水手并亲任船长把这些难民继续送往美洲。可事实上，来到美洲的灾民仍免不了卖身为奴的命运。而且，满脑子仁慈博爱的教士虽没有卖掉灾民赚钱，但却要收取每个灾民10镑的费用。受到质疑，只能如实回答：需要付水手工钱。于是此事便成吊诡：卖人为奴又赚到了钱的船长受人爱戴，不赚钱的教士反受人唾骂。教士临终遗言："眼中尽是金钱的船长，满脑尽是慈悲的教士，他们所犯的错误都不值得世人原谅。"①

上例中，船长可称"上德不德，是以有德"。因其所为虽悖当时法律，但却符合当时形势或事物发展规律（主要是符合商业规律与基本人性，能让当时条件下的坏事朝着较好的方向发展）。教士可称"下德不失德，是以无德"，虽然迎合了法律且主观愿望仁慈正义，但却有违当时形势或事物发展规律。此例也证明了老子所说的"贵德"必得以"尊道"为前提。

有时，过于膨胀的人性欲望也会遮蔽人对于时势或历史发展规律的认知。如历史上的汪精卫、周佛海、陈公博之流，年轻时皆曾参与革命，意气风发。汪曾因亲自参与刺杀摄政王载沣而被捕，在狱中写下"慷慨歌燕市，从容作楚囚；饮刀成一快，不负少年头"，真可谓一时风流人物。但后来，却都做了大汉奸而被钉在了历史的耻辱柱上。

其五，凡"路"皆可认识、建构，"道"亦如之。人类社会向前行进的过程，既是探寻、认识、建构"形下之路"的过程，亦是探寻、认识、建构"形上之道"的过程。《老子》第三十二章说："天地相合，以降甘露，民莫之令而自均。始制有名，名亦既有，夫亦将知止，知止可以不殆。譬道之在天下，犹川谷之于江海。"以此可知，中国古代的所谓"治道"的建构，就是从"始制有名"开始的。事实上，在老子、孔子等先秦诸子看来，如果天下皆各有其"名"，各守其"名"，各安其"名"，天下就"譬道之在天下，犹川谷之于江海"一样自然地实现大治了。

①　参见《读者》2011年第21期。

链接：先秦"名"论的多个向度

《老子》之中，有"道"七十五见，有"名"二十三见。作为老子全部哲学思想总纲的"道"，其重要性不言而喻。但作为一切知识（当然包括哲学与语言）起源的"名"，似乎更加重要。因为"无名，天地之始；有名，万物之母"。"无名"，世界就失去了意义。即便是老子之"道"，它首先也是个"名"。胡适曾说，中国哲学史的中心问题就是要抓住每一位哲人或学派的"名学方法"（逻辑方法，即是知识思考的方法）①。

那么，什么是"名"？为了叙述方便，我们先从汉字学入手，对"名"的初文构形进行分析，再说说"名"的主要哲学意涵，最后分析其主要意涵之间的内在联系。

一、汉字学视域下的"名"

"名"之初文为"𠄔"，左为"口"，右为"夕"（或上为"夕"，下为"口"，虽然形略有别，但意并无不同。因为月亮虽然悬于人之头顶，但其光亮却总能布于人之四周）。"夕"，既是"月亮"，也是"夕阳"，即日落月出前后、暮色苍茫之时。"口"，则是人之"口"。

"夕"，很有诗意，不仅会让人联想到夕阳西下，暮色苍茫，人面难识，也会让人联想到明月皎洁，月光如水，有似白昼。故它既可表征一种混沌模糊，亦可表征一种清晰明了。当它表征为清晰明了时，便可让"名"通"明"；当它表征为混沌模糊时，它便是"倾斜""西向"或"夜"，从而让"名"之意变得"心之所达，不易尽于名言；言之所通，尚难行于纸墨"②。这说明，"名"与"道"一样，也是虚无性与实在性的统一。所以，对于它的释解，只能具体问题具体分析。

人之"口"，如果联想起来，很复杂：口中有舌，既能品五味，是生命的"进路"，又与言（𠱒）、知（𢀜）、信（𠈣）、善（𦎍）等一脉相连（"名"因为与它们一样都有"口"，所以表达的意思也与它们相通或相关）。"言"出于"口"，故"口"亦通"言"。言是口的伟大功能之一，但有口却并一定都能言，"能言"与思想智慧紧密联系。"知"，不仅是知识、知道、认知、直觉、觉悟，也通"智"。它不仅是"仁""义""礼""智""信"五德目之一，且可通于"仁"。孔子主张"知之为知之，不知为不知"，司马迁认为"修身者，智之府也"，荀子认为"知之在人者谓之知。知有所合谓之智"。"善"，内容十分丰富，如果总括起来，不仅能通于"德"，通于

---

① 胡适：《〈中国哲学史〉台北版自记》，见《胡适学术文集·中国哲学史》上册，中华书局1991年版，第5页。
② 语出孙过庭《书谱》。

"道"，通于"义"①，亦能通于《中庸》抑或康德所言之"至善"。"信，德之固也。""信"是人类共同体得以建立的现实基础，也是其能够长久维持的形上根源。它与自由、公正紧密联系。一个人越诚信，就意味着他越自由。统而言之，"口"，既是肉体生命得以维持的关键，也是传统、文化、智慧的象征。我们的先哲把"夕"与"口"放在一起，便成了"名"。这个"名"，既是"月亮""夕阳"与"口"的统一，即物质与物质的统一，也是自然、物质与思想、语言的统一，即形而下与形而上的统一。

《说文》云："名，自命也。从口，从夕。夕者，冥也。冥不相见，故以口自名。"许慎把"名"领会为"自命"，自然说出了"名"的现实功能与形上意义，确是真知灼见，但并没有说出它的全部哲学意蕴。"自命"虽然与仁、义、礼、智、信等德目紧密联系，但也需要具体情况具体分析。如果月色如昼、主客互相熟悉，"自命"便失去意义。"名"还有许多"自命"之外的意项，如"人名""地名""取名""命名""名分""名言""名誉""名号""名声""出名""成名""名家"等。如果"自命"僭越了其本来命名或名分、名言，就会损害主体的名誉、名声，进而有违仁、义、礼、智、信。

二、"名"的多重内涵

《老子》之"名"，涉及形上形下，主要有"命名""名分""名声""名誉""名言""言说""名字"等意。有时表达的可能是一种意思，有时也可能表达多种。基于此，我们必须依据具体情境进行深入分析。

我们先说说"命名"。

"命名"，就是给人或事物取名。取名的同时，亦是给予了它相应的名言或意义。

在"名"的众多意项中，理所当然的，"命名"最为重要。因为它集中反映了作为类存在的人，对于这个世界的全面而深刻的认知。德里达认为，哲学的主要功能，便是给事物命名②。事实上，不仅哲学如此，其他一切自然科学、社会科学，也莫不如此。化学发展数百年，主要就是创建和丰富了元素周期表内外的各种"名"。物理学发展数百年，也是创建或增加了一些像牛顿定律、相对论、量子力学、统一场、信息空间等物理学之"名"，而其他相关研究成果，皆可谓是对这些"名"的进一步阐释。

在中国，给人或事物命名，很有讲究。据《左传·桓公六年》载："公问名于申繻，对曰：'名有五，有信，有义，有象，有假，有类。以名生为信，以德命为义，

---

① 荀子说："积善成德。"老子说："上善若水。水善利万物而不争，处众人之所恶，故几于道。"

② 尚杰：《"死"或关于人的本质问题——读德里达最后的讲座》，《哲学研究》2012年第11期。

以类命为象,取于物为假,取于父为类。不以国,不以官,不以山川,不以隐疾,不以畜牲,不以器币。'"申繻的议论明确告诉我们,给人命名,主要有五种方法。以人出生时的某种生理特征命名为"信"。如鲁公子友,生时有文在手如"友"字,就取名为"友"。老子生时便耳扇宽大厚重、耳幔粗长,故名耳、字聃。以先辈之品行、德操命名为"德"。如周太王自以为有德,后必兴盛,故命其子文王为"昌"。以其长相像某物而命名为"象"。如孔子生时,其头顶部四周略高,有如尼丘山,故名丘,字仲尼。以借某物之名为名为"假"。如孔子的儿子名鲤,字伯鱼,便是借鲁昭公送其生子之贺礼的鲤鱼之名而命。以其出生与其父有某些相同或类似的特点命名为"类"。如鲁庄公生,与父同日,故取名为"同"。五法之外,另有诸多忌讳,如不能以国名、官名、名山大川名、各种恶疾名、各种畜牲名、各种钱币名作为人的名字。不过,世道流转,这些忌讳到今天已多不为人所遵循,但其命名的方法却是大多被继承下来。比如泽东、泽民、恩来,就是以"德"命。人名之外,我们在给其他各种事物取名时,也大致遵循了这样的原则。比如,《老子》所命之"道""夷""希""微"等,即可类之为"信";而当今我们以某名人命名某小行星或某定律公理或月球上某小环形山等,就是"假";等等。

为什么要给人或事物"命名"? 简言之,是作为类存在的人,进行语言、思想、文化等交流、保存与传播的必需。它不仅是工具或媒介,更是人之为人所追求的形上目标或进入"自由王国"的前提。没有"名","正名""定名分""寓褒贬"就无从谈起,各种共同体的建立亦不可能。即或单个的人,仅为自身生存也不得不为事物命名:鲁滨孙在绝望岛上的行为,就是时刻"在为自己而给事物'取名字'。这些名字不是语言,因为只要他自己明白其意思就可以了,他不必要用这些名字与人交流,因为永远不会有这样的交流对象"①。

其次,我们说说"名分"。

"名分"一词的出现,至少可以追溯到战国、秦汉时期,如《商君书》"名分不定,势乱之道",《吕氏春秋》"人主不可以不审名分也"等。其意涉及人与人之关系,大致与今天所言"本分""职分"或"角色"相类。庄子在其名篇《逍遥游》中,曾借许由之口说:"名者,实之宾也。"在庄子看来,有其名者,不定真有其实。但有其实者,则必有其名。不过,就"名分"而言,其旨趣却要求有其"名"必有其"分",名实相符。于是,"正名""定名分",对于政治管理来说至关重要。

老子说:"天地相合,以降甘露,民莫之令而自均。始制有名,名亦既有,夫亦将知止,知止可以不殆。譬道之在天下,犹川谷之于江海。"其中之"名"便是"名分"之"名"。天降甘露,"民莫之令而自均"是告诉我们:人类对于自然赐予

---

① 尚杰:《"死"或关于人的本质问题——读德里达最后的讲座》,《哲学研究》2012 年第 11 期。

的各种利益,因基于生命的需要、人性的自私(第一人性或动物性),是不可能完全平均或公平地分配的。即便能实现公平或平均的分配,基于人类理性的贪婪(个体的理性所导致的集体非理性),争夺也不可避免。为了制止这种争夺,"始制有名",即由"圣人"来制定一套完整的身份制度,给予每个人以适当的"名分"便是最佳选择。它规定:无论是王侯将相还是平头百姓,"名分"之内的占有或收获是合乎道义的,反之则不可。在"名分"之下,每个人都能"知止",知道有所节制、有所羞耻、有所畏惧,就能够避免不必要的争夺或战争——"知止可以不殆"。这样,尘归尘,土归土,夜还虚空,明还日月,川谷奔江海,各有其名,各有其分,也就自然是"道在天下"了。不过,老子所说的这种"圣人",虽然可以治理好天下,但在现实世界里却是寻找不到的,我们只能尽量建立这样一个精英团体,他们不仅拥有可以履行"圣人"职责的智慧与勇气,而且也具备"以百姓心为心""为天下浑其心"的雄心壮志与道德情怀。

孔子说:"名以出信,信以守器,器以藏礼,礼以行义,利以平民,政之大节也。"其中的"名",则具有多重意涵。它不仅是名字,也包括名声、名誉、名分在内。因为它总是与主体的名字、政治经济地位、职位、声望等紧密联系在一起。比如"姬昌"。只要我们提起这个名字,就会把它与周文王、天子、有德、可以利泽天下百姓、实行王道政治等"名声""名誉"联系在一起。即使是一般百姓,只要有自己的"名"或"名字",也就能享此"名"之下"信""器""礼""义""利""政"所能带来的一切。按孔子的意思,只要各"名"之下,各守其"器",各遵其"礼",各行其"义",各得其"利",天下自然和谐太平,没有争夺与战争了。基于上述思想,孔子不仅在游卫时就提出了"正名"以为"政治"先的思想(参见《论语·子路》),而且在其晚年所著《春秋》之中,其所完成的事业的主要内容就是"正名字""定名分""寓褒贬""别善恶"。其中,"定名分"是其核心。《春秋》一书出,"乱臣贼子惧"!乱臣贼子因何而惧?为其所行之"礼乐征伐"之事,僭越了其本来的"名分"从而可能为"春秋笔法"所"书"而惧。从此,后世皇帝怕史官的例子便不胜枚举。而当今之世之巨贪大腐,因丧弃了"临事而惧"的基本人性,从而"利令智昏",不仅僭越了"名分",更侮辱了其所在共同体的名声、名誉。于是,"正名",不仅是一个学术问题,更是一个现实问题。

老、孔之外,法家代表人物商鞅认为:"圣人必为法令置官也,置吏也,为天下师,所以定名分也。名分定,则大诈贞信,巨盗愿悫,而各自治也。故名分定,势治之道也;名分不定,势乱之道也。"这不仅继承了上述"名分"思想,而且有了更加具体的阐释与发扬:"名分定,势治之道也;名分不定,势乱之道也。"从而把"名分"对于政治的重要性提到了"势"与"道"的至高地位。为什么法家要把"名分"与"势""道"紧密联系起来呢?因为法家的精英们早已看透了"名分"在"势"

"道"之下所蕴含的基本人性。韩非子《五蠹》："民者，固服于势，寡能怀于义。"对此，韩非子举了个很有说服力的例子："今有不才之子，父母怒之弗为改，乡人谯之弗为动，师长教之弗为变……今有州部之吏，操官兵，推公法，而求索奸人，然后恐惧，变其节，易其行矣。故父母之爱，不足以教子，必待州部之严刑者，民固骄于爱，听于威矣。"明确告诉我们，各种"名分"之间，由于职责、威势之别，"服于势"，也即服从于规律或法则，便成为自然而然。

《吕氏春秋》对"名分"进行了更加全面而深入的探讨。它把"正名"修改为"审名"或"审分"或"正名审分"，并把"分"从"名"中剥离了出来，重新审视了"名"与"分"的关系内涵，进而为人主的"政治"提供了更为切实可行的借鉴。《吕氏春秋·卷十七·审分》："人与骥俱走，则人不胜骥矣；居于车上而任骥，则骥不胜人矣。人主好治人官之事，则是与骥俱走也，必多所不及矣。夫人主亦有居车，无去车，则众善皆尽力竭能矣……使马者，约审之以控其辔，而四马莫敢不尽力。有道之主，其所以使群臣者亦有辔。其辔何如？正名审分，是治之辔已。故按其实而审其名，以求其情；听其言而察其类，无使放悖。夫名多不当其实，而事多不当其用者，故人主不可以不审名分也。"告诉我们，当权者与众下属的关系，犹如车夫与众马的关系：御者如要达到目标，办法只有一个，就是让众马各司其职，而自己稳坐于御者之位，仔细地分别各马之职分，再适当地扬鞭就可以了。当权者的"治之辔"，即对于自己与众下属的关系处理，就是"正名审分"——各有其"名"，各司其职，各得其"分"。不过，值得注意的是，《吕》说对于"名"与"实"有特别的重视："按其实而审其名，以求其情。"即根据人的实际才能给予其"名分""职责"，以求更加符合事物存在发展的具体实际，这对于我们的现实世界有深刻的启示意义。

其三，我们说说"名声""名誉"。

现实世界里，正常的有意志的人，都是为"名"而活，世之所谓"淡泊名利"者，也只是不为现世之小名小利所动。这个"名"，便是"名声""名誉"，有时也包括"名分"。它主要涉及社会、历史或共同体内部对于主体的评价以及由此而产生的主体的社会声望、美誉度等。老子说："自古及今，其名不去。"古往今来，人们对于"名"或"名声""名誉"的追求就从来没有停止过。范仲淹说："人不爱名，圣人之权去矣。"也就是说，如果每一个人都不重视、不珍惜自己的名声、名誉、名分，那么那些"圣人"为我们所制定的一整套的礼仪、名分、法律制度，也就毫无价值可言了。

司马迁《报任安书》："立名者，行之极也。"人之行为的终极目标就是"名"。韩非子的"名之所彰士死之"以及老子的"死而不亡者寿"则为此作了注解：真正的"长寿"，不是肉体生命的长度，而是其"名"之存续的超时空性。谁能侥幸

"不死"或"死而不亡"？只有那些能立德、立功、立言而青史留名的"倜傥非常之人称焉"。孔子的"君子疾没世而名不称焉"说得更为直接具体。此"名"之中，不仅包括了"名字"，也包括了"名声""名誉""名分"。屈原的"老冉冉其将至今，恐修名之不立"也表达了与孔子同样的意思。

可是，《老子》又另有"道隐无名"的谆谆告诫以及"名与身孰亲"的诘问，又在宣示什么呢？他是在启示我们：不管我们做什么，都得以认知与遵循自然、社会发展规律为前提，绝不可倒行逆施、胡作非为。用老子的另一句话来说就是："君子得其时则驾，不得其时则蓬累而行。"即一方面对规律性即所谓"命运"要有深刻认知，服从"命运"；另一方面又不放弃主观努力，要像风中翻飞前行的飞蓬一样，"蓬累而行"，但决不"随波逐流"①，一旦遇有时机，便及时抓住，生根发芽、开花结果（"得其时则驾"）。

其四，我们说说"名言"。

此"名言"意，与今语之"名言"大异。它主要有两意。一指所有记录、表达各种事物之名字、名称、名词的言辞或语言。它主要是从文字层面来理解"名"，如郑玄"正名，谓正书字。古者曰名，今世曰字……孔子见时教不行，故欲正文字之误"即指此。另相当于今之"言说""描摹""描绘""名状"等，即与《老子》的"绳绳不可名"的"名"及孙过庭的"心之所达，不易尽于名言"中的"名言"同。从前者来看，它与"名字""名分""名誉"等紧密联系；从后者来看，它主要是个动词。

三、《老子》之"名"主要意涵之间的关系及其"超越"

限于篇幅，我们不可能把《老子》之中所有关于"名"的论述一一展开，但大致可以说清楚其主要意涵之间的关系。

其一，"命名"是"名分""名言""名声""名誉""名字"等有关"名"的"名言"或形上之思的前提或基础。没有"命名"便没有语言、哲学或形而上学，也没有人类共同体，即没有"世界"。而"命名"二字，仅从其初文构形上看，便既带有强烈的主观性意味（"名"出自人之口），能展示人类对自身及自然的几乎全部的认知成果，也具有强烈的客观性意味（"命"即"令"，初文为"$\hat{\lozenge}$"，上部为客观自然之强力，下部为跪跽驯服之人），表现为人对自然力的服从与恐惧。故"名言"的背后，总有相应的"名分""名声""名誉"相随，并能得到人的共同认可或释解。

其二，"名分"是"命名""名言""名声""名誉""名字"的核心与灵魂。一方面，有其"名"必有其"分"。即相应的"名言"背后，必然有相应的名分、名声、名

---

① 有学者认为"蓬累而行"就是"随波逐流"，这种说法并不符合老子思想，只有死了的东西才"随波逐流"。

誉从之,也即"名亦既有"。例如,人们说你是"老师",你就理应能履行老师之"名分"所赋予的全部或部分职责,并享有此"名分"之下所应得到的全部待遇、名誉等。另一方面,在于"将知止"。它告诫我们,在一定的"名分"之下,无论是谁,其对于"名声""名誉""名分"的追求,最好不要僭越其本来"名分"之应然之界线。所以老子主张"去甚、去奢、去泰"。换言之,如果我们僭越了这种界线,轻者,会乱了道德伦理,失去"名声""名誉";重者,可能会祸国殃民、万劫不复!如法轮功分子以练功之"名",而行蛊惑人心、危害社会稳定之实,也就僭越了作为"公民"应然之"名分"。

其三,"名声""名誉"等对"名分"有巨大的反作用。这个"反作用"是指一定的"名声"或"名誉"的积累可能带来的对主体"名分"的改变。例如,在和平稳定的社会里,人们对于道德的认知与评价比较一致,个体如要获得好的"名声"或"名誉",主要有两条途径:一条是"为道日损"以"修道德",即以"损"的方法不断地减少自己的错误或不足,达到一种被当时社会普遍认可的高境界(即孟子所讲的"修其天爵"),从而实现主体"名分"的改变(即孟子所谓的"人爵从之")。如中国古代初期的"举孝廉"以及"九品中正制"等都曾起过这种作用。另一条是"为学日益"以"进学问",即以"益"的方法不断地增加其知识、智慧与才能,从而实现主体"名分"的改变。如隋唐开始的科举制度以及现行的高考或其他文官考试、选拔、评定制度等。上述二者,很多时候是纠结在一起的。当社会处于大变革时期,还可能是"正复为奇,善复为妖",即好的名声、名誉可能变成坏的,坏的也可能变为好的。如孙中山由清末的"乱臣贼子"而成为民国时期的"英雄""国父",这是因为他们的斗争取得了胜利,随之而来的"名分""名声""名誉"等,就会发生天翻地覆的变化。

其四,"名"的"超越"主要可分两个层次:一个是对于"名分"的超越,一个是对于"名声""名誉""名分"的"全面"超越。

所谓"超越",只是相对而言。因为有些"名分"是难以或不能超越的。"人"的"名分"即如此。孟子说:"仁也者,人也。""无恻隐之心,非人也;无羞恶之心,非人也;无辞让之心,非人也;无是非之心,非人也。"即对"人"的"名分"进行了大致的界定。从中可以明确看到,对于它的"超越"便有极大困难:若要变成"神圣",不仅要有极好的天资,付出巨大的艰辛努力,而且还要有"天时地利人和"。而要放弃做"人"的职责,背弃基本的"人道"则相对容易得多,但这已不是题中应有之义了。

具体的"超越"又分为两个层次。

第一,是对于"名分"的某些坚守与放弃。坚守的是其中的"职责""责任",放弃的是分内的"待遇""享受",得到的是"名声""名誉"或"死而不亡"。老子的

"功成而不名有""功遂身退""功成而弗居"等都表达了这种思想。上述数语，意思大致有两层。一为"功成"，它告诉我们，建功立业，为社会做些事情，是人所共有的职责，是人之"名分"的一部分。一个人如果没有"功成"而侈谈"不名有"或"身退"，就只能是自欺欺人。以此，为了"功成"，我们必须要有一个积极的人生态度，不断地努力进取，如一味地只谈老子思想的"身退""弗居""不名有"等所谓"消极"的一面，而忘记了其以"功成""功遂"为前提的积极的一面，就背离了老子思想的本意。二为"不名有""身退""弗居"，这告诉我们，个人有了"大功"，一定要放弃对于名位的贪恋。为什么是"大功"？因为只有"大功"才可能让人觉得放弃"名位"而"身退"有一定的意义！什么样的功劳才算得上是"大功"？大到建国开业，小到一家一公司之兴荣，只要主体在其中起到了领导、主导或砥柱中流的作用，便是"大功"。再者，对于主体来说，其智力水平、身体状况、行为能力已是其人生的顶峰状态，不退，就可能影响事业的进一步发展，或影响后来者的进取之路。所以，"退"又是"成""遂"的结果，是"天之道"，既是自然之规律，也是人生、社会、有机体发展之必然。从历史与现实、人生与社会等多个维度来看，似只有"功成事遂身退""不名有"或"以其终不自为大，故能成其大"才能实现"死而不亡"的最高人生目标。对于儒家而言，则是"修其天爵"以得"人爵"，或宁弃"人爵"以修"天爵"，其最高目标，也是"死而不亡"。

第二，是对于"名分""名声""名誉"的全部"舍弃"。这种"舍弃"，于老子而言，从根本上说，是要以主观上或今生的"舍"而实现客观上或后世的"得"，即"死而不亡"。在老子的思想体系中，"道"虽"隐"，仍无处不在；人虽死，思想、道德却会永存！后来，这种思想被庄子片面地继承与发挥，认为以此可以实现"物我齐一""游于无穷"，实现身心"绝对自由"的高远境界。笔者认为，庄子的这种境界虽有一定形而上学或宗教意义，却因失却了老子"以百姓心为心""为天下浑其心"的圣人关怀众生之意而丧失了其思想的重量。唐朝著名书法家孙过庭在他的《书谱序》中说"夫潜神对弈，犹标坐隐之名；乐志垂纶，尚体行藏之趣"，则不无揶揄地说出了所谓"隐者"对于"名"的更为深切的追求。

其六，"行"即"公众场合"，意味着"道"必得通于众，能服务于大众，或能为大众所践履，就像宽广的大道能够聚集众人（万民、百姓、天下人）并能为众人所熟知一样。能够惠及大众之"大道"亦是"大德"。"大道之行也，天下为公"即"大道流行"，天下成了天下人的天下。天下人人格平等，天下人能共享发展所带来的利益。其"大道"既是"忠于民而信于神"之形上之"道"，也是"大道甚夷"之形下之"道路"；其"天下"既可是"万物"，亦可是"大众"或"民"；其"行"既是"通"，亦为"流行"；其"公"既是共同体、国家民族，亦涵括了"私"在内。

链接：老子的人本思想

一、高度关注人的生死存亡与命运挑战

1. 尊重、珍惜与热爱人的生命

我们肯定人在社会发展中的主体、主导地位，承认生命的伟大与可贵，落实到具体的社会实践中，就是要我们首先尊重、珍惜与热爱人的生命。

（1）关爱生命

《老子》第五十章"无死地"告诫我们，永远不要把人的生命放到极端危险的境地。具体来说，就是在现实生产生活中，要时刻注意保护好人的生命。《老子》第五十章："出生入死，生之徒，十有三，死之徒，十有三，人之生，动之于死地，亦十有三。夫何故？以其生生之厚。盖闻善摄生者，陆行不遇兕虎，入军不被甲兵。兕无所投其角，虎无所用其爪，兵无所容其刃。夫何故？以其无死地。"大意是：人从出生到死亡，有三分之一左右能较自然健康地活到老年，有三分之一左右会在婴幼儿时期死去，也有三分之一左右会在青壮年时期，在不断的灾难、疾病、战争、危险中挣扎死去。这是什么原因呢？这是因为养育、维持人的生命存在所需要的条件太多了。在古代，灾难、疾病、战争、猛兽等祸害，随时随地都有可能夺去人的生命。所以老子告诫人们要远离"兕虎"与"甲兵"，即远离"猛兽"与"战争"。在今天，从更深层、更普遍的意义上讲，只有维护好社会稳定、世界和平，保护好地球环境，实现了人与人、国与国、人与自然的和谐相处，才可能保护好人的生命，实现人类的"香火"延续、万代不熄。

《老子》第八章"居善地"就是居所要选择妥当的地方。在中国古代，道家、阴阳家、儒家都特别重视这个问题，并创建了"堪舆"之学，或称"风水学"，具体来说，就是避开风、水的侵害。而在今天，则要远离那些有可能发生强烈地震、火山、泥石流或有极度环境污染的地方，有时还需考虑交通、能源、教育、医疗卫生、经济、文化等因素。

（2）重视民生

《老子》第十二章"圣人为腹不为目"，说明当权者治理国家、统治人民，首先要解决的就是民生问题。而民生问题中最重要的便是人民生存最基本的物质需要，即温饱问题，也即此处的"为腹"。在人民的温饱未能完全满足之前，在老子看来，其他的"五色""五音""畋猎""难得之货"等，都是不重要的，应都在"去彼"之列。当然，在新的国际形势与社会环境下，除了解决人民之温饱，还应该让个体获得自由而全面的发展，这也是时代的必然要求。

《老子》第七十二章"无狎其所居，无厌其所生"是要当权者重视改善百姓的居住条件，更不要侵夺百姓赖以生存的各种资源。它告诫当权者要关心人民

疾苦，对人民的衣食住行，特别是安居工程，要认真关注、切实解决。

（3）反对战争，珍爱生命

《老子》第三十一章"夫唯兵者，不祥之器"，认为战争是不祥的利器。无论是正义的战争，还是非正义的战争，都可能使无辜的生命受到伤害。出于对生命的极度尊重、珍惜与热爱，老子不仅反对非正义战争，也反对对正义战争取得的胜利进行庆祝。《老子》第三十一章："胜而不美，而美之者，是乐杀人。"战争绝非美事，美化战争，就是美化杀人、美化灾难，也就是以杀人为乐。《老子》第三十一章："言以丧礼处之。杀人之众，以悲哀泣之。战胜以丧礼处之。"对于战争双方，无论是胜利还是失败，都要为牺牲的战士与同胞举行丧礼，既告慰死者，亦安慰生者。

2. 以人数最多同时又处于社会最底层的群体利益为重

人，首先是平等的、有共性的、个体的人，但由于遗传、环境、教育、历史、文化、民族等因素的影响，他们又是不平等的。这种不平等造成了他们之间的个体与群体差异。辩证唯物主义与历史唯物主义从来就承认这种差异的存在。所以当权者在制定政策、措施时，不可能把他们全部平均或对等看待。正确的做法就是要有所偏倚、有所侧重，要照顾那些在社会中比较弱势的群体与阶层。这有如一块蛋糕，要先分、多分给那些最饥饿、最需要的人，才是最人性、最合理的，而不是完全平均分配到每一个人。

（1）保护社会弱势群体

《老子》第六十二章："道者，万物之奥。善人之宝，不善人之所保。"大意是：所谓"道"，存在于宇宙万物之中，既是宇宙万物得以存在、发展、变化的奥秘，是善于认识与利用它的人所持有的法宝，也是不善于认识与利用它的人所能存在、发展的保证[1]。这句话的侧重点在于"不善人之所保"。在这里，它表现了老子极为可贵的人本情怀：某个个人或群体，即便没有足够的认知世界以获取生存资源的能力，也有基本的生存、发展等权利。这种权利，是"道"所赋予的，所以老子主张"有余者损之，不足者补之……损有余而补不足"，目的就是保证弱势群体基本的生存需求。"道"是怎样实现这种保证的呢？就是赋予少数善于认识与利用"道"的"圣人"（执政者）以一定职责，让他们教育其他人，或制定相应的法律制度来帮助其他人改善生存环境。《老子》第二十七章"故善人者，不善人之师"即是说善于认识世界、改造世界的"圣人"或"智者"或"当权者"，要做好不善于认识世界、改造世界的人的导师。《老子》第四十九章"善者吾善之，不善者吾亦善之"是说对于"善者""不善者"，当权者都要客观地对待他们。这

---

[1]　何铁山：《汉字学视域下的〈老子〉》，浙江大学出版社2012年版，第13页。

些思想与欧洲启蒙思想家提出的"天赋人权""平等""博爱"极为相近,但却比欧洲早了两千多年。

（2）保证百姓的生存需求重于"养生"

《老子》第七十五章:"夫唯无以生为者,是贤于贵生。"老子认为解决那些没有能力获取生活资源的百姓们的基本生存问题,比追求自己厚养生命或奢侈生活更为重要。《老子》第七十五章:"民之饥,以其上食税之多,是以饥。民之难治,以其上之有为,是以难治。民之轻死,以其上求生之厚,是以轻死。"一个社会,如果连人民的基本生存权利都无法保障,当权者的"养生"也就失去了它存在的社会基础、伦理基础或思想基础。当"民之轻死"而造成"难治",也就离政权的全面崩溃不远了。所以老子一贯反对当权者奢侈浪费,认为统治者必须具有"去甚、去奢、去泰"的意志与决心。当权者的贪婪与腐败,不仅有害社会公德,同时也有害主体身心健康,阻碍其上进之路,最后的结果还可能是万劫不复。

二、高度关注国家的治乱成败与困苦艰难

在老子看来,国家的治乱成败与"圣人"的所作所为密切相关。《老子》第十三章:"贵以身为天下,若可寄天下。爱以身为天下,若可托天下。"意思是:社会应尊崇那些以自己全部身心力量与爱为天下人谋福利的人,就如同他们愿意把自身托付天下一样。《老子》第六十四章:"是以圣人欲不欲,不贵难得之货。学不学,复众人之所过。"意为:圣人的欲望就是没有贪婪欲望,不追求难得的稀珍宝货。圣人学习的是一般人所不愿学习的,是为了能弥补众人所犯的过错。换句话说,只要圣人修养好自身,"行不言之教",就能实现"为无为,则无不治"。

1. 以"民"为本

"以人为本"首先是领导层对自己所提出的要求,对领导者来说,"以人为本"也就是"以民为本"。在"官"与"民"的关系中,必须把"民"放在首位①,也就是以人民群众的根本利益为本,全心全意为人民服务。

（1）想人民之所想,急人民之所急

《老子》第四十九章"以百姓心为心",就是以天下百姓的共同利益或需求作为自己一切行动的准则。百姓们的共同利益或需求是什么呢?"我们的民族性,素来以仁义为怀,老百姓始终顺天之则,非常良善,只要你能使他们做到如孟子所说的'乐岁终身饱,凶年免于死亡',也就安居乐业了。"②当代社会,人的

---

① 陈学明、金瑶梅:《以人为本:以"什么样的人"和"人的什么"为本?》,《哲学研究》2009 年第 8 期。
② 练性乾编:《南怀瑾谈历史与人生》,复旦大学出版社 1995 年版。

需求不只是生存需求，还有发展和享受的需求。当人的生存需求得到基本满足后，人就会产生从事政治、科学、艺术、宗教等活动的需求①。

《老子》第四十九章"为天下浑其心"，是要当权者把全部身心都用到天下百姓身上。怎样才算是把全部身心都用到百姓身上呢？对此，《老子》有多方面的表述。《老子》第八十一章："圣人不积，既以为人己愈有，既以与人己愈多。"执政者无须为自己积累财富，只要自己把全部身心都贡献给了天下百姓，那么天下百姓的所有财富就都可以与他共享。《老子》第六十六章："是以圣人处上而民不重，处前而民不害。"好的执政者在处于统治地位时，既不会让人民觉得是沉重负担，更不会让人民感到害怕或危险。《老子》第七十七章"能有余以奉天下"，即能把自己维持生存之外的所有财富都奉献给天下人。《老子》第四十九章"为天下浑其心"，用今天的话来说就是"全心全意为人民服务"。"为天下浑其心"，在古代的具体为政实践中是"百姓皆注其耳目，圣人皆孩之"，即要求当权者把百姓当作自己的孩子一样看待，"爱民若子"；在今天，则是要求执政者对待人民要有真正的公仆意识、公仆精神和公仆行动，真正做到"权为民所用，利为民所谋，情为民所系"。

（2）给人民以全面发展的充分自由

《老子》第十章："生而不有，为而不恃，长而不宰。"《老子》第三十四章："衣养万物而不为主。"养育了百姓，不占有、奴役他们；为百姓做了很多，却从不居功；帮助他们发展成长，也不作其主宰。希望当权者对待百姓就如"道"对待万物一样，给予他们阳光雨露，促进他们生长繁荣，却从不占有、奴役、主宰他们，而是给他们充分的自由，让他们得到全面、充分的发展。"人的全面发展与人的自由发展是紧紧地联系在一起的……在人的所有需要发展的特性中，最重要的是其自由个性的发展。在某种意义上，只有人的自由个性发展得到保障，其他的特性、素质、潜能的发展才有可能。因此自由发展构成了全面发展的基础。"②按照马克思的观点，个人的发展，就是一种以个人为主体的自觉、自愿和自主的发展。社会发展的最终目的就是个人的自由发展。自由发展不仅是人类发展的必然趋势，也是其从必然王国跃升到自然王国的标志。

（3）尊重百姓劳动与人格尊严

《老子》第二十九章："去甚、去奢、去泰。"《老子》第七十九章："圣人执左契，而不责于人。"前句是老子要求当权者完全摒弃"荒淫""奢侈""傲慢"。在老子

---

① 陈学明、金瑶梅：《以人为本：以"什么样的人"和"人的什么"为本？》，《哲学研究》2009 年第 8 期。
② 陈学明、金瑶梅：《以人为本：以"什么样的人"和"人的什么"为本？》，《哲学研究》2009 年第 8 期。

看来，"甚""奢""泰"这三种大多只有当权者才可能拥有的恶行，不仅有害百姓利益与人格尊严，激化社会矛盾，而且也会把当权者本身推进罪恶深渊。后句是老子希望当权者即使掌握了控制别人的把柄与权力，也不要要挟于人、苛责于人。它进一步表达了老子对人的尊严的重视与推崇。这两句话对于今天的执政者来说，其启发意义在于：要树立正确的权力观，对党和人民负责，坚持走群众路线，尊重人民群众劳动成果，保护人民群众的人格尊严不受侵犯，主动接受群众监督，树立公仆意识。

2. "为之于未有，治之于未乱"的"长生久视"之道

《老子》第六十四章"为之于未有，治之于未乱"，用通俗的话来表达，便是"防患于未然"。对于"已然"之事，处之以法，效显而易。对于"未然"之事，处之在预、在谋、在政、在治、在教，效隐而难。孔子、孟子都认为，对于民，不教而杀，是谓"虐民"，都是当政者的错。这是继承和发扬了老子思想。老子、孔子都认为，圣人治国，当首推其"难"，再辅之以"易"，故主张"治人事天莫若啬。夫唯啬，是谓早服。早服谓之重积德"。此处之"啬"，通"图"，既是远图，也是深谋远虑的基本国策或战略。具体言之，便是"重积德"。"重积德"的内涵十分丰富，除了"以百姓心为心""为天下浑其心"之外，还需"去甚、去奢、去泰"以"行不言之教"等。再具体言之，便是先重视农业生产，解决百姓们的温饱；再修养好自身，以教导百姓；再提倡节俭，控制过多的欲望；再"安其居，美其食"，实现天下太平，使人与人、国与国、人与自然和谐相处。

《老子》第七十一章"夫唯病病，是以不病"，即只有不断地担心受到失败或耻辱，才可能不受到失败或耻辱。《老子》第六十章"治大国若烹小鲜"，即认为要治理好一个大国，稳定压倒一切。它们都表征了老子"为之于未有，治之于未乱"的"重积德"战略。

3. "大国者下流"的外交思想

《老子》第六十一章"大国者下流"，是说作为大国，在与邻国相处的过程中，理应选择谦卑、恭敬、谨慎的姿态。"下"在此作谦辞，"流"在此作"选择""择取"。"大国"之"大"，不仅在于疆域之广、人口之众、力量之强，更重要的在于开放之思想、高远之理想、宽阔之胸怀，或曰海纳百川的气概。大国的真实存在，能让人与人、人与自然、国家与国家实现长久的和睦、和谐、和平。当代中国的和平崛起，正是为实现这样一个真正的大国梦而作出的努力。

综上所述，我们不难得出如下认知：老子思想之所以能成为"中国一切文化的根柢"（鲁迅语），不仅在于它是中国最早融知性、德性、悟性于一体的饱含生命意志、思辨精神的哲学体系，更重要的是其关乎人的命运挑战、生死存亡与国家兴亡成败、困苦艰难的思想的深刻与沉重。这种人本思想渗透到了人与自然、社会、个人，当权者与人民，国家与国家等方方面面，为我们今天建构以人为本的和谐社会提供了极为重要的思想资源。

其七，"行"亦"路"亦"径"，意味着"路"有时可能狭窄、偏僻、幽远，有时可能坎坷、陡峭、泥泞，但不管如何，它总有某处（即使是断壁深渊的"绝路"）与"大路""大道"相通。"德"亦如之。所以"道"有"险道"，"德"有"险德"。屈子云："路漫漫其修远兮，吾将上下而求索。"意在强调，"求道"之路虽然漫长，但关键在"吾"（或所谓"主体"）。换言之，只要"我"或"主体"能充分发挥出其主观能动性或"上下求索"的主体性精神，就一定能找到一条通往"大道"的"路"或"径"。虽然这种"道"的实现往往有一定的延迟、曲折或滞后性，抑或残酷性，但却正因为有着这种特性，所以便有了更为积极的价值或意义。它不仅塑造了中华民族不屈不挠、愈挫愈奋、鞠躬尽瘁、死而后已的精神或性格，而且给我们留下了取之不尽、用之不竭的精神、智慧财富。

与形下之"路""径"一样，"仁""义""礼""知""信""忠""孝""廉""耻""勇"等诸德目，不管它们如何曲折幽深，最后总能与"道"相通。

链接："礼"之解读
一、何为"礼"

《荀子·劝学》："礼者，法之大分，类之纲纪也。学至乎礼而后止也，夫是之谓道德之极。"①《老子》第八章："失道而后德。失德而后仁。失仁而后义。失义而后礼。夫礼者，忠信之薄，而乱之首。"②两人的论述大不相同。为什么？源于两人对"礼"的不同方向的认知！老子所批评的"礼"主要是指带有一定虚无性或虚伪性的一般的"礼仪""礼貌"，或所谓"好言繁辞""疾趋卑拜"之类，而荀子所言之"礼"却是"法律""典章""政治制度"之类。

其实，人们对于"礼"的认识，皆可能是多向度的，所以必须具体情况具体分析。高境界的"礼"总是与"仁""义""智""信""忠""孝""勇"等紧密联系，或等同于"道"，或直通"道德"。历史上，因为人们的生活实践在不断变化，"礼"的概念也有一个不断发展变化的过程，这也反映在"礼"字的构形变化上。

---

① 所谓"礼"，涵括了国家法律制度的绝大部分内容。所以，在中国古代，"礼"与"法"总是联系在一起，故又称为"礼法"。同时，它也是制定其他一切典章制度的准绳。而一切的学问研究与运用，一旦达到深刻"明礼"的境界，也就算到达尽头了。这种情况也可称之为达到了"道德"的最高境界。

② 当"天下无道"，即社会秩序、制度被扰乱，高尚的德行就出现了；当"天下无德"，即公平、正义被玷污，高尚的"仁爱"就会出现；当社会没有了"仁爱"，就会出现各类"义举"；当"义举"也没有了，"礼"就出现了。什么是"礼"呢？它是"忠"与"信"的最为淡弱的表现。所以，它也就成为一切祸乱的开始。

二、"礼"的汉字学解读

"礼"的多层意义,我们均可从其初文的构形中解读出来。

"礼"的初文为"豊",象意或会意字,主要可分为上下两部分。下部为"豆",象形,是一种高脚宽口的食器,虽高大结实,却不常用。这种食器出现于新石器时代,盛行于商周,始为陶制,商周时期多用青铜或木制、竹制以涂漆。它同时也可作为祭祀用的礼器,可用来摆放一切"事神礼鬼"的牺牲、玉帛、粮食等。当然也可盛装他物。以上描述表明,"礼"首先就是一种用以盛装食物或其他祭品的形而下的物件或器皿,它的发明,一开始便似乎与"吃"与"孝"与"祭祀之礼"关系密切。它是人类文明进步的重要表征之一,它的重要性表现在:没有它,"吃"自然能用其他器具替代,但却不能充分表现出"孝"或"礼"的意涵。所以,它的存在实际上是一种虚无性与实在性的统一。这种统一,对于不同境况下的不同主体而言,"礼"与"不礼",其价值意义就要具体情况具体分析。如《论语》中记载,管仲虽然有某些不"礼"之行为("管氏有三归","邦君树塞门,管氏亦树塞门;邦君为两君之好反坫,管氏亦有反坫"),但却因其对国家建设有大功,给百姓带来了实惠("垣公九合诸侯,不以兵平,管仲之力也"),所以又符合"仁"的要求。而"仁",就一般意义而言,它不仅比"礼"的境界要高,而且可把"义""智""信""礼""忠""恕""孝""勇"等全部包括在内。此外,法家的代表人物商鞅,则从社会发展的角度认为,"礼"只是随时空的不断变化而不断发展变化的意识形态:"法者所以爱民也,礼者所以便事也。是以圣人苟可以强国,不法其故,苟可以利民,不循其礼。"以此观之,管仲之"不礼"只是"不懂礼仪",但却是更高境界的"礼"。

孔子说"器以藏礼""生事之以礼;死葬之以礼,祭之以礼"。前句说明"礼"的存在,无论是形上或形上,皆与器物有关;后句则说明"礼"贯穿于人的一切日常生活之中。"器以藏礼",是说不同的器物,因其大小、形状、质地、作用之不同,可以隐藏着不同的"礼"。先秦时期,天子拥有九鼎,住什么样的宫殿,穿什么样的衣服,戴什么样的帽子,坐什么样的车,有什么样的排场,都有明确规定,其他人绝对不能僭越。至于其他爵位或官员,甚至普通百姓,也皆有其具体规定。以此可见,履礼而行,不是某个人或某些人的事,而是整个社会都应遵循。"生事之以礼",即是正确对待父母之"养"。"养"的最基本内容是给予父母衣食。但不仅是给予衣食,而且须有"豆"的呈奉。说得更具体些就是,给予父母衣食是"礼"的前提,但如果没有一个正确的态度,则仍算不得有"礼"。"死葬之以礼,祭之以礼"即是对父母之"敬"或"养"的扩展。这种"敬"不必太奢华,但心诚礼敬是十分必要的。

"礼"之初文的上部，即""（豆）中所"奉"之物，或为""（朋），或为丰收的粮食。"朋"即"钱币"，它的构形是两到三串玉或贝。它代表的是祭品或礼物的圣洁与贵重，也暗示着祭品或礼物可以置换成其他一切东西，只要主体自觉其珍贵纯洁就可以了。粮食是生命存在的必需，许多时候比钱还重要。据《吕氏春秋》《周礼》《仪礼》《礼记》等记载，天子不仅要礼祭祖先、鬼神，也要给诸侯大夫甚至百姓们"送礼"。这种情况，到今天仍大量地存在着。例如国家免除农民的农业税，单位给员工发各种福利等。事实上，一切形而上的关于"礼"的等级制度、行为规范等，都可视为由形而下的"礼器""礼物"引申发展而来。

加了"示"字旁的"礼"，说明"礼"的存在与践履，许多时候，仅是给别人、后人或众人看的。如果仅是"看的"，那么，它就可以有，也可以没有；既可能有很大作用，也可能一点用都没有。例如国家间的战争，既有"宣战""挑战"之"礼"，也有"不宣而战""宣而不战"之"不礼"。但无论是"礼"或"不礼"都不能改变战争的本质。换言之，人与人之间，国与国之间，"礼"既非可有可无，也非绝对需要，因最后起决定作用的，只能是"道德"，而"道德"的核心却是公平正义，而真正掌握公平正义的，却是强力或实力。

三、"礼"的经典解读

在先秦经典中，对于"礼"的解读资料繁富。这里仅选取一些较有代表性的。

1. "礼，敬也"

此语出自《墨子》，指明"礼"之引申意基本上可为"敬"所囊括。

首先，"敬"需礼敬一切。单一个"敬"字，好像没有对象，但仔细推敲，实际上是以人所面对的一切为对象的。天地自然、神鬼妖孽、古代圣贤、人文传统、科学技术、文学艺术、今圣今贤、父母兄弟、自身自心、子孙后代、上级下级、师生亲朋、敌人小人、邻里过客……万事万物，无所不敬。不过，敬则敬矣，针对不同的对象，具体的行为态度却有所不同。

对父母的"敬"，简言之，就是"孝"。再具体些，就是"生，事之以礼；死，葬之以礼，祭之以礼"。对于子孙后代的"敬"，实际上也是"孝"的一部分。其关键在："有后"第一①，"养"与"教"随之。在荀子看来，"养"就是"礼"，"教"就是"效"。"效"即不断地向先王圣人学习。对于老子来说，"教"，必得"行不言之教"。孔子继承发扬了老子思想，对后代的"敬"则表现为"父父子子""父慈子

---

① 《孟子》："不孝有三，无后为大。"

孝""君子之德风"等，即为人之父，必得给后代人做出榜样。

对于自己的"敬"，关键在"养"。荀子说："礼者，养也。刍豢稻粱，五味调香，所以养口也；椒兰芬苾，所以养鼻也；雕琢刻镂，黼黻文章，所以养目也；钟鼓、管磬、琴瑟、竽笙，所以养耳也。疏房、檖貌、越席、床笫、几筵，所以养体也。故礼者，养也。"当然，对自己的"敬"，更为重要的是珍惜生命中的分分秒秒，"学至乎没而后已"，让每分钟都过得有意义。

对于"敌人"的"敬"，关键在于全面地了解它、重视它。

对于"小人"的敬，则需要具体情况具体分析。因为"小人"的概念是不断发展变化的。在《论语》当中，它大多相当于"中人以下"（不包括中人），即今天所谓"一般人"。在《老子》之中，它大致相当于"不善人"，即不善于认知、顺应、利用天道或自然、社会规律之人或"中士"（包括部分中士）以下。在《吕氏春秋》之中，它大致相当于"中智"（包括中智在内）之下的人，也即没有大胸襟、大学问的人，或对自然、人类社会之发展变化规律没有深刻认知之人。对于这样的人，应"敬"而教之，即以自身的言行影响他们，对他们进行引导。而今天所谓之"小人"，则与"坏人"基本同义，对于这种人，要像对待鬼神一样"敬而远之"。

对于朋友的"敬"，理应"信以行礼""义以行礼"。不过，需要注意的是，"信"，并不等同于"言必信，行必果"，而是老子所言之"言善信"，即"言不必信，行不必果，惟义所在"。而"义"，既不是"意气用事"，也不是因私义而损公义，而需要"为义思道"，"行义思法"。

对贤能之士的"敬"，根本在"用"，而"用"之本则在"公"。《左传》记载，孔子逝世后，鲁哀公作诔悼之，似乎对孔子十分尊敬，可却遭到了子贡无情而辛辣的讽刺。子贡说鲁哀公既不懂"礼"，更不懂"名"，鲁哀公在孔子死后所行之"礼"，只是在演戏，对孔子"生不能用"，"生不能用"的根本原因，则在于其存有"私心"，认为一旦用了孔子，就会受其约束，以致不得"自由"。这个故事对当权者尤具借鉴意义。对贤能之士的"敬"，除了"尊"之外，还要向他们学习，继承其衣钵，弘扬其思想，才是对其最崇高、最深刻的"敬"。

对于自然环境之"敬"，则应如《孟子·梁惠王上》所云："不违农时，谷不可胜食也；数罟不入洿①池，鱼鳖不可胜食也；斧斤以时入山林，材木不可胜用也。谷与鱼鳖不可胜食，材木不可胜用，是使民养生丧死无憾也。养生丧死无憾，王道之始也。"换言之，就是"仁而爱物"，即把对人的爱，不断地向人的生存所依赖的周边环境扩展。一粥一饭，当思来之不易；一丝一缕，唯念物

---

① 洿(wū)：浊水池或地势低洼之地。

力维艰。

其次，"敬"为一切"礼"的前提或基础，没有了这个前提或基础，便成了老子所谓"忠信之薄，而乱之首"之"礼"了。对此，孔子、韩非子的认知也十分深刻。孔子说："礼节者，仁之貌也。"韩非子说："礼者，所以貌情也。""礼者，外饰之所以谕内也。""礼者，义之文也。"

通过这几句话，我们对"礼"大致可以得出如下认知：它是人的内心对于别人的"尊""敬""爱""忠""信""义""仁"等道德情感的外在流露；它通过"好言繁辞""疾趋卑拜"等不同的言行表达出来；它对于不同的人物关系所表达的言行是不一样的，即通过此言行能把"君臣父子""贵贱贤不肖"等区分开来。

最后，"君子之为礼，以为其身"，即君子"崇礼""尚礼"，不是为了别人，而是为了自己，是为了展示自己对别人的"尊""敬""爱""忠""信""义""仁"等道德涵养或情感态度，以提高自己在众人或别人心中的形象。不过，通过自己的"好言繁辞""疾趋卑拜"以展示于人的"礼"，有多少"尊""敬""爱""忠""信""义""仁"的"成色"呢？这，只有"作礼"者自己清楚！

2. "定人之谓礼"

"定人之谓礼"或为"以礼制心"的另说。

"定人"之"礼"，分析起来，大致可分为"定"与"人"两个大的方面。

"定"，既是行为主体实践过程中欲实现的现实目标，也是其为实现此目标而采取的方法或策略。具体来说，它既可是金银玉帛、稻麦黍稷、宫殿庙宇、台榭楼阁等形下之物，也可是介于形上形下之间的"好言繁辞""疾趋卑拜"等言行；既可是仁、义、忠、孝、智、勇、节、义等伦理道德，也可是政治、经济、外交、军事、科学技术等伦理性制度安排。

"人"，既是"定"的主体，也是"定"的对象或目标；既是原子式的个体，也是"一切社会关系的总和"，是"群"或共同体，或国家与民族。

可是，在现实社会中，如何实现"定人"的目标，却并不容易。有些行为，从表面来看，似既符合"仁义道德"，也符合"礼"，且旨在"定人"，但会因实际上并不符合"礼"而走向愿望的反面。如《韩非子》中记载，"季孙（肥）相鲁，子路为郈令"，子路以"私秩粟"，即用自己的个人收入请挖掘沟渠的民工吃饭，却遭到孔子的训斥与坚决反对。这一故事即给我们不少启发。

第一，"礼"与"善""美"或"道德""仁义"等一样，都不是一般人能深刻全面了解或认知的，需要不断地学习。子路为郈令，为国家修沟渠却以私资请百姓吃饭，自认为既"仁"且"义"，却因不能深知"仁义"的局限性而悖"礼"违"德"。故不仅遭到孔子的训斥，也遭到了当时的鲁相季孙肥的及时制止。为什么？这是由那个时代的"设官分职"的"礼"所决定的：无论是"民"或"官职"，皆有一定的专属或私有性，越职爱之，就是"行其私惠""擅爱"或"僭越"，其结果可能是天下大乱，君臣易位。所以不仅孔子对此十分留意，鲁当权者季孙肥对此更是十分警惕。

第二，"礼"的内容是不断发展变化的。子路所行之"仁义"，如放在今天，就要具体情况具体分析。就一般情况而言，政府官员以私资请公干的民工吃饭，也许会得到社会舆论认可，不会有"行私惠欲图篡夺"之嫌。但也不一定。至少"沽名钓誉"不可避免，是否公款也需存疑。至于一般百姓，请人吃饭或助人为乐时只能以私资，一般也不会有不良后果，但如其所作所为远超出自己承受能力，则实不可取：一方面，它可能颠覆公平正义，模糊政府职能；另一方面也可能助长不正之风或社会邪恶，彰显出社会的不公、正义的缺失、政府的无能、贫富的分化、道德的堕落。由此回溯反思，我们会发现"定人"之不易。真正的"定人"之"礼"，既需符合仁义道德，又要符合公平、正义等伦理制度安排。

"定人"，简而言之，是一整套包括了"敬"在内的"制心""安人"的系统工程。它近于老子之"道"，或就是荀子的"道德之极"，且包括仁、义、智、信、忠、恕、孝、勇等诸德目。以常理推之，它应以解决人民的基本温饱为前提，再"设官分职"，建立一系列政治、法律、道德等伦理性制度，以实现社会和谐发展与长治久安。与之相应，对外则应以"存亡国，继绝世，起诸孤"以及"和谐万邦"为目标而实行一整套既灵活又实用的政治、军事、外交政策。

2. "首"的构形分析及其启示

下面说说"𠂇"或"𢔓"中的"𩠐"（首）。它同样是个象形或会意字，象人头的形状。上面的两笔是"头发"，下面的包围结构是人之"头脸"或"面目"。"头发"与"头""脸"相连，像收发信息、能源的工具，既是向外开放的亦是向内收缩的；"脸"以象形的"目"表征，"目"既可是"头脸"（即面目）本身，又可代表"头脸""面目"。"目"之所以可以表征"头脸""面目"，皆因一般人所获之信息多源于眼睛。眼睛能将这个世界的信息输入人的头脑中，并经过头脑的加工，塑造出人的思想智慧、理想信念。

"首"即"人头"，它与"朴"一样，是看得见摸得着的形下之物。《诗经·邶风·静女》："爱而不见，搔首踟蹰。"其"首"即"头"。"首"还是"头脑""首领""第一"。"头脑"可储存知识、积累经验、建构思想、探究未知、发现规律、形成理论、指导实践，所以它能全面塑造出人的真正"面目"。从严格意义来说，只有"人"才有"头脑"。故"首"不仅是"道"的一部分，而且与"行"一样可直通于"道"。《左传·成公十六年》："塞井夷灶，陈于军中，而疏行首。"《史记·秦始皇本纪》："群臣诵功，本原事迹，追首高明。"其"首"皆通于"道"。于是，凡"知道"者即可为"首"，为"首"者则必"知道"。"有人知道，别人才得以闻道，人们才得以行于道。"①人皆有"首"，有"首"必能"知道"。但现实生活中，由于个体之"首"的天资禀赋有别，后天环境、教育各不相同，所以，人与人之间便是"可与共学，未可与适道；可与适道，未可与立；可与立，未可与权"，即人群之中对于"道"的认知或践行总是有层次之别的。虽然人人都可能识得某些"路"，但能识"大道"者，却只能是少数，而能"权"（融会贯通、举一反三）者就更是凤毛麟角了。

链接："知道"者当为"首"

中国共产党从 1921 年成立到 1935 年遵义会议召开，其间 24 年，既是我党的幼年时期，也是其甄选"知道者"以为"首"的非常时期。其间，陈独秀、李立三、瞿秋白、向忠发、王明、博古、张闻天等，皆曾或长或短时间里担任过最高领导，但最终还是让位于中国革命的真正知道者毛泽东。

老子说："道者，万物之奥。善人之宝，不善人之所保。""道"是万物得以存在、发展、变化的奥秘或规律。对于善于认识、运用它的人来说，它是无所不能的"法宝"，对于不善于认识它的人来说，也可以通过它而得以保存。为什么呢？因为"善人者，不善人之师。不善人者，善人之资。不贵其师，不爱其资，虽智大迷，是谓要妙"，即善于认识、运用"道"的人，能够成为不善于认识、运用"道"的人的导师。不善于认识"道"的人可以成为善于认识"道"的人的支持者、追随者。当然，如果不善于认识"道"的人不能尊重他们的导师，善于认识、运用"道"的人又不能爱护他的追随者、支持者，就算其"道"正确，也有可能走入迷途。

非常幸运！中国革命过程中，因既有像毛泽东这样的"知道者"，也有像周恩来这样的尊师者、追随者，所以中国革命便毫无疑问地走向了成功。事实上，群体中如没有个体作为凝结核心，就会成为一盘散沙；个体如没有群体的支持就没有力量。"天道无亲，常与善人。"无论天道自然规律还是社会规律，它们能帮助的人，只能是那些善于认识、运用它们的人。

把"首"（首）置于"行"（行）之中，便是"道"（道）。察形会意，它能给予我们诸多启示。

---

① 赵汀阳：《一种对存在不惑的形而上学》，《哲学研究》2012 年第 1 期。

其一,"首"或"信念""观念""思想""理论"等,常常是"通道""行道""大道流行"的唯一或最大障碍。

链接

《老子》第二十七章:"善行,无辙迹;善言,无瑕谪;善数,不用筹策;善闭,无关楗而不可开;善结,无绳约而不可解。"意为:善于行走,不会留下车辙、脚印;善于说话,语言表达不会有瑕疵、缺点;善于计算,毋须用筹策之类的计算工具;善于关闭、封锁,即使不用锁、闩,也不能打开;善于纠结,不用绳索,别人也无法拆解。

"善行,无辙迹",关键在于时空的选择。雨洗无痕,大雪无痕,时间无痕。新的无穷多的痕迹在时空上纵横交错、不断叠加,"辙迹"自然就变化了、没有了。

"善言,无瑕谪",关键在于语言的哲学化。此种语言能穿越时空而不朽。如老子的"道可道,非常道;名可名,非常名""天下皆知美之为美,斯恶已;天下皆知善之为善,斯不善矣"等皆是此类无"瑕谪"的"善言"。由于它们所及之理通于普遍规律,所以不会过时。

"善数,不用筹策",关键在"数"或"事"之极大。"数"之极大,"筹"即无所用。张良善用筹,决胜千里之外;毛泽东运筹帷幄,江山易手。他们所"用"或所"运"之"筹"皆无实物,而只存在于胸中。在现代科学特别是自然科学中,精密计算总是需要的。但一旦遇到那些极端庞大的计算数据或与我们实际需要不能吻合时,我们就会束手无策。这时我们只能用估算的方法,或说只能用一个模糊的值,或只能在"行"或"制作"中不断修正。在现实生活中,能够准确预测或基本把握事物发展方向,并能最后达到预期目标的人,是比更善于具体计算的人更高级的人才。以此观之,真正的"善筹"者只能是那些雄才大略者。

"善闭,无关楗而不可开",关键在"无关楗"。"关楗"主要指向人的信念、观念、思想、理论等。中国自明至清末,闭关锁国数百年,本意想以此术实现长治久安,永享"天朝上国"迷梦,可到头来,大梦未醒,国已不国。所谓"闭关锁国",不是真有什么铜墙铁锁,主要是顽固不化的信念、观念、思想、理论。就目前而言,阻碍我们前进的最大思想障碍仍然是官本位、特权、极权等封建思想观念。故"为首者"如没有真正的大无畏的革命精神,特别是自我革命精神,要想实现真正的解放思想,绝无可能。

"善结,无绳约而不可解",关键在"无绳约"。"无绳约"的"死结",不仅存在于人的思想或心灵,也存在于语言或文字所结下的条约。晚清时期,中国与列强曾结下各种丧权辱国的无"绳"之"约"，在中华人民共和国成立后，它们便大多自然解除了。为什么？因为足够的正义的力量。这说明，所谓"不可解"，也只存在于相对的时空之中。

其二，人的精神世界或思想理论、观念信仰，总是寓于物质世界之中，思想理论、观念信仰总是形成于行动、实践之中。所以，物质总是第一性的，精神总是第二性的。精神对物质的反作用不能说没有，在某些狭小的时空里可能还很大，但总是有限的。这就如人类在浩渺的宇宙之中，只是极其细小的尘埃一样。换言之，不管人类的思维能力如何发展、强大，永远都不可能超出其所处之物质世界或宇宙时空。因此，如果人类由于科技的进步而对宇宙丧失了敬畏之心，就会酿成苦果。

链接

孔子说："知之为知之，不知为不知，是知也。"明确而坚定地告诉我们，只有深刻地明了人类有永远不可能知道的东西，才是真正的"知"，才可能实现真正的"知道"。人类再狂妄也不可能"无所不知"，更不可能成功地悖"道"而"行"。

《老子》第十四章："其上不皦，其下不昧，绳绳不可名，复归于无物。是谓无状之状，无物之象，是谓惚恍。迎之不见其首，随之不见其后。"其所描绘的"道"既是物质的，也是精神的。由于其极端的广大性，虽然我们能从其"窈兮冥兮"中知道"其中有精""其中有信"，但却绝不可能从其"迎之不见其首，随之不见其后"中知道其全部。

其三，"道"之"通"，关键在"行"。而"行"却不仅是"行动""实践""用"，"修"或"学"同样是"行"。"行"，不仅可以清除前进途中的物质障碍，亦是穿越思想迷雾的最佳方法。没有"行"就没有"通"。孔子说："吾尝终日不食，终夜不寝，以思，无益，不如学也。"《礼记·中庸》："好学近乎知，力行近乎仁，知耻近乎勇。知斯三者，则知所以修身；知所以修身，则知所以治人；知所以治人，则知所以治天下国家矣。"《荀子·劝学》："吾尝终日而思矣，不如须臾之所学也。"屈原说："民生各有所乐兮，余独好修以为常。"司马迁说："修身者，智之府也。"诸葛亮说："夫君子之行也，静以修身，俭以养德。非淡泊无以明志，非宁静无以致远。夫才须学也，学须静也；非学无以广才，非志无以成学。"其"学"与"修"既是"行"本身，也是通"道"之最有力最实用的"工具"或"武器"。进言之，没有"为学日益"，便无"为道日损"，便不可能"通"。

链接：苏秦刺股

《战国策·苏秦始将连横》记载，苏秦游说秦王的奏章，虽然一连上了十多次，但他的建议始终没被秦王采纳，不得已只好离开秦国回到洛阳。他回到家里以后，正在织布的妻子不理他，嫂子也不肯给他做饭，甚至父母也不跟他说话。当晚，苏秦就从几十个书箱里面找出一部姜太公著的《阴符》来。从此他就趴在桌子上发奋钻研，一边读一边揣摩演练。当他读得疲倦而要打瞌睡时，就用锥子刺自己的大腿。过了一年，他的研究和演练终于成功，他就开始游说赵王。他对赵王滔滔不绝地说出合纵的战略和策略，赵王听了大喜过望，立刻封他为武安君，并授以相印，赐兵车百辆，锦绣千束，白璧百双，金币二十万两，派他到各国去约定合纵，拆散连横，以此压制强秦。史载，苏秦在赵国做宰相时，秦国不敢出兵函谷关，当时天下的百姓、威武的诸侯、掌权的谋臣，都要听苏秦一人来决定一切政策。

上述记载告诉我们，苏秦"说秦王书十上而说不行"，即不能"通其道"，后"得太公《阴符》之谋，伏而诵之，简练加以揣摩"，这一过程既是"学""修"也是"行"。苏秦正因此"行"之"成"而"通"，最后终于达到"天下之大，万民之众，王侯之威，谋臣之权，皆欲决苏秦之策"之"大通"。它进一步说明：理论源于实践又可反过来指导实践，而且理论上的"通"亦可加快或推动实践上的"通"；理论学习形成的过程同样亦是实践或"行"的过程。

其四，"道"之不"通"（或"行"或"首"之不通），既有可能是"通"的阻碍，亦有可能是推动其"通"或"大通"的动力。司马迁在《报任安书》中说："古者富贵而名摩灭不可胜记，唯倜傥非常之人称焉。盖文王拘，而演《周易》；仲尼厄，而作《春秋》；屈原放逐，乃赋《离骚》；左丘失明，厥有《国语》；孙子膑脚，《兵法》修列；不韦迁蜀，世传《吕览》；韩非囚秦，《说难》《孤愤》；《诗》三百篇，大抵圣贤发愤之所为作也。此人皆意有所郁结，不得通其道，故述往事、思来者。至如左丘无目，孙子断足，终不可用，退论书策，以舒其愤，思垂空文以自见。"这些思想者之所以"发愤"，根本原因就在于其"意有所郁结，不得通其道"。但暂时的"不通"也并不完全是坏事。事实上，正因有其"不通"才激励和造就了他们最后的"通"——"没世而名称"，"死而不亡"。

孔子有"不愤不启，不悱不发"之语，孟子说"人恒过，然后能改；困于心，衡于虑，而后作；徵于色，发于声，而后喻"。"愤"而"启"之，"悱"而"发"之，不仅在于能"启"能"发"能"通"，更在于能让人印象深刻，价值高远，影响巨大。孟子之"恒过""困""衡"与孔子之"愤""悱"异曲同工。

链接：星云法师的逆境课

　　星云法师幼时家境贫困，母亲忍痛含泪把他送进庙里。在扬州的寺庙待了一段时间，师父把年幼的星云带到南京，交给一名大和尚，并告诉星云："这才是你习佛的好地方。"师父刚走，大和尚即开始问星云："你为何来此地？"星云答："我师父叫我来的。"大和尚将他一阵藤条鞭打，怒斥："一个习佛的人，没有自己的归心，师父叫你来，你就来吗？"接着又问："你为何来此地？"星云想了会儿，改口答："我自己想来这里习佛。"大和尚藤条落得力度更大，骂："出家人岂可说谎！"接着又问："你为何来此地？"星云想第一次答案不对，第二次又错，于是沉口气后回答："我师父叫我来，我自己也想习佛，因此来了此地。"立马藤条垂落数十下，打得星云痛不欲生，满地打滚，大和尚斥："如此幼小，竟如此滑头！"当天夜里，满身是伤的星云想不透疼爱自己的师父为何把他带到这个如地狱般的地方。想起妈妈告别时的眼泪，他忍不住放声痛哭。突然，大和尚推门进来，星云吓得跪在地上。大和尚与初见面时截然不同，满脸慈祥，带着药，来为星云涂伤。他告诉星云："孩子，你下午说的，没有一句是错的……我教你的这门功课叫逆境。什么是逆境？就是生命无常。你遇到了困苦、灾难、不平、劫杀、死亡……那都是命运。不因为你做对了什么，就可以逃开；不因为你做错了什么，才受到惩罚。接受逆境，才能克服命运带给你的痛苦。"[①]

　　需要特别提醒的是，上述所谓"逆境课"，让我们学会以平常心接受逆境、战胜逆境，并在逆境中生存、成长、成功，但也有许多人经不起"不通"逆境之考验。"逆境"也可能摧毁人的意志，造就逆来顺受、情感麻木、随波逐流、碌碌无为、没有理想追求、没有独立见解、完全服从于所谓"命运"的芸芸众生。因此，身处逆境，除了要有坚忍不拔的意志、不惧失败的决心、愈挫愈奋的精神、随遇而安的胸襟之外，还要有高远的理想追求。

　　其五，形上之思，或者说思想、理论、信念，不管如何渺小，如何为物质世界所羁绊，但对于人类自身价值而言，一旦同之于"道"，就永远居于核心地位。有它，可能会阻碍其"行"、妨害其"通"；但如没有，则会让人之"行"变得盲目，使人与禽兽无异。

链接：人因思想而伟大

　　一个人身上最体面的东西是什么？是英俊的面容、漂亮的脸蛋？抑或是花

---

①　参见《读者》2016 年第 16 期，第 21 页。

花绿绿的纹身？是高官厚禄，还是显赫家世？都不是！只能是思想。思想，是自溺者留下的《离骚》，是宦者留下的《史记》，是断足者留下的《兵法》，是盲人留下的《左传》……有人问《世界报》创始人梅里："你一生写了多少文章？"答："我写文章不计算篇数，只计算思想。"事实是，人正因是"能够思想的苇草"，所以才成为"万物之灵秀"。

例如，老子、孔子在世时地位并不崇高，受到的崇拜亦少，但其形象却能随着历史的推演而愈来愈高大，就源于其伟大光辉的思想。

相反，如果"为首者"不知"道"，时间长了就会失去其地位。例如一些高官退休后形成"断崖式"的地位落差，就是由于其虽为"首"却不知"道"。其在位时，因其"首"尚存，人们出于现实利益的考虑或能信奉其"道"，一旦"首"之不存，其"道"也为人所不齿。

其六，"道"在中国哲人、士人或知识分子心目中，从来就占据着绝对重要的地位。所以老子说："人法地，地法天，天法道。""孔德之容，惟道是从。"孔子说："朝闻道，夕死可矣。""志于道，据于德，依于仁，游于艺。"孟子主张："天下有道，以道殉身；天下无道，以身殉道。"

链接：古人关于"道"的论述

《老子》第二十五章："人法地，地法天，天法道。"

主要强调的是"人"的思想与行为范式均源于对天地自然万物之"道"或"理"的模仿。天上地下即天尊地卑，既是伦理秩序，也是礼法制度。个中原因，不仅因"天"居上，更因"天行健"——"天"意志坚定、力量强大恒久。年有四时，人有生死，草木有枯荣，既是秩序、轮回，也是"信"。"水利万物而不争，处众人之所恶"，又"善下之"，所以"几于道"，故人要向水学习。因为"长短相形、高下相倾，前后相随，音声相和"，"祸兮福之所伏，福兮祸之所倚"，所以人应当"生而不有，为而不恃，长而不宰""功成而弗居"。任何事物都只是一个相对的存在，所以人要学会"用中""执中"，不要走极端。

《老子》第二十一章："孔德之容，惟道是从。"

"孔德"即美德、大德、上德、与道相通之德。"容"即形状、形态、边界或底线。美德的形状总是以"道"为底线或边界的。正因其如此，所以它既可能强大、宽容，也可能更为残酷、无情。"天地不仁，以万物为刍狗；圣人不仁，以百姓为刍狗。"其"不仁"不是真的没有仁爱之心，而是"大仁"，是"没有偏私"，就如阳光普照大地，不会因你是恶人就不给你温暖，也不会因你是好人就给你更多，公平、公正、正义，也是如此。

《论语·里仁》："朝闻道，夕死可矣。"

此"闻"即"达"。能为此"朝闻"就可以"夕死"之"道"，即是"天下有道"的实现。"天下有道，却走马以粪"，是一片太平盛世的模样——社会稳定、人民安居乐业、伦理秩序井然。孔子一生致力于此"道"的实现，"明知不可为而为之"，虽未于其当世成功，但却给后世留下了奋斗不息的伟大精神。当代中国之"天下有道"便是社会主义核心价值观的实践或伟大中国梦的实现。

《论语·述而》："志于道，据于德，依于仁，游于艺。"

"志于道"，即把实现"天下有道"作为自己最大的人生目标。"据于德"，关键在于认识"道"并"遵道而行"。换言之，一个人如果对事物发展规律没有正确的认识，其行为实践就不可能有可以依靠的根据。"依于仁"，即以"爱人"为核心或准则，处理好人与人之间的关系，这既符合"道"亦符合"德"，或既是"道"亦是"德"。"游于艺"，即为了配合上述目标的实现，以养成一个快乐、坚韧、宽容的人格。"游"不等于"戏"，而在于优游、快乐、不执。"艺"主要指礼、乐、射、御、书、数，但也不局限于此。

《孟子·尽心上》："天下有道，以道殉身；天下无道，以身殉道。"

天下政治清明、道德伦理秩序井然，君子便把"道"作为保卫自身及天下百姓的工具；天下政治黑暗、道德沦丧、秩序混乱，仁人志士便会为好的政治局面的重新实现而舍弃生命。这与老子的"大道废，有仁义""绝仁弃义，民复孝慈"异曲同工。它意在表明：公平、正义等道德伦理从来不会因为社会政治黑暗而可以被消灭。"道"没了，有"仁义"！"仁义"没了，有"孝慈"！只要有"孝慈"就可以此为"本"重建"仁义"或"道"。这个关系或规律也是"道"。

其七，通"道"之"路"绝非一条。有些可能平坦通畅，有些可能坎坷曲折，但不可避免的是，其过程，既要思虑谋划，亦需行动实践，且思虑谋划与行动实践之间的碰撞或矛盾总是不可避免。现实中，平坦之"路"虽越来越多，但也常遇阻塞。可喜的是，或迟或早，总有一条能让有志于道者认识的"道"，并遵循它通向远方。

例如，随着经济全球化朝着纵深方向发展，"地球村"已逐渐成为现实。于是无数条"道""路"互相交叉重叠。但不管"道""路""理"如何"殊"，只要我们每个人能"通"能"行"，且皆不逆"道"而行就行；亦不管价值如何多元，却总有"共识"。这个"共识"位于"道"中，既源于思想亦源于行动。如若不能"通"不能"行"，首先必于思想中去寻找原因。而解决思想上的原因，则重在互相间的充分沟通。沟通不畅会使矛盾升级，充分的沟通则会使双方越走越近。

其八，思想与行动实践可以高度统一，但却不能完全同一。正如合规律性与合目的性可能实现高度统一,但却永远不能实现完全同一。邓小平曾有句名言:"不管白猫黑猫,抓到老鼠就是好猫。"这句话,我们如果不加区分或不加限制地任意乱用,就可能得出一些事与愿违的结果。例如,杀鸡取卵,为了发展而对资源环境进行掠夺、破坏,虽然可能暂时抓住了"老鼠",赢得了眼前利益,但仍然不能说该种政策就是"好猫"。暂时的合目的,并不等于合规律,最后的结果可能是既不合目的亦不合规律。

马克思说过:"资本来到世间,每个毛孔都滴着血与肮脏的东西。"可是,只要我们认真想一下,难道"资本"不正是推动我们社会进步的最伟大力量之一吗?从解决人的基本温饱到重大工程建设,从设备更新到科技进步,都离不开资本的推动。这说明什么? 说明"资本"除了其"逐利的本性"之外,还能促进社会经济发展,这是人类社会发展到当下所必须经历的历史过程,对此,我们只能"遵道而行"。

其九,思想理论的建构既依赖于物质进步,亦依赖于精神发展,既"近取诸身",亦"远取诸物",同时还要受传统文化观念的制约。"物质进步"主要指经济发展、科技进步、生产力发展等社会状况。"精神发展"即思想的时代性,主要指意识形态、文化生活进步。"近取诸身"即总是要受自身认识的局限。"远取诸物"即能超越自身的局限。"传统文化观念的制约"主要指思想理论的历史性或继承性。

链接

中国社会,自夏、商、周至当世,早已超过百世,但那时所确立的"礼法制度",因不仅是"疾趋卑拜"的礼仪、礼貌,同时亦是"法之大分,类之纲纪也,……道德之极",所以,到今天虽然变化很大,但仍大量地存在。如《周礼·春官宗伯·司巫·神仕》云"不信者刑之""不信者诛之",是说一个人如果不讲信用、没有诚信,就要受到相应的惩罚。今天仍然如此。另如《周礼·天官冢宰·大宰》所载"以八法治官府""以和邦国""以富邦国""群吏之治:一曰廉善,二曰廉能,三曰廉敬,四曰廉正,五曰廉法,六曰廉辨"等,皆与我们今天所倡导的社会主义核心价值观紧密联系。

为何如此? 因为千百年来,不管社会如何进步或变迁,我们的基本人性并未有太大的变化。正如休谟所认识到的,只要我们的社会还有"不法之徒、无赖之徒"存在,那么我们的法律的制定就一定要把每一个人都想象成"不法之徒、无赖之徒"。所以,数千年前的"礼"与我们今天的"法",虽然不可避免地要有所损益,但其基本原则却是一脉相承的。

　　其十，所谓"由技进乎道"，简言之，就是人之"思"与"行"与"工具（形下之器）"有机融合，高度协调统一，既能让人之"思"高效地指导"行"运用"工具"或制造"工具"，亦能让人在"行"与"工具"中发现并发展新的"思"。

链接：书艺与"道"

　　清朱和羹《临池心解》云："书虽六艺事，而未尝不进乎道。"即是说书法乃六艺（礼、乐、射、御、书、数）之一，但与其他诸艺一样，没有不能"进乎道"的。事实上，"六艺"之外的诸艺诸技，如"庖丁解牛""埏埴以为器""凿户牖以为室"等莫不如此，"治大国如烹小鲜"说的也是这个道理。此"道"是什么？无非两个方面：进可治国平天下；退可修身养性、独善其身。既通"大道"亦通"小道"。就书法而言，只要我们对其有较长时间的涉猎、揣摩或研究，能基本做到"心能转腕，手能转笔，书字便如人意"，就一定会对此有深刻体悟：其"布白（间架结构）"既要"知白守黑"亦需"揖让有礼"，既有"公正平等"亦有"具体分别"，既能"宽可走马"又可"密不透风"；其用笔既可谓"乾坤运于掌上"亦可谓"刚柔相济""有虚有实"，既可以"正复为奇"亦可以"以曲为直""方而不割，直而不肆"。此类体悟皆可与"道"相通。

　　随意挑的一个字"啾"（啾），我们写好它的原则只有一条，就是"协调"，或曰"中和"。可是，如何做才能达到这种"和"的境界呢？经过千百年的书写实践，人们总结出许多行之有效的经验。

　　第一，避让。此字由左、中、右三部分组成，其中"禾"为主干，所以它理应写得较两边略长些，但却不能太宽，特别是其中的上部，不仅不能宽，还必须适当缩短、缩小。为什么？避让！即腾出空间让两边部分能够紧密地靠在一起。否则，三部分便可能分崩离析而不能和谐地成为一字，或十分地难看。所谓适当的"避让"，如果用另外一个字来表达便是"礼"。

　　第二，既自足、自由，又相对独立。"口"的"自足"表现为笔画较粗，虽然占有实际面积较小，但看起来不小，且感觉紧凑有力，反之则不美；其"自由"则表现为上下留空较大。"禾"的"自足"，表现为挺拔且上下长各出"一头"，与两边形成明显对比；其"自由"则主要表现为其下部之"撇"有机会伸至"口"的下面，虽然占了"口"的空间，但却没有过分之感，反而显得更加紧密而协调一致。"火"的"自足"与"自由"在此字的表述中同理而异名，即"撇""捺"的粗壮有力与优美舒展并行不悖。上部的两点，表现出极大的"收敛"。"收敛"，既是为了避让，也是为了突出"撇""捺"之风致。"自足、自由，又相对独立"，如果用另外一个字来表达便是"义"——"义，己之威仪也。"既能让每个个体有足够的自尊，也能让它们和谐相处。

综上，我们似乎可以发现"和"的实现的"玄机"：避让是前提，自足、自由、独立地存在与发展是核心。反之，"和"便无法存在，其结果只能是"丑陋""无序"或"分崩离析"。把上述原理引入人类共同体或国际社会中亦可适用。"自足"即先做好最好的自己；"自由"即必须有适当的时空选择；"独立"则是既要"互相支持"又要"和而不同"。如此，"己之威仪"与"和"便能同时实现。

其十一，"首"，永远是"道"的核心。这句话至少有四层意思：① 为首者必"知道"，"道者，万物之奥，善人之宝，不善人之所保"——善于认识、运用"道"的人，不仅能把此"道"当作应对自然、社会的"法宝"，而且亦能让它保证那些不善于认识、运用"道"的人的存在与发展。反之，如果为首者不知"道"，那么其危险性就不言而喻了。② 形而上者谓之道。表面上看与"道首先是物质的存在"相矛盾，但实质上不。因为物质的广大性与多样性，对人来说，"物质"大多数时候都是以"形而上"的形式存在的。③ 精神比物质更重要。这与物质的重要性或第一性并不矛盾。对于具有超越性或天生就向往超越性的人来说尤其如此。④ 理论对于实践有优先地位。这并不否定实践对于理论的决定作用，就如我们今天学习一些重要的书本理论知识要远比一样样地去实践、实验更重要一样。

链接

《吕氏春秋·仲冬纪第十一·至忠》记载，楚庄王在云梦泽打猎，射中了一只恶兽随兕，申公子培抢在庄王之前把随兕夺走了。楚庄王说："怎么这样犯上不敬啊！"于是命令官吏杀掉子培。左右的大夫都劝谏说："子培是贤德之人，又是您最有才能的臣子，这里面一定有缘故，希望您能仔细了解这件事情。"不到三个月，子培生病死了。后来楚国起兵，与晋国军队交战，大胜晋军，回国后赏赐有功将士。申公子培的兄弟上前向主管官吏请赏说："别人在行军打仗中有功，我的兄长在大王的车下有功。"庄王问："你说的是什么意思？"对方回答说："我的兄长在大王您身边冒着犯上不敬的恶名，遭获死罪，但他的本心是要效忠君王，让您享有千岁之寿啊！我的兄长曾读过古书，古书记载说：'杀死随兕的人不出三月必死。'我的兄长见到您射杀随兕，十分惊恐，所以才抢在您之前夺走它，后来遭遇祸殃而死啊。"庄王命人查阅古籍，在古书上果然有这样的记载，于是厚赏了子培的兄弟。申公子培的忠诚可以称得上是"穆行"了。"穆行"的含义是：不因为别人了解自己就受到鼓励，也不因为别人不了解自己就感到沮丧，德行没有比这更高尚的了。

上述申公子培为君替死的"穆行"，就是把"精神"或"名"或"忠义"看得比一切物质利益更重要。这种人朝朝代代都有，士阶层尤多，但其中尤其令人敬佩的则是那些"天下有道，以道殉身；天下无道，以身殉道"者。

当代中国社会，绝大多数人已解决了温饱问题，或已摆脱贫困走上了小康。于是，追求"有尊严的幸福"便逐渐成为时代的主题。这种"有尊严的幸福"虽然不能完全摆脱物质世界的羁绊，但也把追求精神世界的愉悦当作最重要的生活内容。毕竟，仅有物质财富上的成功并不能得到别人内心深处的景仰或尊重。要想成为一个让人敬服的人，就必须"为学日益，为道日损"，终身学习，不断增加自身的学问才识，提高对自然、社会、人生的认识，不断地减少自身的错误或不足，提高道德修养。

3. "之"的构形分析及其启示

"之"之初形为"⟋"或"⟍"，象形字，像人或动物的"足迹"，也可是"时间"（或太阳）留下的"足迹"。罗振玉《增订殷墟书契考释》："之，卜辞从止，从一，人之所至也。"即是说，"之"或"止"即人的"脚印"所到之处。

人或动物的一切活动，都会留下痕迹，但又很容易消失。苏轼有禅诗云："人生到处知何似，应似飞鸿踏雪泥；泥上偶然留指爪，鸿飞岂得计东西。"深刻地反映了这种"痕迹"的时空性或历史性特点。

> **链接**
>
> 人们生活于地球表面，不可避免地会制造大量的"痕迹"，古人在陶器上就留有许多印记，这些甚至成为中国传统篆刻艺术的最早起源。不仅人会留下痕迹，时间也会通过事物的缤纷变化而留下痕迹。人生在世，所谓价值意义，不过就是要给后世留下一些难以消弭或不可消弭的"痕迹"，对后世产生积极的影响。

"之"，不仅是足迹、痕迹，还是"至"或"到达"。《诗经·鄘风·载驰》："百尔所思，不如我所之。"《孟子·滕文公上》："滕文公为世子，将之楚，过宋而见孟子。"其"之"便是此意。荀子说："百发失一，不足谓善射；千里跬步不至，不足谓善御；伦类不通，仁义不一，不足谓善学。"这告诉我们：没有"到达"，便不可谓之"通"，没有"通"，便不可谓之"善"。但是"痕迹"的虚无性与实在性又启示着我们：你自认为"到达"了，并不意味着别人认可你已"到达"；个别人认可你"到达"了，也并不意味着众人都认可你已"到达"；你从理论上"到达"了，也并不意味着你从实践上就一定能"到达"；你自认为没有"到达"，也并不意味着你真没"到达"。"道"因为有了"之"的介入，也就自然而然地拥有了这样一些特征。

链接：圣人之辩

中国历史上盛产"圣人"。从尧舜禹到孔孟，再到历代帝王（皆称"圣上"），还有少数专家学者、士人、艺术家，如杜甫（"诗圣"）、王羲之（"书圣"）、张旭（"草圣"）、关羽（"武圣"）、陆羽（"茶圣"）、范蠡（"商圣"）等。近读李零著的《丧家狗——我读论语》（山西人民出版社2007年版）一书，则论孔子非圣人，言之凿凿，理由充分。乍看无可置疑，深思似是而非。窃以为，"圣人"乃"常道"（难以界定其具体时空环境条件之"道"），实无是非结论可言。换言之，谁是圣人，谁不是圣人，孔子是不是圣人，什么是圣人，这些问题既无客观标准，又因概念随历史的演绎而不断变化，所以，也就争论不出什么明确的结果。虽如此，此问题仍有探讨价值。

一、汉字学关于"圣"的认知

"圣"的初文主要有"𦔮""𦕀"两种，均为会意字。前字上部为一只大耳朵，下部为一躬身垂手侧立之人，它形象地告诉我们：所谓"圣"，首先是人；其次，其与一般人之区别主要在于其耳朵比一般人要大。耳朵大表明他听得更多、更远，亦更善于倾听。正因为他能听、善听，听得更多、更远，所以，他既是聪明、睿智之人，更是善于学习之人。从而，他也就能从一般人中超拔出来。后世的"兼听则明"，便与此"耳"相关，可见"兼听"是成为"圣人"的必要条件之一。后字在"耳"下又加"口"，则加深了"圣"的内涵。"口"代表语言、思考与表达。故圣人不仅比一般人能听得更多、更远，更善于倾听、学习，更有智慧，而且还能用自己的经验、才识、智慧影响和教导他人，并传播后世及远方。亦如老子所言："圣人常善救人，故无弃人。常善救物，故无弃物。"

春秋战国时期，由于生产力的发展，人们对圣人有了更加深入的认知，认为人要成为圣人，不仅要能听、善听、聪明、睿智，还要拥有一定范围的绝对权力，即必得拥有一块属于自己的土地。于是，"圣"字也便有了与其初文略不一样的表达，即"𡎆"。此字的上面部分与其初文一样，但在下面又增加了一个"土"字。这个"土"，便是拥有土地，即拥有绝对权力的象征。它告诉我们：一个人如果没有一定的权力，就算他有超凡入圣的聪明、睿智，也很难影响他人以实现其"安天下"之"圣人"宏愿。"圣"字构形的发展变化，曲折地反映了我国社会政治、哲学思想、伦理道德的发展过程。

二、老子心中的"圣人"

有人给"圣人"下了个定义："圣人也叫圣者，其实是圣王，先秦古书都这么讲。翻成现代话，就是英明领袖。"① 窃以为，先秦古书上并不都是这样讲的。

---

① 李零：《丧家狗》，山西人民出版社2007年版，第342页。

《老子》一书中，有"圣人"二十九见，可见，老子对"圣人"进行了全面而深刻的描述。我们只需详加释读，便会发现，老子心中的"圣人"是有不同种类与层次的。当然，"圣人"有时不是指个体的人，而是指一个集体或集团。

《老子》第二章："圣人处无为之事，行不言之教。"意思是："圣人行事，不仅总能顺应、利用事物发展变化的客观规律，善于用人之力，而且能以身作则。"能顺应和利用规律，必以善于认知规律为前提。以身作则，就是能以自身的言行正确地影响、引导他人。这种人，可以是握有权力的"圣王"，也可以不是，比如老子、孔子、孟子等。

《老子》第三章："圣人之治，虚其心，实其腹。"意思是："圣人对于百姓的治理，首先，要让他们的心境保持少私寡欲；其次，要让他们能吃得饱、穿得暖。"这里确实表明了"圣人"就是当权者，但这当权者，却不仅指最高统治者，也可以包括其辅助者、支持者，同时还可能是教化百姓的导师、生产斗争的领导者与实践者，比如周公、伊尹等。

《老子》第五章："圣人不仁，以百姓为刍狗。"意思是："圣人没有偏私，对待天下百姓，就像天地对待万物一样，都是客观平等的。"同样，这样的"圣人"，可以是"圣王"，也可以不是，任何人只要有意愿、有机会，便均可做到。

《老子》第二十二章："圣人抱一，为天下式。不自见，故明；不自是，故彰；不自伐，故有功；不自矜，故长；夫唯不争，故天下莫能与之争。"意思是："圣人总是怀藏着素朴如一的'道'，而能成为天下人的榜样。不固执己见，所以能聪明练达；不自以为是，所以能逐渐强盛；不自我败坏或自我夸耀，所以能建功立业；不骄傲自负，所以能兴盛长久。正因为总是不争，所以天下没有人可与之争锋。"这里说的"圣人不争"，其实是"圣人"赢得天下人支持与拥护的一种策略。通过这种策略，"圣人"的多种优秀品质得到展现。所以，这种"圣人"，可以是正在成长过程中的"圣王"，但并不一定就是"圣王"。

《老子》第二十七章："是以圣人常善救人，故无弃人。常善救物，故无弃物。是谓袭明。故善人者，不善人之师。不善人者，善人之资。"意思是："圣人总是善于纠正别人的错误，所以就没有被抛弃之人。圣人善于拯救各种物质资源，所以也就没有被抛弃的物资。这也可叫作深刻的睿智聪明。所以善于救人救物与认识事物规律的人，可以做不善于救人救物与不善于认识事物规律的人的导师，而不善于救人救物与认识事物规律的人则可以作为导师的助手。"这里的"圣人"既可以是当权者，也可以是"善人"，即善于认识、顺应、利用自然与社会发展规律的人。

《老子》第二十九章："圣人去甚、去奢、去泰。"意思是："圣人，总是要摒弃荒淫、奢侈、傲慢。"这并不仅仅是针对"圣王"说的。

《老子》第四十七章："圣人不行而知，不见而明，不为而成。"意思是："圣人无需远行（或实践）就能知道天下大事（运行规律性），无需亲眼所见就能明白天下的道理，无需亲力亲为就能有所成就。"这种"圣人"，睿智聪明，善于逻辑推理，由表及里，由此及彼，他可以是"圣王"，也可以是其他当权者、思想家、科学家。

《老子》第四十九章："圣人无常心，以百姓心为心。"意思是："圣人没有一般人所谓的'私心'，他总是把天下百姓的共同需求作为自己的行动准则。"这种"圣人"，就把那些伟大的进步思想家都包括在内了。

《老子》第五十八章："圣人方而不割，廉而不刿，直而不肆，光而不耀。"意思是："圣人对于人民既能做到遵守原则，又能不抛弃、不放弃、不伤害；既能廉洁奉公，又能不昏庸、暗昧；既能正直善良，又能不任情放肆；既能光明磊落，又能不显摆傲慢。"这种优秀品质，并不一定专属于"圣王"。

《老子》第六十章："以道莅天下，……圣人亦不伤人。"意思是："圣人总以'遵道'立于天下、治理天下，不会伤害百姓。"这里的"圣人"，可以是最高当权者，也可以是"圣王"的辅助者。

《老子》第六十六章："是以圣人，处上，而民不重，处前，而民不害。"意思是："圣人处于统治者地位时，既不会让人民觉得是沉重负担，更不会让人民感到害怕或者危险。"这可以指"圣王"，但也不局限于"圣王"。

《老子》第七十章："圣人被褐怀玉。"意思是："圣人常常身着粗布衣服，但内心一定怀有经纬天下的珠玉文章。"这样的"圣人"，或为隐士，散于民间草野之中，或为远古的部落首领，至少当时还没有掌握最高权力。被孟子称为"清圣"的伯夷，辅助舜治水还未当上"王"的禹，大概便是这种"圣人"。

《老子》第七十一章："圣人不病，以其病病。"意思是："圣人之所以没有耻辱或失败，是因为他们经常担心自己会受到耻辱或失败。"这种"圣人"则善"预"，即善于未雨绸缪。他可以是"圣王"，也可以是"圣王"之外的其他人。其实，人是否有耻辱或失败，只是相对而言，即便对尧舜来说，失败也是有的，但因其善于学习和总结规律，失败相对较少。

《老子》第七十二章："圣人自知不自见，自爱不自贵。"意思是："圣人既有自知之明，又不坚持一己之见，既自我爱惜，又不自高自大。"这同样不仅是"圣王"的特质。

《老子》第七十七章："圣人为而不恃，功成而不处。"意思是："圣人总是有所作为而不矜持，有所成就而不争抢名位。"做到这样不易，但范蠡做到了，所以范蠡也是"圣人"。但他却不是"圣王"。

《老子》第七十九章："圣人执左契，而不责于人。"意思是："圣人即使掌握了控制别人的把柄与权力,也不会苛责于人。"这是我们一般人通过努力都可能达到的境界,所以孟子说"人人皆可为尧舜"。

《老子》第八十一章:"圣人不积,既以为人,己愈有,既以与人,己愈多。"意思是:"圣人无需为自己积累财产,只要为大众做了事,就等于自己拥有了很多;只要尽力给予了大众帮助,自己也就更加富有。"这样的"圣人"也可以寓于普通民众之中。雷锋就是这样的"圣人"。

上述是老子关于"圣人"的基本描述。

三、孔子心中的"圣人"

什么样的人算得上是圣人? 孔子自有其标准。《论语》中多有记载。《论语·述而》载:"子贡曰:'如有博施于民而能济众,何如? 可谓仁乎?'子曰:'何事于仁? 必也圣乎! 尧舜其犹病诸。夫仁者,己欲立而立人,己欲达而达人。能近取譬,可谓仁之方也已。'"在此,孔子很明确地界定了"圣"与"仁"的区别:"博施于民而能济众"者为"圣","己欲立而立人,己欲达而达人""能近取譬"者为"仁"。以此为标准,孔子明确地认识到:自己既不能"博施于民",又"济众"有限,既没有掌握至高的权力,也没有建立"圣人"应有的"功勋",所以,离"圣"的境界还有距离。《论语·述而》又载:"子曰:'圣人,吾不得而见之矣! 得见君子者,斯可矣。'子曰:'善人,吾不得而见之矣! 得见有恒者,斯可矣。亡而为有,虚而为盈,约而为泰,难乎? 有恒矣。'"在此,孔子又明确告诉我们:所谓"圣人",只存在于古代或传说之中,在他所生存的那个时代里,"圣人"是不存在的。不仅"圣人"不存在,就是"善人"(善于认识并顺应事物发展规律的人)也不存在。

综上,孔子心中的圣人,只能是传说中的尧、舜,中古的商汤、伊尹,近古的周文王、周武王、周公等,他们曾握有"圣王"的权力,而且已经做到了"博施于民而能济众"。至于被孟子认可的"清圣"伯夷、"和圣"柳下惠之流,在孔子那里,最多只是"贤人"而已。

四、孔子信徒心中的"圣人"

孔子的信徒很多,最早是他的学生,其次是以孟子为首的一大批崇拜者,最后是汉之后的历代帝王、文人、学者等。他们都认为,像孔子这样的人便是圣人。

1. 孔子成为"圣人"的原因

孔子在世时,就曾不止一次地被学生们尊为"圣人",孔子对此并不认同,并提出了自己关于"圣人"的标准。孔子死后不能再行反对,于是在他的学生们那里,尊孔子为"圣人",便成理所当然,这主要是出于以下几个原因。

(1)孔子具有深刻的思想和崇高的道德。《论语·公冶长》载:"颜渊、季路侍。子曰:'盍各言尔志?'子路曰:'愿车马,衣轻裘,与朋友共,敝之而无憾。'颜渊曰:'愿无伐善,无施劳。'子路曰:'愿闻子之志。'子曰:'老者安之,朋友信之,少者怀之。'"这段话中,子路的形象像侠士,颜渊的形象像君子,只有孔子的形象像圣人。至于孔子对中国文化的贡献,这里就无需多说了。

(2)孔子多能、谦虚、有恒。《论语·子罕》载:"太宰问于子贡曰:'夫子圣者与?何其多能也?'子贡曰:'固天纵之将圣,又多能也。'子闻之曰:'太宰知我乎!吾少也贱,故多能鄙事。君子多乎哉?不多也。'牢曰:'子云,吾不试,故艺。'"这点与老子心中的圣人形象是有些吻合的。孔子的多能,体现在他对政治、军事、文学、书法、文字、驾驭、弓箭、音乐、哲学、历史、诗歌、文献学、礼仪制度等,甚至农业生产、畜牧管理等,都有较为深刻的研究或体悟。孔子之多能,与其贫苦的出身关系密切,更与其谦虚好学、勤奋有关。《论语·雍也》载:"子曰:'我非生而知之者,好古,敏以求之者也。'"这既是谦虚,也是自知。人既能谦虚,又能自知,就是"圣"的表现。《论语·述而》载:"子曰:'若圣与仁,则吾岂敢?抑为之不厌,诲人不倦,则可谓云尔已矣。'公西华曰:'正唯弟子不能学也。'"这里所表现的,不仅是谦虚、有恒,而且有无私的意思。《论语·子张》:"子游曰:'子夏之门人小子,当洒扫应对进退则可矣,抑末也。本之则无,如之何?'子夏闻之曰:'噫,言游过矣!君子之道,孰先传焉,孰后倦焉,譬诸草木,区以别矣。君子之道,焉可诬也?有始有卒者,其惟圣人乎?'"孔子做事,在其主观能动的范围内,总是有始有终的。

2. 孔子信徒设置的圣人新标准:以孔子为标准

如果按孔子自己设定的标准,孔子是成不了圣人的。但是,随着时间的推移和孔子影响的扩大,孔子的学生为圣人树立了一个新的典范,就是他们的老师——孔子。在他们看来,如果孔子不是圣人,那么自古以来,谁都不可能是。宰我说:"以予观于夫子,贤于尧、舜远矣。"子贡分析:"见其礼而知其政,闻其乐而知其德,由百世之后,等百世之王,莫之能违也。"孔子为和谐社会而建立的森严的礼法制度,以及"己所不欲,勿施于人""己欲立而立人""为政以德"的为人、为政思想,到今天,我们不也在遵循吗?有若说:"麒麟之于走兽,凤凰之于飞鸟,泰山之于丘垤,河海之于行潦,类也。圣人之于民,亦类也。出乎其类,拔乎其萃,自生民以来,未有盛于孔子也。'"孟子说:"自有生民以来,未有孔子也。"

五、历代儒者以孔子为"圣人"的原因

1. 孔子发扬光大了历代"圣人"的思想

孟子曰:"由尧舜至于汤,五百有余岁;若禹、皋陶,则见而知之;若汤,则

闻而知之。由汤至于文王，五百有余岁；若伊尹、莱朱，则见而知之；若文王，则闻而知之。由文王至于孔子，五百有余岁；若太公望、散宜生，则见而知之；若孔子，则闻而知之。"这是说孔子不仅继承了历代圣人的思想，而且比他们更聪明。

子贡说："见其礼而知其政，闻其乐而知其德，由百世之后，等百世之王，莫之能违也。"认为孔子光大发展了历代圣人的思想，能穿越时空而不朽。事实上，孔子的一生作为，确实基本实现了宋代张载所言"为天地立心，为生民立命，为往圣继绝学，为万世开太平"的人格理想。

2. 孔子信徒们对圣人的重新认知

孔子之前的历代"圣人"，或为传说人物，或为"真命"天子，或为天子近臣，他们高高在上，难以亲近，或因时空遥远而不可企及。而且他们多没有留下具体可信或可资借鉴、学习、模仿的东西，不如孔子来得朴素、亲切、实在。"老者安之，朋友信之，少者怀之"这样的理想，既崇高，又朴实，只要从自己做起，从身边做起，从现在做起，就不会觉得它遥不可及。"三人行，必有我师"，亦如老子所言，像水一样，谦虚有容，"善下之"，这也是普通人经过努力就能够做到的。"知之为知之，不知为不知""每事问""好学""有恒""学而不厌，诲人不倦"，孔子身上的这些品质无不亲切而自然，可资借鉴、学习与仿效。

孟子说："智，譬则巧也；圣，譬则力也。由射于百步之外，其至，尔力也；其中，非尔力也。"这是对"圣"作了前所未有的颠覆性的阐释。孟子这里所述"智""巧"与"圣""力"的关系，其实就是指天资、禀赋与恒心、毅力的关系。孔子天资比一般人好，但更重要的是能谦虚、好学、有恒。

3. 现实的原因

"五百年必有王者兴"，"由尧舜至于汤"，"由汤至于文王"，这曾经是古人所认定的历史规律，也是民众的愿望。可是，自周代文、武、周公（公元前十一世纪）而后，到春秋战国（公元前三世纪），早已超出五百年，只见天下混乱不堪，就是不见"王者"（即圣者、圣人、圣王）出现。于是，圣人只能"被褐怀玉"，从民间走出。孔子说："圣人，吾不得而见之矣！得见君子者，斯可矣。""善人，吾不得而见之矣！得见有恒者，斯可矣。"既然"圣人""善人"都没有，孔子又是公认的"君子""有恒者"，故"圣人"非孔子而谁？

4. 情感的因素

孔子的信徒把孔子奉为圣人，不仅因为孔子的伟大，另外还有情感的因素。沐浴在老师的光环之下，孟子成了"亚圣"，颜回也成了"复圣"。就是子夏、子游、子张，都具备了"圣人之体"。《孟子·公孙丑上》："子夏、子游、子张，皆有圣人之体；冉牛、闵子、颜渊，则具体而微。"

5. 孔子之仪容像圣人

说孔子的仪容像圣人，可以有两方面的意思。

一是说他的面容、体态像某些圣人。《史记·孔子世家》载："孔子适郑，与弟子相失，孔子独立于郭东门。郑人或谓子贡曰：'东门有人，其颡似尧，其项类皋陶，其肩类子产，然自腰以下，不及禹三寸。累累若丧家之狗。'"或有嘲讽之嫌，亦有追捧之实。

二是说他气质修成了圣人。孟子曰："形色，天性也；惟圣人然后可以践形。"认为人的形体容貌，都是秉自然之理生成的，这就是所谓的天性；只有圣人才能尽这种自然之理，使天生的形体容貌更加充实完美，无愧于天性。

六、没有结论的结论

其一，孔子不承认自己是圣人，这正是其成为圣人的证据之一。尧、舜、文、武、周公、伊尹，又有谁说过自己是圣人呢？

其二，孔子自己说过："十室之邑，必有忠信如丘者焉，不如丘之好学也。"即孔子从不承认自己聪明，但正是这种自知，促使孔子"好学"而"有恒"，从而造就了孔子。它反映的正是孔子的聪明过人之处。

其三，孔子虽没有至高权力，不能安世济民，但其思想、言论影响了历代统治者，从而也就赋予了他在生时所不可想象的"权力"。尽管这种"权力"只是假借，或只是一种"缺场"的权力，但到今天却仍在某种程度上起着安世济民的作用！

（二）"道"的四重意义

当"𣇃"（行）、"𩠐"（首）、"�"（之）三个字被天才地组合在一起而成为"𧗞"（或有所简化的"𨔾"），则让"道"之意变得直观、生动且厚重、深刻，此字用最精练、最简单的具体形象高度抽象地描绘出了"自然物质世界""人类思维活动""人类实践活动"三者之间的关系（既高度统一又矛盾斗争，既前路四通又阻碍重重），并反映出其不断发展变化的过程。而另外的几个"道"的异体，如"𧗞""𣲖"等被抛弃，也就完全可以理解，因为它们已不能全面表达人关于"道"的全部想象与期望。

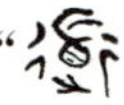

"道"之意概括起来大致有四重。

1. 人类足迹能够到达的地方

"𧗞"的最直观形象是：一个人顶着自己的脑袋，行走于大道（路）之上，并留下清晰的足迹。此说最初仅指"形下之路"，即看得见摸得到的物质世界。在此，"彳"(行)代表"道路"，"𩒻"(首)与"辶"(之)叠加代表"人"或"人类"，"之"既代表"足迹"也代表"到达"。它既反映出我们祖先最初思维活动的直观性、具象性、想象性，也表征出其思维的伟大创造性与实践活动的局限性。

今天，随着生产力的进步和科学技术的发展，"形下之路"已然有了质的变化或延伸，不再局限于"形下"。目前人类足迹能够到达的地方，最远处是月球，再过些年，可能是火星。人类的认知与能力将永远向前，并将无可置疑地走向更加遥远的深空。但有一点我们必须明白：我们人类永远只能活动于"道"中，既不能悖"道"而行，也无法把自己置身于"道"外。

链接

俗话说"要想富，先修路"，一般认为，其中之"路"便是我们人看得见摸得着的脚下的"道路"。不过，随着时代的进步与发展，这种认识又不尽然——当前不断增修的"网路""电路""航路""轨道"等也可能是达致"富"的手段之一。同时，它们也可能是"致富之道"——一种达到富强的理论或规律。由此可知，"形下"总是与"形上"紧密相连。

至于"走自己的路，让别人说去吧"，这句话中的"路"，则既可能是"形下"亦可能为"形上"。其实，只要我们认真思考下就会发现，不管你想走什么"路"，所谓绝对的"自由"，从来就是不存在的。它既受制于物质世界，也受制于主体自身的认知与立场。当然，别人之"说"，不管主体是否愿意，都会对主体之"行走"产生或大或小的影响。

2. 人类思想能够到达的地方

在此，"𩒻"(首)代表"思想"，"彳"(行)代表"客观物质世界"或"自然"(包括人类自身)，"辶"(之)代表"到达"。人类思想永远向前，它比人的"足迹"或"痕迹"能够到达的地方要深远得多。如此之"道"，既反映出人类实践向着更加深广的物质世界迈进的成果，也表征出人类思维的深刻、幽微、玄妙的形上特征。更具体来说，"人类思想能够到达的地方"，既是宇宙、物质、能量、时空、信息，也是矛盾、规律、伦理、道德、法则、事理、局面，当然也是价值观与方法论。

3. 人类思想与实践均能到达的地方

在此，"首"代表"思想"或"理论"；"之"代表"到达"；而"行"，不仅代表客观物质世界、人类的一切实践活动，而且还代表"公众""通""通达"或"流行"。它不仅表征出人与自然、思想与实践、思维与存在等的缠绕纠结、不可分割的关系，也意味着发现、创造、实现与预测。具体来说,它既是已经成功的生产活动、科学实践、技术实践,也是能够成功的未来生产活动、科学实践、技术实践。它全面反映了人类认知、探索世界活动的全部过程与成就。对于人类来说,它就是"道"的最高形式。其要在"通",其极在"达"。即不仅要"通达"于"理论",而且要"通达"于"实践";不仅要"通达"于"己",而且要"通达"于"众"。理论,无论是自然科学理论还是社会科学理论,若既没有改变世界的雄心,也不能推动世界的改变,那就很难说它是"道"。

4. 人类思想与实践均能到达与均不能到达的所有地方

综合上述三者,再联系"道"的独立性、广大性、开放性、先在性、运动性等,我们会发现:"道",无物不是,无处不在;"是"即"在","在"却非"是"。《老子》第二十五章:"道生一,一生二,二生三,三生万物。"《老子》第二十一章:"道之为物,惟恍惟惚。惚兮恍兮,其中有象。恍兮惚兮,其中有物。窈兮冥兮,其中有精。其精甚真,其中有信。"这一认知也与当代唯物主义认识论一致。

(三)"道"的多重启示

1. 一切皆"道",天人本一

一切皆"道",让我们可明万物同源、天人同构之理。故"天人"无需"合一",而是"本一"。这从圣人所造"天"与"人"之构形及其相互关系亦可得出。"天"之初文主要有"𠀑""𡗕"等,其形或就是"𣥂"(大),或已囊括"大"。"大"即正面挺立之人,也可说是"大人"或"成人"。"天人本一"泯灭了主客二分的对立。庄子的"其好之也一,其弗好之也一。其一也一,其不一也一"同样表达了这种思想。以此推之,不仅世间众生平等,而且宇宙万物平等。

2. 事物的存在、运动、发展、变化,总有规律可循

"事物",既是"事"与"物",也是"人"。它们的存在、运动、发展、变化构成无穷无尽的各种"关系",并皆寓于"道"中,或就是"道"本身。从"人"来看,世界或宇宙,无论近与远、宏观与微观、物质与精神,只要是人之观察或"思"之所及,皆与"人"构成关系;从"自然"来看,它们又因皆源于"一"或"道"或"无",所以更是关系紧密。于是,事物的存在、运动、发展、变化,总有规律可循。因此,知识、规律、思想、理论,不仅可以发现、建构,而且可以言说、传授、实践。"道可道,非常道","道"不仅可以言说,而且还可以传播、实践、发展。不过,它又不是随随便便可以,而必须把它置于一定的时空环境与主客对象之间。

3. 事物因为简单而复杂

所谓"复杂"皆由"简单"构成;所谓"简单",只是个相对的存在。一切事物、事理、逻辑、思想等，只要离开一定时空、环境、条件及主客对象，便难以言说。庄子说："自其异者视之，肝胆楚越也；自其同者视之，万物皆一也。"道出了宇宙万物既简单亦复杂的特性。老子告诫我们："图难于其易，为大于其细。天下难事，必作于易。天下大事，必作于细。是以圣人终不为大，故能成其大。"所以，我们做任何事，要想做好做到极致，便既不可视之为易，亦不可视之为难，"易则忽而怠心生，难则畏而止心起"。

4. "道"之要在"通"，"通"之要在"用"

比如，要开辟一条通往火星的"道路"，首先，便要从思想理论上"通"。这种"通"，首先是理论创建者能自圆其说，而后再为别人乃至众人所理解。但这种"通"仍不一定能"用"。当最后真能筑成其"道"，付诸实践、付诸实"用"之时，此"道"也便成为主观见之于客观的"通衢大道"了。其他诸"道"之"通"，其理类此。《礼记·礼运》说："大道之行也，天下为公。"便是把"道"与"行""通""公"（公众、大众）有机地联系了起来。此处"大道"，无疑是用以治国平天下的一整套价值理想或道德伦理法则。"行"，即"流行"，"流行"即"通"。要实现"通"，就必须得到公众的支持与拥护。"天下为公"，就是把天下看作天下人的天下。按老子的说法，便是"以百姓心为心""为天下浑其心"，按今天的说法，便是"全心全意为人民服务"。这样，你所掌握的"大道"就自然可以"流行"了。但最后的"通达"，还得付之于"行"，即实践。只有在现实世界里的"行"，让你的"道"实现了"通达"，才是真正的"大道之行"。我们常说马克思主义的思想理论是中国革命、建设、发展之"大道"，就是因为它能与中国革命、建设、发展的具体实践结合起来，能"通"。

5. "道"，就是"哲学"

从汉字学视角看，这种"哲学"就是一种关系，一种以"形上之思"或以人为中心的关于自然物质世界、人的精神世界以及人的实践活动的既相互纠缠又相互对立的辩证统一关系的理论概括或梳理。它不仅囊括了胡适关于哲学的六点概括[①]，而且与老子的"道生一，一生二，二生三，三生万物""迎之不见其首，随之不见其后"，与《易传》的"形而上者谓之道""一阴一阳谓之道""道不离器，器不离道"等并行不悖。关于物质世界的探索，是要认知自然及其发生、发展、存在、变化之普遍规律及其与人的关系，它主要源于"亍"（行）；关于人的精神世界，即要

---

① 这六点概括是：(a) 天地万物是怎么来的（宇宙论）；(b) 知识、思想的范围、作用及方法（名学及知识论）；(c) 人生在世应该如何行为（人生哲学，旧称伦理学）；(d) 怎样才可使人有知识，能思想，行善去恶（教育哲学）；(e) 社会国家应该如何组织，如何管理（政治哲学）；(f) 人生究竟有何归宿（宗教哲学）。参见胡适：《每天学点中国哲学》，新世界出版社 2013 年版，第 2 页。

认知人的思维活动及其发生、发展、变化之普遍规律及其与人的关系,它主要源于"[首]"(首);关于人的实践活动的探索,即要充分认知人的意志、目的、价值理性、工具理性等与物质及思维的关系,它既源于"[又]"或"[止]",亦源于"[行]"(行)与"[首]"(首)。

6. "道"是个开放的系统

这种"开放"既是物质世界本身的存在特征,也是无限的物质世界对于人的"逼迫",更缘于人的实践活动与物质世界的不断碰撞。由于"时间"只是人的感觉的假象,故在"道"中可有可无。"道"最关切的只是变化:"人"的变化,"人"因"行"而"思"或因"思"而"行"的变化,"万物"的变化,以及它们关系的变化。后来,因为"道"的开放性而引入了"时间",所以人对于"道"的认知愈加深刻。《离骚》"时缤纷其变异兮,又何可以淹留?兰芷变而不芳兮,荃蕙化而为茅。何昔日之芳草兮,今直为此萧艾也"便是这种对"时间"以有"变化"的深刻体认。

7. 所谓"自由",只是"人"或"人的思想"在"道"中的"自由"

"自由"永远只能是相对的。它不仅受制于物质世界、共同体(或公众、或群)、实践活动、技术工具等,而且亦受制于主体的认知。但无论如何,"思想的自由"和"意志的自由"才是最大的自由。

8. "道"以物质、运动、人、人的活动而存在

"道"是物质、运动、人、人的活动的高度统一。人以"行"而存在。人有"行"即有"道"有"德",人无"行"则无"道"无"德"。

9. "大道如水"

此说主要有两种向度的解读。

一种与老子所说的"上善若水。水善利万物而不争,处众人之所恶,故几于道"相通,是指"道"通于"水",通于"德",通于"善",通于万物,且一方面易知①另一方面难知②。《孟子·离娄上》:"道在迩而求诸远,事在易而求诸难。"意为:"道就在我们身边,但要真正寻求到,却需要追求很长一段过程;事情本来容易,但要真正寻求到容易做好的方法,却需要一段艰难曲折。"我们永远身处"道"中,且时时刻刻都在践"道"而行;但我们只能无限地接近"道",却永远不能完全知"道"。

一种指"道"之"形"如"水","有形"又"无形",既是具象与抽象的结合,也是实在与虚无、物质与精神、形上与形下、是与非、正与反、大与小等的高度统一。

---

① 清·钱振锽《名山书论》:"夫道,犹大路然。"
② 《声律启蒙》:"水无定性,决诸东而决诸西。"言知之不易。

二、"德"通于"道"

（一）"德"的构形：行、直、心

"德"通于"道"，不仅可从汉字学对"道""德"两字构形关系以及先秦思想家的诸多论述中析出，而且也是对人、人类社会、自然及其相互关系的认知的逻辑性描述。

"德"之初文主要有"🔣""🔣""德"三种。第一个是甲骨文，第二个出自楚简与玉简，第三个出自秦泰山石刻。

甲骨文之"🔣"（德）近于"🔣"（道），两边的四个笔画与"🔣"（道）的两边一样，也是个"🔣"（行）字；中间部分是个"🔣"（直）字。"德"中之"🔣"（直）与"道"中之"🔣"（首）大同小异——其下皆为"目"；不过，"首"之"目"为"面目"，"直"之"目"则指"眼睛"。它们最大的区别在于："首"有"发"，是自然的描绘；"直"上有"十"，是人的思想形象的描绘。

玉简之"🔣"（德）抛弃了"行"。秦泰山石刻之"德"（德）对先秦诸"德"进行了综合。

1."行"的构形分析及其启示

"🔣"（行），上面的"道"中已经讲过了，此处从略。

2."直"的构形分析及其启示

"🔣"（直），会意或象意字。其书写笔画与"🔣"（德）中之"直"相较，由圆转而变得有些锐直，只是书写性所造成，无本质区别。"直"的初文又可写作"🔣"。其上部为一根挺立的直线，或一个"十"字，意为"正视""注视"或"瞄准"的"目标"或"靶子"，而且亦代表"众""多"。这个"目标"或"靶子"既可能是一个形而下的具体物件或某个形而上的观点、理念等，也可是曾子说的"十目所视"中的"十"。"十目所视"即众目所视。一根"竖直线"或一根"带节的直线"就是最古老的"十"字，它源于神农结绳。其下部为一只眼睛。它们组合在一起所描绘的"直"，或是"专注直视于某一目标的眼睛"，或是"众人的眼睛"。"🔣"比"🔣"下部多了一个"折横"或"直线"的笔画，只是汉字造字过程中是否弃舍了"眼眶"而已。所以，直到今天，我们在书写书法作品中的"德"字时，其"心"上的"一横"也是可写可不写。"直"是"德"之人性化或社会性的最直接表征。"直"之本意为"正见""直视"。因为人的眼睛只能"直视""正视",不可能在不借助工具的前提下"弯视"或"曲视",因此,"直"的引申意有"不弯曲""正(公正)""合乎正义""公心不偏""端正""挺直"等十余种。作为"德"字的中间部分,它的主要意义便为"德"所蕴涵。事实上,"德"又通"直"。《左传·襄公二十九年》:"辩而不德,必加于戮。"俞樾平议:"德当读直。"换言之,所谓"德",或是否有"德",必得以"直",即以"公平""公正""正义"为核心。由于"德"又通于"道","直"又通于"德",所以"直"亦能通"道"。没有"公平""公正""正义"的"德"是荒谬的。有人问孔子:"以德报怨何如"?孔子的回答是:"以直报怨,以德报德。"其中所言之"直",即为"公平""公正""正义"或"公心不偏",或又可谓"惟道是从""遵道而行";而其后句中所言之"德",则为"恩惠"。

把上述关于""与""各自的分析联系起来,再回到甲骨文之"",我们或可得到如下一些启示。

其一,"德"的原初意义大致是:不管什么人,当他面对公众或者对待公共事务时,因为总是有许多眼睛在直视着,所以他的行为表现一定要让公众看得到公平、公正、正直或正义。这种情况大概与氏族公社早期的社会现实有关。由于当时生产力极不发达,劳动产品大多数时候没有剩余,所以大家认为平均分配劳动产品便是最为公平公正的。可是,怎样的平均才算是公平公正呢?这在"民莫之令而自均"却未"始制有名"之前,很难有个明确的标准。因为重的并不等于好的,小的也不等于差的。于是,主持分配的人拿别人挑剩下的,便被认为是最公平的。而这又都是在众目睽睽之下,或说是在众人的眼睛的直视之下完成的。这样,被众人认为最公平的分配者,便往往被认为是"直"或有"德"者。如此理解"德"的内涵,既能反映当时生产力的落后性,也能反映出先民们对于"德"的认知的局限性。在此,"行"既被理解为"公众场合",也被理解为"被众人理解或支持";"直"既被理解为"被众人所正视",也被理解为"公平""正直"。

其二,"德"即各种主体关于公平、公正、正义之关系。当我们把""看作是自然物质世界时,它是人与自然的公平、公正、正义之关系;当我们把""看作是大众时,它是人与大众的公平、公正、正义之关系;当我们把""看作是规律性或行动实践时,它是人与"规律性或行动实践"的公平、公正、正义之关系。很显然,人与自然之间的关于公平、公正、正义关系的实现,要求我们必须保护好自然,把自然看成是人之自身存在、发展的一部分。人与大众间的公平、公正、正义关系的实现则尤显其难,在今天,除了强有力的政府、健全的民主、法律制度之外，个体的自尊、自立、自强亦不可或缺。人与"规律性或行动实践"的公平、公正、正义关系，则主要表现为人既不可悖"道"而行，亦必须把自己对于"德"的修持或"公平""公正""正义"的理解坚定且不断地付诸实践。

其三，"直"既是"德"的核心，但同时也可能是通达"道德"的最大阻碍。例如，古代伟大的思想家们对于取小"信"而废"大伦"以致"不孝"之"直"是皆持反对态度的。换言之，我们对于"直"抑或"公平""公正""正义"的认知与践履，许多时候会因为主体的多元、认知的不同而走向反面。所以老子说"正善治""枉则直""方而不割，廉而不刿，直而不肆，光而不耀"，即告诫我们：我们心中所秉持的公平、公正、正义原则，一定要以适合于国家、社会的治理，适合于美好的生活、良好的效率为前提。因为"直"有时反而是"不直"，唯有"曲"才能达致"直"的目标。进言之，通达"道德"的"路"绝非"直线"一条，为了应对现实的复杂局面，我们在有一腔正义的前提下，还得有足够智慧或策略。

链接

《老子》第八章："居善地；心善渊；与善仁；言善信；正善治；事善能；动善时。"

"居善地"，即居所要选择一个妥当的地方。古人为此还创建了堪舆之学，"堪"即"天道"，"舆"即"地道"。"天道"以观天文，"地道"以察地理，故"堪舆"又谓"堪察"，"堪舆之学"亦称"堪舆之道"。此学因多用来对阴宅、阳宅的堪察，后来逐渐发展为有一定迷信色彩的方术，即风水学。风水学之要义，就是要选择"风水宝地"。何谓"风水宝地"？一曰避开风、避开水，即不要受到风水的侵害；二要有山有水，即依山傍水，风景秀丽、气候宜人。在今天，"居善地"，首先考虑的应是安全问题，其次是人文环境、交通便利性、生活习俗等对人的成长、发展所造成的影响。

"心善渊"，即心胸要深邃宽广。"渊"之大小深浅，可以依不同的人、不同的时空而定。人称弥勒佛"大肚能容，容天下难容之事；开口便笑，笑天下可笑之人"。关键在"难容"两字。要想实现"难容"而"能容"，就需要心胸宽广。但是，作为一个独立个体的人或一个现实存在的国家，这种"容"又有一定的条件：人格、国格不容侮辱，领土、领海不容侵犯，尊严、独立不容损害。这又说明"渊"的深与广是有底线的。

"与善仁"，即施与别人的仁爱需要合适、恰当，要把握一个度。《老子》第五章说："天地不仁，以万物为刍狗；圣人不仁，以百姓为刍狗。"因为"天地""圣人"对待众生都是平等的，所以这里所谓的"不仁"才是真正的"大仁""上仁"，甚或就是"道"。因为一般"仁爱"的施与，总是带有一定的不公平或偏私特点，因此，施与者必须要有时空、方式方法、量度或态度上的选择。不然就有可能产生相反的效果。老子对此有深刻的思考，他要求人们一般情况下既不要接受别人的"仁爱"施与（《老子》第十九章"绝仁弃义"），也不要随意施与他人，同时也要求施与者有个适当的心态。据报载，有个知名演员资助一个贫困地区的青年上大学，过程离奇，结果尴尬，最后不仅没有得到这个青年的好评或好报，甚至使其产生怨恨与不平。这其中的缘由，不能不令人深思。类似的情况常发生，所以民谚有"碗米养恩人，担米养仇人"之说。"仁爱"的施与需要智慧。不妥当的"仁爱"，不仅可能产生偏私、懒惰、依赖、嫉妒、怨恨、无耻，有时甚至产生腐败、罪恶。佛家语云"仁慈即罪恶"，老子云"善之与恶，相去若何"，孔子云"好仁不好学，其弊也愚"，皆可成为上述论说的注脚。

"言善信"，就是语言表达要有恰当的信度，能让你想要表达的意思通过语言的传播而达到你的目的或愿望。按照墨子的说法便是："信，言合于意也。""恰当信度"，有时还可能完全是假话。但这种"假话"，如能达到表达者的目标与愿望，那就一定是充满智慧的经典。传说春秋时期，孙膑游于魏，魏王要孙用计，在不接触到他本人身体也不使用任何工具的情况下，让他从宝座上下来。孙膑只用了几句话就做到了："大王，我实在没有办法。如果大王在殿下，我倒是有办法让大王上去。"魏王想了想真就下来了。接着要孙膑把他弄上去。孙膑答："大王不是已经下来了吗？"妙哉！妙在何处？其实质就在于孙膑的"谎言"既合于魏王之意，亦合于己之意，达到了各自的目标。在现实生活中，与亲人、朋友、同事之间的交往，标准仍是"言善信"，但一定要真诚相待。如有时迫不得已要说假话，也要注意策略与后果，不能让假话被揭穿的"后果"伤害到自己，也不能伤害到对方或其他人，当然，更不能伤害到真理。

"正善治"，就是公正廉明、正直正义的行为或"以正治国"的策略措施要适合于国家的治理或长治久安。这句话告诫当权者：公正廉明、正直正义对于治理国家是十分需要的，但同时也要认识到公正廉明、正直正义的相对性特点，如把它绝对化，就会造成新的不公正、不平等。因为群体是个体的群体，普遍是个别的普遍。所以，对于既有个别性又有普遍性追求的人来说，既要有"公正"的"平等"，又要有"区别"的"公正"。

"事善能"，就是做事情要有适当的能力水平。这句话主要有两层意思。一是要求当权者不仅要有远见卓识和指挥协调能力，而且要能识别不同人才的个性特点、技术专长、智商、情商，按照老子的说法便是"圣人常善救人，故无弃人"。二是要求每位工作人员在自己的岗位上把工作做到最好，使社会尽可能达到"人尽其才，物尽其用，货畅其流"的理想境界。

"动善时"，即采取行动要选择恰当的时机。举例来说，青年时期是人生的黄金时期，也是长知识、长能力的大好时机，如能紧紧抓住，就能受用一生。现代世界，第三次科技革命方兴未艾，第四次、第五次科技革命又蓬勃兴起，正是中国迎头赶上的大好时机，抓住了，我们就可实现跨越式的大发展，成为世界一流强国，否则就可能被抛下。

《老子》第二十二章："曲则全，枉则直，洼则盈，敝则新，少则得，多则惑。"

"曲则全"，即唯有"曲"才能达到或实现"全"。"曲"是万物存在的普遍特征。从科学或数学的观点来看，"直"只是理论存在或只是"曲"存在的一种特殊形式而已。完美的曲线（或曲面）不仅总能给人以圆满的感觉，同时还是达到目标的重要技术手段。太阳、月亮、地球都是"圆"的，其运行也是曲线。人体各部位都是曲线。自古以来，人类所发明的机械也多是以圆周或曲线运动做功的。在人与人、国与国之间的交往中，以"委曲"求得保全之事，更是不胜枚举。

"枉则直"，即唯有"枉"才能达到或实现"直"。"枉"，本来是弯曲的木头，与"曲"意近。所以"枉则直"又可称为"曲则直"。回想人类成长壮大的过程，从无一帆风顺。公平、正义的实现，总是曲曲折折。许多时候，甚至要以无数人的"枉死"来达到目标，其过程无不屈曲盘旋、一波三折，但却是事物发展的普遍规律。

"洼则盈"，即唯有"洼"才能达到或实现"盈"。没有"洼（凹）"就没有"盈"。外面下雨了，只有凹陷下去的地方才可能盈满水。比之于人，则需要我们时常保持虚怀若谷。这种谦虚，不仅是低姿态，更重要的是需要清空"内存"以能装进新的东西。人们常说："谦虚使人进步，骄傲使人落后。"老子则说："大盈若冲，用之不穷。"

"敝则新"，即唯有"敝"才能达到或实现"新"。"敝"在此可有三意。一为"遮蔽"。遮蔽的地方因不常使用或免受风吹日晒而光鲜如"新"。二为"损坏""破坏""丢弃"。旧的去了，新的也便来了。三为"擦拭"。"日日勤擦拭，不使惹尘埃"，即便已旧也会光洁如新。事实上，无论是物件还是思想，必得从"隐秘""深刻"处来，并需勤加"擦拭"才可能常"新"。亦如汤之盘铭曰："苟日新，日日新，又日新。"

"少则得"，即唯有"少"才能达到或实现"得"。"少"与"多"总是一个相对的辩证的存在。从物质上来看，人所能占有的，表面上看可能很多，但能被利用、消费的总是有限，或谓之"少"。"广厦千间，夜眠六尺；良田万顷，日食三餐。"从精神上来看，"为学日益，为道日损"；学富五车，传之数言，足矣。少还有利于健康、安静、平和、幸福、长久。少吃点，少忧思，少烦恼，少愤怒，少开车,少出游……唯有"少",才是你能真正得到和享受的。《老子》第二十四章:"余食赘形,物或恶之,故有道者不处。"所以"少则得"实是合规律与合目的的统一。

"多则惑"即"多"能把人导向"迷惑",因为太多的选择常令人无法选择。例如,一字多义,常会产生歧义,造成困惑不解;人生路上,岔道太多,不知何去何从;财产太多,容易产生争夺纠纷;如此等等。一如老子所言:"甚爱必大费,多藏必厚亡。""多"为什么能有如此之"惑"呢? 皆因人本来所需之"少"。一个人如果欲望太多,其思想就不可能到达远方。

《老子》第五十八章:"方而不割,廉而不刿,直而不肆,光而不耀。"

老子此语既在教人如何为人,亦在告诫当权者如何为政。

"方而不割",其根本在"方",其次在"不割"。"方"即"方正",即"以正治国""为政以德"。"正"即公正、公平、正义。"正",则能依靠,能"立",立而不倒。不"正",则不能立,则无所依靠。"不割"即不能太过坚刚、锐利,即"不伤人"。就像一个方桌,虽方正而有棱角,但在极端处却能"圆"。"圆"即智慧、策略。亦如"智圆行方"之谓也。中国篆刻艺术中即有此智慧的融入:方角处常以"圆""不割"或"空""破"示之,如下图所示。

上图三印,其方角处不是圆就是残破,所表达的美学意义也正是"方而不割"。由此观之,俗世将"人"比作"钱"(所谓"孔方兄"),认为人处世要"外圆内方",是经不起追问的。"外圆"即不能"立",不能"立"则不能"依靠"。人不仅要"内方"而且亦要"外方",只是在极端处要"圆"而已。故"方而不割"者为上。

"廉而不刿","廉"与"不刿"同样重要。"廉"即"清廉""廉洁""取之以道","不刿"即"不昏庸""不暗昧"。人既要"清廉""廉洁""取之以道",又要"不昏庸""不暗昧",为政者尤是。

"直而不肆"与孔子的"好直不好学,其弊也绞;好勇不好学,其弊也乱;好刚不好学,其弊也狂"意近。其"直"因通于"公正""公平""正义",故既能生"刚"亦能生"勇"。但如不"好学",对事物规律没有深入认知,就可能产生"肆""绞"

"乱""狂"。"肆"即有失规矩法度；"绞"即偏激而不近情理；"乱"即容易犯上作乱；"狂"即狂妄而无羁。"直而不肆"告诉我们：为人行政，既要正直、公平、公正、正义，又要谦和周到，绝不可放肆狂妄甚至违法乱纪、犯上作乱。

"光而不耀"，简言之，就是要人既能独立发出光热，有光彩有温度，又不能光芒太强以至亮瞎人眼、灼伤人体。

上述道理既可以"玉"比之，亦可以"温、良、恭、俭、让"当之。对人而言，"能独立发出光热"喻有"坚贞之质"、有独立之思想，当须"好学"而成；"有光彩有温度"又不至"亮瞎人眼、灼伤人体"，当以"温、良、恭、俭、让"处世。如此君子美德，玉全能当之。因而在古代，"玉"便成为"君子"的象征。

链接

一、什么是"廉"

《孟子·离娄下》有言："可以取，可以无取，取伤廉；可以与，可以无与，与伤惠；可以死，可以无死，死伤勇。"虽未直接告诉我们什么是廉，但却既具体又抽象地为廉划了界。说其"具体"，是因其为"廉"设置了一个明确的标准——"可以取，可以无取"则绝不可取；说其"抽象"，是说它既没有告诉我们什么是"可以取"，也没告诉我们什么是"可以无取"。

就一般经验世界而言，主体"廉"否，主要通过其对于金钱、财富等物质利益所采取的具体行为态度表现出来。孟子此语告诉我们，对于"可以取，可以无取"的金钱、财富等具体物质利益，正确的做法，是坚决不取；如果取了，就会损害、破坏"廉"。

举个例子。张某与李某一起在孤儿院长大，一起读书，一起参加工作，由于性格相近，自然而然地成了好朋友。之后，一次突发的事件夺去了张某全家人的性命，于是，李某便有了一次得到张某所有财产的机会。对李某而言，此意外之财便成了其"可以取，可以无取"之财。根据孟子观点，他取了就会伤"廉"。《吕氏春秋》也说："人犯其难，我享其利，非廉也。"不过，如果主体把得到的意外之财全部捐出或用作公益，并以此提高了自己的正面形象，则符合"廉"。

现实生活中，类似的机会对一般百姓而言或许很少，但对掌握了一定权力的领导者而言却有很多：不仅有"人犯其难，我享其利"之机，而且有更多的"共享其利"之实。如果面对"可以取，可以无取"之巨大金钱利益，毫不犹豫地选择"取"，不仅会有伤"廉"，而且接下来更有可能将"可以无取"者取之，从而走上一条不归路。

例如，曾任江西省副省长的胡长清喜好书法，其字比一般领导自然要好些，但却不能与真正书家相比。可是，送钱以求其字者，门槛踏破，以致洛阳纸贵，字满南昌。此钱名为润笔,似介于"可取""可无取"之间,但胡一概取之。最后,则因此而成变相受贿,走上不归路,被法院判处死刑立即执行。此"路"乃自"伤廉"始也。

二、汉字学对于"廉"的认知

"廉"的初文为"廉",形声字。《说文》云:"廉,仄也。从广,兼声。"这种解读,不能说错,但很不全面。

1. 从广

"廉"之左上部为"广",即《说文》所谓"从广"之"广"。"从广"的意思是说"廉"的所有意义均源于"广",与"兼"无关,"兼"只是表声。

"广"是个象形字,象依崖所建之屋。其初意即依山崖所建之屋①,意同"庵",意为"草屋"。"庵"是"广"隶变的结果。隶写"广"时,书写者因嫌其右下空旷而增加部件"奄"而成。如以"廣"之初文为"廣"分析,"广"又与"宀"同,也即房子。以此可知,"廉"之"从广"至少意有三层。

其一,"廉"的实现,对于主体而言,首先应当有基本的住房条件。依山崖而建的小屋,虽寒酸,但毕竟可为安身之所。所以,如果公职人员的基本住房问题不能解决,"廉"的实现便无从谈起。

其二,"廉",同时也意味着国家公职人员不能拥有宽大豪华的住房。"廉"本来就有"狭小""逼仄"之意。《齐民要术·耕田》:"凡秋耕欲深,春夏欲浅;犁欲廉,劳欲再。"其"廉"即"狭窄""逼仄"之意。当然,这里的"狭小",只是相对"宽大豪华"而言。

其三,此屋依山崖而建,"山"即国家,"依",即"廉"之主体、个人或国家公职人员,因为有了"山"的依靠,所以既可减少风险,亦可减少投入。

2. 兼声

一般认为此字的"兼"只是表声,没有意义,但细加揣摩可知,其中亦有深意。

"兼"之初文为"兼",即一"手"秉两"禾"。

"禾",既是水稻、粟,或一切粮食作物的总称,也是"和"之初文。"禾"之所以同于"和",是因为在中国,由于大陆性季风气候的强烈影响,一切粮食的获得与丰收,都是各种自然因素风云际会、人类辛苦劳动等高度和合的结果。粮食

---

① 宋·李诫:《营造法式·总释上·宫》:"因崖成屋谓之广。"

能给人以最基本的衣食资源，故它既是最基本的"善"，也是最基本的"利"。《墨子》云："义，利也。"《易传》："义之和曰利。"以此可知，"禾""和""利""义""善"，其本意是联系在一起的。

"手"，既是人之手、主体之手，亦通"又"。一"手"持两"禾"即"兼"。它意味着"兼"既需顾及"利"与"义"，又需实现"和"与"善"。

3. "广""兼"合一谓之"廉"

当我们弄清了"广""兼"之初意，"廉"的深意便昭然若揭。

（1）"廉"的实现是一个系统工程，既需要国家、社会的积极主导、倡导、引导，也需要个人的积极认识、参与、支持。主导，主要表现为国家社会资金、资源的投入。老子所说的"安其居，美其食"即是这种主导工程之一。倡导，主要表现为不断的宣传。"明主厉廉耻，招仁义"即是这种倡导工程之一。引导，则主要表现为奖掖率先垂范者。"坚中，则足以为表；廉外，则可以大任"即是这种引导工程之一。

（2）"廉"之内容丰富，以"不贪暴""节俭""节省""简略""谦卑"为基础，以"正直"即"公平""公正""正义"为核心。"节俭""节省""简略""谦卑"既是尊重自然、社会客观规律，亦是修身养性、远害全身。所以老子主张"去甚、去奢、去泰"。"去甚、去奢、去泰"实为实现"廉"之最重要途径。"直"即"公平""公正""正义"，乃"道德"之核心，没有"公平""公正""正义"的"道德"或"廉"是荒谬的。

（3）"廉"之内涵深刻玄远，需要不断地学习、探索。《广韵·盐韵》："廉，俭也。"《释名·释言语》："廉，敛也。"《广雅·释言》："廉，棱也。"韦昭："廉，直也。"《玉篇·广部》："廉，清也。"这些论述皆从某个侧面给我们呈示了"廉"的内涵与价值。

3. "心"的构形分析及其启示

玉简、楚简之"𢛳"（德）亦为会意字。上为"直"，下为"心"。"直"，上已述及，这里主要讲讲"心"。

"心"之初文为"心"，象人"心脏"之形。古人所认知的"心"，内涵有点复杂，孟子认为"心之官则思"，即认为人之"心"的"官能"或"职能"就是用来"思想"的。但事实上，"思"之"心"上不是"田"而是"囟"（囟）。"心之官则思"亦可理解为"心"的"管理者"（"官"亦通"管"）"囟"（囟）才是真正的"思"之源头。"囟"即"囟门"，是"首"的一部分，本是婴儿头盖骨上的一道"裂隙"，这道"裂隙"的存在至关重要，它可以保护婴儿，使其出生时不会受到强力的挤压和伤害，因而是"生命之门"

或"安全之门"。它与孩子之"♀"(子)相结合,便是"♀"(孔)。"♀"之上的"弯弧"即"⊕"(凶)。从汉字学视角察之,"孔"因为有"♀"有"⊕"而能通达"聪明""智慧""盛大""美好",所以老子说"孔德之容,惟道是从"。其"孔德"便是"聪明""智慧""盛大""美好"的"德",亦可简称为"大德""高德"或"美德"。以此可知,因"心之官"为"凶",而"凶"又为"首"之一部分,所以"心"亦从属于"首"或"道"。

"心"之引申意主要有"内心""思想""心思""思虑""品行""树木的尖刺""花蕊""胸""性情""心性""人的主观意识"等。"心"能寓意"树木的尖刺",一为"心"形"尖"似"刺",二为"心狠"。在古人看来,"心"不仅能穿透物质、参透阴阳、领悟精神,而且亦可直通"道德"。

透过上述可知:"♯"(德),不仅要面对众人直视的眼睛,经得起众人的检视,还需要主体有一颗公平、公正、正义之心。不仅如此,这颗"心"还隐涵坚韧意志、智慧、天良、美好性情。这说明,随着生产力的进步,产品有了剩余,人们的心智也得到了不断的发展。此字出现时的春秋战国时期,人们已逐渐认识到,仅靠众人眼睛的检视,还不能保证公平、公正、正义,某些人可以在光天化日之下偷梁换柱,在大庭广众之下瞒天过海、移花接木。进言之,你有没有"德",还得看你是否有"良心",或是否有一颗正直、善良、聪慧的"心"才行。

"♯"的构形与"♯"相较,抛弃了"行"(规律性、公众、实践)而增加了"心",这说明,某些学者对于"德"的认知,认为是否要遵循自然规律,是否要接受实践的检验,已不是那么重要。换言之,只要其行为能通过众人眼睛的检视,其心中又有足够的公平、公正、正义和善良、聪慧,也就可以了。

可事实远非如此简单。因为真理总是相对的,人的认知总是有局限性的。比如结庐于父母墓前的"守孝三年"之礼,曾是孔孟极力推崇的"大孝""大德",但事实上,即或是孔孟所在的春秋战国之际也鲜有人认真践行过。如孔子的学生宰我,不仅不愿践行,而且大胆对孔子提出异议,坚决反对,因为这种"礼"的践行,既妨害人们的生产生活,亦不合人性、事理,更不合事物发展的规律。所以,抛弃了"♯"(行)而把"直"或"公平""公正""正义"之理想全部付之于"♯"(心)之"♯"(德)是没有强大生命力的。而其最根本原因,就在于它抛弃了"道"。

第三个"♯"(德)源于秦统一文字之后的泰山刻石。它的构形与今天的"德"字相比,除笔画曲直有所不同外,其他已基本无别。两边的道路"♯"(行),因为简化,只留下了左边的双人旁。这种简化与"道"字的简化是一致的。只不过"道"的下面多了个"之"或"止"而已。右边部分，既留下了原来的"直"，也留下了下边的"心"。秦统一文字，抛弃其他，只留此"德"，不仅继承了史籀大篆之形，"其意可得而说"，而且亦可发人幽思。它启发我们，"德"的实现，不仅必得通于"道"通于"行"，而且必得以"公平""公正""正义"为核心，必须经得起"大众"的检验，必须经得起"良心""智慧""思想"的追问。

（二）"道""德"的构形关系及其启示

关于"道""德"关系的认知，既可从"道""德"两字的初形关系中析出，亦可从先秦思想家们关于"道""德"关系的论述中得出。当然，更重要的是，这种关系的认识亦与事物发展规律、日常事理逻辑、道德意识形态发展等一致。

1. "道""德"的构形关系

"道""德"的构形关系既简单又复杂。简单是因其构形的"同"与"不同"十分明显，复杂是因其形上之意关系模糊。大致可分三个方面。

其一，"德"同于"道"，从属于"道"，或只是"道"的一部分。这从"德"的初文"𢔅""𢔖""德"以及异体"𢓜"与"𢕬"的构形关系中可以得出。"𢔅"与"𢕬"共有"彳"，"德"之中部"𥛭"（直视的眼睛）的主体是"目"，"道"中部"𦣻"的主体亦为"目"。"目"为"首"的一部分。"𢔖"的上部是"眼睛"，下部的"心"因其功能为"思"，其管理者为"首"，所以皆从属于"𦣻"。"德"的双人旁即为"彳"的简化，其右半边同于"𢔖"。

链接

孔子"十五志于学"，其一生是好学的一生，最初学习的内容主要为礼、乐、射、御、书、数。为了学好它们，孔子进行了长时间的钻研，还访问了不少名师。如老子、师旷等都曾当过他的老师。三十岁左右，孔子便成了"六艺"特别是"礼乐"方面的专家，名满天下，闻达诸侯。鲁君要搞大的国家祭礼往往要请孔子参与。齐景公访问鲁国时，就曾点名要见孔子，并向他请教天下大事。与此同时，孔子还开创了私学。私学的创立，一方面使孔子求得了经济上的自立，另一方面实现了教学相长。"得天下英才而教育之"既让孔子更加快乐，也让孔子的学问因为学生们的不断提问而更加精进。孔子五十多岁开始学《易》，并从此深受其启发和影响。尝自云："加我数年，五十以学易，可以无大过矣。"孔子之所以能实现"四十而不惑，五十而知天命，六十而耳顺，七十而从心所欲，不逾矩”，根本原因即在于其终生“诲人不倦，好学不厌”，“为学日益，为道日损”。一般人到了相应年龄便自称“不惑”“知天命”“耳顺”，如果没有“好学”或“为学日益，为道日损”作前提，其实就是吹牛。“不厌”“不倦”“日益”“日损”即为“有恒”。“有恒”是成为“圣人”的最基本条件。

“好学近乎智”，“修身者，智之府也”。《周礼》之中，“智”乃六德目“知”“仁”“圣”“义”“忠”“和”之首，当然为“德”。孔子因有此“德”而一步步地走向了人生的辉煌：虽未改变当世，却成了后世的先师、圣人。故此，“德”亦可谓孔子的成功之道。

其二，“道”从属于“德”，是“德”的一部分。这是因为“直视的眼睛”犹如一面镜子，既能照到主体之外的人，也能照到主体之外的整个物质世界。所以，在中国的传统语境中，“道”可从属于“德”，或成为“德”的一部分。

链接：“道”寓于“德”

子贡问于孔子曰：“敢问君子贵玉而贱珉(像玉的石头)？何也？为玉之寡而珉多欤？”孔子曰：“非为玉之寡故贵之，珉之多故贱之。夫昔者君子比德于玉。温润而泽，仁也；缜密以栗，智也；廉而不刿，义也；垂之如坠，礼也；叩之，其声清越而长，其终则诎然，乐矣；瑕不掩瑜，瑜不掩瑕，忠也；孚尹旁达，信也；气如白虹，天也；精神见于山川，地也；珪璋特达，德也；天下莫不贵者，道也。《诗》云：‘言念君子，温其如玉。’故君子贵之也。”①

上述孔子所论，玉有十一“德”：仁、智、义、礼、乐、忠、信、天、地、德、道。这说明“德”“道”相通且常被混用。

其三，“道”与“德”虽联系紧密、互涵互渗，但仍有明显区别。一是“”(首)与“”(直)之不同。不仅形下之构形不同，形上之意亦有别。“首”上之“发”只是对人之头发的自然描绘，而“”(直)之上“十”却是对“结绳记事”——人所制造的抽象性符号的形象描绘。以此可知，前者以“法自然”的姿态而更加体现了“道”的客观性或规律性，而后者则以圣人或众人之约定俗成而带有强烈的主观性、想象性。这说明什么呢？说明“道”主要是自然之伦理秩序的体现者、维护者，而“德”则是人间伦理秩序的主要体现者、维护者。于是“德”既是人对于“道”的遵循，也是人对于“道”的超越。这种超越使人终于从自然或动物界中超拔出来，从而有了强烈的主

① 见《孔子家语·问玉第三十六》。

体性、自为性或存在意识。二是"🔲"（心）与"🔲"（首）之不同。它们不仅构形不同，而且功能有别。"心之官则思"告诉我们，"心"只是"思"的协从者，真正的"思"的管理者只能是"首"。"心"与"首"的这种关系，也自然会反映到"德"与"道"上：人类对于"道"虽然可以认识，可以利用，甚或可以"执大象，天下往"，可以实现"天道无亲，常与善人"，但却只能"惟道是从"。

链接

《老子》第三十章："物壮则老，是谓不道，不道早已。"

事物发生、发展到了其最强大最茂盛状态时便会走向衰老或逐渐消亡，这就叫作"不道"，即事物的自我否定之规律。这种规律不以人的意志为转移，且早就存在于事物内部了。"自我否定之道"是"道"的一种。人们虽然不能逆转或违背它，但是却可以认识、利用它，甚或做有限的相对的"超越"。就人类自身的认识、利用而言，"超越"的办法主要有二：一是通过发展医学、自然科学以延长人的寿命；二是通过立德、立功、立言、立艺以实现"死而不亡"。这种"遵道而行"所实现的"超越"，不仅是"道"而且是"德"。

《老子》第七十九章："天道无亲，常与善人。"

"天道无亲"即"天地不仁""大仁不仁""其仁若天"，也即"善者吾善之，不善者吾亦善之"，反映的皆是"天道"或"圣人"无所偏私的客观性。这种客观性宣示出的意旨是：天道自然之规律对谁都一样，它只能通过那些善于认识利用它的人们而给人以帮助。一如西方名言"自助者，天助之"之谓也。

汶川大地震中，一中学师生无一牺牲。为什么？就是因为该校校长对地震的发生发展规律有深刻认识，并在平时带领师生做了大量的针对性训练。当地震来袭时，他们紧张有序、忙而不慌，很快便逃离了危险。校长因为正确认识和利用了地震的发生发展规律而拯救了全校学生，其行为不仅是德，而且是大德。

---

2. "道""德"构形关系的启示

其一，"德"必得以尊"道"（主要指自然、社会存在、运动、发展之规律，有时亦指事理、逻辑性）为前提。这在今之"德"字中即以其"双人旁"为标志。"双人旁"即简化了的"行"。"行"即"路"或"道"。老子说"上德不德""孔德之容，惟道是从""尊道贵德"，孔子说"德者，所以尊道也"，康德说"要只按你同时认为也能成为普遍规律的准则去行动"[①]。之所以说社会主义核心价值观是一种德，就是因为它符合当代中国的发展之道，是中国人民的幸福之道。

---

① 康德：《道德形而上学原理》，谢地坤、王彤译，人民出版社 2007 年版，第 38—39 页。

链接

　　20世纪40—70年代,由于DDT等农药在全世界范围的大量使用,整个地球上的自然生态系统及水系统遭到破坏,许多农业类害虫产生了强大的抗药性,鸟类大量死亡,多次循环污染有时还危及人畜,以致春天已听不到鸟类的鸣叫。人类发明各种药物、工具、技术,其初衷当然是希望给人类带来福音,但是由于人类对自然规律、科技副作用等的认识极其有限,而且科技副作用的产生有一定的滞后性,故其风险日趋增多,甚至可能带来灾难性的后果。要想改变这种局面,逃脱或避免这种危险,我们必须加强对于自然及科技之"道"的深入认识。

　　以科技来提高人类的生活质量是"德",甚或可称"大德",但若这种"提高"违背了自然存在、发展之"道",以致最后影响人类自身的生存与发展,这种"战胜"就变成了"大屠杀",事情便会走向反面——"无德"。

链接

　　《老子》第五十三章:"大道甚夷,而民好径。"意思是:"大路很是平坦,但一般人却好抄近路走捷径。"走捷径如果给社会或自己带来了不好的影响,就可能与"德"扯上了关系。比如从甲地到乙地,走大路需要半天,如果走捷径则只需翻过一堵墙或穿过一扇窗或爬过一个洞。然而,"翻墙"不仅有风险而且不雅,穿窗、爬洞还可能与"贼""不礼"等联系,如与"循大路而行"相较,这便明显有"不德"之嫌。但是,如果遇有急难,需要救人救物,即使破窗而入、穿墙而过,也不是"不德",还可以说是"大德"。

　　再者,"民"之"好径",并不全由"民"自身决定,也有可能是"大路"被"首"即当权者阻挡或堵塞,走大路不仅到达不了目的地,还可能遭遇横祸。于是,"民"不得不选择"走捷径"。

　　其二,"德"总是要以"直"即"公平""公正""正义"为核心。这是"德"能服众或服人的根本原因。没有"公平""公正""正义"的"德"是荒谬的。事实上,无论是国际关系的维系还是人与人之间关系的处理,最能持久的原则只能是"公平""公正""正义"。

　　社会主义核心价值观,既是我们领导者治国平天下之"道",亦是我们每个公民朝夕践行、修身养性之"德",由于以"公正"为核心,所以既是合规律与合目的的统一,也是中国政府有力量的象征。

　　其三,凡"道"必"通",凡"德"必"通"。"大德""上德"在通于"道"且通于"众"之外,还得通于"心"(此"心"除"良心"外,还包括"慧心""恒心")通于"行"(实践)。

"下德"就不一定了。老子的"上德不德，是以有德"便是上述意义的概括。"不德"的"上德"之所以是"上德"，就是因其既能通于"道"通于"众"，亦通于"心"通于"行"。换句话说，既符合事物发展的规律，也符合人民群众的利益，既经得起思想智慧的追问，也能通于历史逻辑或现实生活实践。

链接

在中国古代文化中，"五行"一般被理解为形成自然世界的五种最基本物质：水、火、木、金、土。此处所讲"五行"则指竹简《五行》中提到的"仁、义、礼、智、圣"五德。后世又常以"仁、义、礼、智、信"代之。

竹简《五行》首章云："仁，形于内谓之德之行，不形于内谓之行；义，形于内谓之德之行，不形于内谓之行；礼，形于内谓之德之行，不形于内谓之行；智，形于内谓之德之行，不形于内谓之行；圣，形于内谓之德之行，不形于内谓之德之行。"

对于竹简《五行》的上述说法，荀子在其《非十二子》中有过批评："略法先王而不知其统，犹然而材剧志大，闻见杂博。案往旧造说，谓之'五行'，甚僻违而无类，幽隐而无说，闭约而无解。"①

陈来先生对《五行》首章的解读是："什么是形于内？'形'我们简单解释就是'发'，发于内，如果人的行为是发于内心这叫德之行，如果不是出于内心的自愿，只是服从一种外在的道德义务，这样做出来的行为虽然也是人的行为，但是这叫行，不叫德之行。我们把德之行概括为德行，实际上是把德和行做了分离，从内心发出来的才是德之行。孟子讲了恻隐之心的例子，孺子将入井，你伸手就把他抓回来了。因为这是人的内在本性的要求和表达，不是为了结交小孩儿的父母。如果仅仅是为了结交小孩儿的父母去拉小孩子一把，这就叫行，而不是德行。虽然这也是一个好的行为，但这个行为是不形于内的行，形于内的行才叫德行。"②

上述解读虽然有道理，但却无法前后贯通。

其一，竹简《五行》把"形于内"的叫"德行"，不行于内的叫"行"，让"德行"与"行"有了高下之分，这种区分貌似有理，却经不起推敲：难道服从外在的道德义务做出来的行为就不是"德行"吗？一个人的德行如果发自内心，当然是好事，但如果不是发自内心却能做得与发自内心的一样好或者更好，这与是否发自内心，又有什么区别呢？难道做得更好的还不如做得更差些的吗？首先，就整个社会而言，人们所能关注到的只是你的行为，而无法看到你的内心；其次，

① "僻违而无类"即前后矛盾不符合逻辑，"幽隐而无说"即隐讳曲折无法诠说明白，"闭约而无解"即自我封闭而无法正确理解。

② 陈来：《竹简〈五行〉篇讲稿》，生活·读书·新知三联书店，2012年版，第13页。

"知"与"行"总是有一段距离的，"形于内"并不一定就比"不形于内"做得更好。子顺曾云："作之不止，乃成君子。"只要你的行为符合道德规范或义务，即或不是发于内心，是装出来的，也不会影响你的这种行为就是"德之行"，更不会影响你成为君子。因为"作之不变，习与体成；习与体成，则自然也"。事实上，所有的君子都是"装"出来的，或都是从"装"开始的。关键是要能一直"装"下去，让这种行为"习惯成自然"。为何如此？因为"形于内"必得通过"行"才能通向"道德"。而"行"在没有"形于内"的情况下就已经直接通向"道德"了。世界上没有不通过"行"就能呈现出来的"道德"。"孺子将入井"，有人将其救起，此人是否以交结其父母为目的，别人是无从知道的，而其结果都是救了人，所以他们的行为皆是"德之行"。

其二，竹简《五行》中说："圣，形于内谓之德之行，不形于内谓之德之行。"这告诉我们，"圣"无论形于内或不形于内皆可称"德之行"。既然"德之行"高于"行"，那么"圣"就理应高于"仁""义""礼""智"，因为此四者中"不形于内"的部分皆称"行"而不是"德行"。可是，排在最后的"圣"或"信"，其在"五行"中的地位一定是最崇高的吗？事实上，无论老子、孔子、孟子、荀子、墨子、韩子都是把"仁"作为最重要的德目放在第一位的。如果综合他们的具体论述，我们又会发现，虽然"仁""义""礼""智""信（或圣）"有次序之别，但皆可直通于"道"。

其三，"形于内"就一定是"发于内"？不一定。其实，"形"没有"发"的意思。把"形"理解为"发"只是一种想当然。如果"形于内"并不等于"发于内"，而只是形成或显现于人的内心世界，并未有实际行动表现出来，那么"德之行"就不一定高于"行"。孔子所说的"仁远乎哉？我欲仁，斯仁至矣"就是这样一种形成于内心的思想或理念，但因为未见于行动，所以不可能比已见于行动的"仁"更高级。

综上，笔者认为，"形于内"的"德之行"只是一种"行"于人的内心世界的理念或思想，并不比"行"更高级；不"形于内"的"行"如果符合"道"，那它就是"道"或"自然"，所以"行"永远比"形于内"的"德之行"更重要。

其四，上述三个"德"字的并存、混用、演化、发展的过程，不仅客观地反映了我国的历史阶段——或繁荣稳定，或四分五裂（如大小诸侯军阀林立），或生产力急剧发展、生产关系不断变革，或文化不断进步、学术百家争鸣，也客观地反映了我国某一时期哲学、伦理道德的曲折发展以及极端困惑与冲突。在社会不断动荡变化的历史时期，新的道德出现，而旧的又没有被摧毁，互相矛盾、互不统一、互不服从的状况迫使人们对于它们的考察只能是历史性的、动态的。然而，考察"德"字的变化，我们发现，不管社会如何激烈动荡，学者、知识分子或社会精英们追求公平、正义，追求真、善、美的道德之心却是永恒的。又因为在"德"字的演化过程中，"✍"（直）总是存在着，而"朼"（行）与"心"（心）则或有或无，以此，则可以说明我国古圣先贤所追求的"德"，有时可能放弃了公众的检视，有时可能忽略了良心的参与，但始终把"公平""公正""正义"奉为圭臬，放在"德"的最重要、最核心的位置。

链接：孝

《孟子·离娄上》"不孝有三，无后为大"，意为："不孝"的行为主要有三种，其中，没有后代继承香火是最为严重的。一般认为此语是中华文化的糟粕。其实不然。其中蕴涵着深刻的历史意识、忧患意识，对于今天的我们，仍具重大启发意义。

一、什么是"孝"

东晋干宝的《搜神记》中有"郭巨埋儿尽孝"的故事。然而千百年来，儒林之中质疑此事者颇多。据《太平广记》，郭巨不仅不贫，而且巨富。他曾把家财两千万贯全分与两弟，且不要其弟奉养其母，自己独自"尽孝"，以致家贫而欲埋儿。

如此说属实，在笔者看来，郭巨之行为实属不孝。

（1）巨额家财，只分两弟，自己尽弃；奉养母亲，自己全担，不分其弟。如此作为，看似道德仁义，其实用心极为险恶！家庭财产的分割，父母亲的孝养，虽是私德，但亦属公德，故必须符合公平、公正、正义原则。公平、公正、正义，是社会的良心，道德的核心，伦理的规范或准则，是合目的性与合规律性的统一。只有如此，其行为才可复制与效仿。郭巨所为，既不公平、公正，更无正义可言，是欲陷社会于无序、道德于崩溃、伦理于瓦解！就其家庭来说，其直接后果就是欲陷其母于不孝，陷两弟于不仁不义！

（2）所谓"埋儿孝母"，更是大不孝！其行不仅与"不孝有三，无后为大"的古训相悖，而且丧失了基本人性。如果人类没有了"后"，那他们的所有奋斗，意义何在？孔子编《诗经》，一定要以《关雎》为首，何故？主要不是因此诗优美，亦不是为爱情唱颂歌，而是在着重强调：一切的伦理道德，皆是以家庭或后代为前提的，而男欢女爱，正是建立家庭的前提。

（3）《搜神记》中记载，郭巨欲埋儿，"掘坑三尺余，忽见黄金一釜，上云：天赐孝子郭巨，官不得取，民不得夺。"此内容无需深究，便知只有两种可能：要么实无此事，此事乃作此文者的想象性杜撰；要么实有其事，实乃郭巨自己所设诡计阴谋！不过话又说回来，先刻字埋金，再行掘金，虽滑稽荒诞，却也存几分人性：不是真埋儿，只是要要宝与世人看看而已。

（4）有人一定会问：郭巨如此，究竟为何？简言之：为名为利！魏晋时期，名教盛行,官员的选拔任用以"举孝廉"为主。社会上有"孝廉"之名者,地方官吏必得举荐,且必能得举荐,从而踏入仕途,以至飞黄腾达。于是,社会争名逐利之徒投机钻营、不择手段。据传,郭巨后来被郡守举荐当了官,既享受到了富贵荣华,也获得了百代隆誉。悲哉! 哀哉!

二、"孝"的汉字学解读

"孝"的初文为"孝"。会意字。上为"老",下为"子"。需要提醒的是,"孝"并不仅指"孝顺父母"。从其构形分析,它主要可分两个方面:从上至下是"老—子",从下至上是"子—老"。

"老—子"之"老"作"爱"或"尊重""尊敬"解,"子"指子女、后代、后嗣;故"孝"的前提或基础性意义是:爱后代的同时,也需尊重后代、礼敬后代。而爱后代、敬后代的前提又是先要有后代。由于深刻认识到有夫妇才可能有家庭后嗣,有家庭后嗣才可能有一切道德人伦的核心与基础,所以,孟子对于舜"不告而娶(不先告知父母,就私自娶了妻子)"的反常行为给予了肯定。换言之,舜的"不告而娶"本来是忤逆不孝的表现,但如因"告"而导致不能"娶",则是最大的不孝(据《孟子》及有关材料,舜之所以不告,是因其父母兄弟联合起来,一直想害他)。有了后代,接下来的"爱后代"便是"养育"。"养育"又可分为"养"与"育"两个环节。在中国,自古至今,对孩子的"养"似乎没有问题,关键在于"育"。"育",即教育、培育。但是,由于认知上的局限或行为实践上的偏差,"父慈"却"子不孝"的现象屡见不鲜。事实上,"育"的问题,不仅是"孝"的核心,也是导致许多"不孝"问题的根源。解决的办法是,"行不言之教",即充分地尊重孩子。要想让自己的孩子对自己"孝",那么就先孝顺自己的父母长辈;要想让自己的孩子尊重自己,那么就先学会尊重孩子,并给孩子们做出好榜样。

"子—老"之"子"亦作"爱"或"尊敬",而"老"在此主要指"父母",亦可指"长辈"。《说文》云:"孝,善事父母者。从老省,从子,子承老也。"这便是我们一般所理解的"孝"。"生,事之以礼;死,葬之以礼,祭之以礼"。事实上,"以子承老"的主要意思就是"生,事之以礼",即"子"必须成为"老"的依靠,也即"子"要让自己的"老"有所养、有所依、有所乐,故善养、善事父母长辈者便为"孝"。

三、"孝"的经典解读与四重境界

(一)"孝"的经典解读

经典文献中,关于"孝"的直接解释不多。除《说文》《尔雅》等字书外,《左传》《墨子》可作代表。而其他,多为间接。

《左传·文公二年》:"孝,礼之始也。"此种解释至少给了我们四个方面的信息。第一,"孝"是"礼"的一部分,"礼"是一个比"孝"更大范畴的概念。第二,

"孝"为一切"礼"的本源性存在，即其他一切"礼"都是"孝"的引申或扩展。如《尚书》云："孝乎惟孝，友于兄弟，施于有政。"孟子曰："人人亲其亲、长其长，而天下平。"还有我们平常所说的"忠君爱国"等，都是这种"孝"思想的引申或扩展。第三，最初的"孝"的具体表现之一，与祭祀有关。《易传》之中，仅有"孝"字一见："王假有庙，致孝享也。"明确告知了我们这样的信息。第四，"孝"与"礼"一样，也是虚无性与实在性的统一，所以有"大孝不孝"之说。因为"孝"有巨大的局限性，必得服从于道德及仁、义、礼、智、信诸德目。如舜的"不告而娶"，既是不孝也是大孝。另如革命者、救国者的为国捐躯，也可谓"大孝不孝"。

《墨子·卷十·经上》："孝，利亲也。"表面上看，就是做对自己父母及亲人有利的事。可是，什么叫有利？什么叫不利？具体如何做才能实现有利，避免不利？这就需要我们对"利"有深入的认知。

(二) "孝"的四重境界

"孝"大致可分四重境界，第一重为"基础境界"，第二重为"常人境界"，第三重为"君子境界"，第四重为"圣人境界"。说是"大致"，是因其各"重"之间并无明显界线，甚至大多时候会相互纠结、难分难解。

1. 基础境界

简单来说，"基础境界"主要包括婚姻家庭、生育后嗣、抚养教育后代三个环节。在当代，这些环节都需要我们予以关注。首先，年轻人生育意愿偏低，长此以往，可能影响社会的可持续发展，也会影响社会存在之本身。其次是"过度养育"给后代带来各种身心疾病，同样是"不孝"的表现。其三是教育理念的偏差。这种偏差又具体表现为两个方面：一是"成人"教育与"成才"教育的错位，二是父母或长辈对后代子女缺乏应有的尊重。这种"错位"与"缺乏尊重"，往往错不在孩子而在父母。于是"不孝之辈"的恶性循环便不可避免。

2. 常人境界

此处所说的"常人"，指一般的没有大规模、大胸襟、大理想、大境界的普通人。

《荀子·王制》："能以事亲谓之孝。"这便是"孝"的"常人境界"。此语至少有三层意思。一是行"孝""事亲"必得有一定的能力。二是在有能力的前提下，又能踏实践行自己的孝道之责。三是此中之"事"，关键在"养"，而"养"是否完全合乎"礼"，则在其次。具体有如孟子所言："世俗所谓不孝者五：惰其四支，不顾父母之养，一不孝也；博弈好饮酒，不顾父母之养，二不孝也；好货财，私妻子，不顾父母之养，三不孝也；从耳目之欲，以为父母戮，四不孝也；好勇斗狠，以危父母，五不孝也。"他要求常人：一要勤劳，以养父母；二不赌博酗酒，以养父母；三不偏爱妻子、财物，以养父母；四不追求耳目嗜欲而羞辱父母；五不好勇斗狠而给父母带来危险。上述情况，常人大概都能做到，但要完全做好却并不容易。

孔子说："生事之以礼；死葬之以礼，祭之以礼。"这种境界超越了纯粹的"养"，要求"孝者""事生"要做到"身敬""辞逊""色顺"，"事死"则需要俭朴、真诚，即不仅要符合"礼"的要求，而且要以践履"仁"为前提。

3. 君子境界

《中庸》说："夫孝者，善继人之志，善述人之事者也。"这是"孝"的"君子境界"。很明显，这种境界不再局限于"养"与"辞逊""色顺"，而有了更加深刻幽远的形而上意义。这里的"人"是父母、长辈，而有"志"可"继"且有"事"可"述"的"人"却绝非一般的"小人"。更为重要的是其中的"善"字，它既需要"孝者"对"人之志""人之事"有深刻认知，也需要"孝者"对父母、长辈有深切的热爱。《尚书》："孝乎惟孝，友于兄弟，施于有政。"即把"孝"的行为与思想加以扩展，并把它运用到人类社会的政治领域。这也是"孝"的"君子境界"。

4. 圣人境界

圣人之孝，又可谓"大孝"。达到这种境界，需要一定的机遇，不仅需要智慧，而且还需要权力或历史的积淀。

《孟子·离娄上》："天下大悦而将归己，视天下悦而归己，犹草芥也，惟舜为然。不得乎亲，不可以为人。不顺乎亲，不可以为子。舜尽事亲之道，而瞽瞍底豫①。瞽瞍底豫，而天下化。瞽瞍底豫，而天下之为父子者定。此之谓大孝。"其关键点在于，舜对父亲的"孝"，能使天下"父子定"。我们一般人，即或孝名满天下，也不能以己之"孝"而使天下"父子定"。

"孝子之志，莫大乎尊亲；尊亲之至，莫大乎以天下养。为天子父，尊之至也；以天下养，养之至也。"能以"天下"养父母的，必得拥有绝对的权威、权力。今天如按古人标准，圣人之孝的实现似已不能。

此外，《荀子·宥坐》所载关于"孔子听讼"的故事启示我们：国家制定法律，不是为了让更多的人走上断头台或进监狱，而是要实现"无狱"；"不教其民而听其狱，杀不辜也"则告诉我们，教化是行政的前提，当政者不行教化，就不能实现以孝治国。

四、"孝"的超越

（一）充分认识"孝"的局限性，扶公义而谨私亲

《吕氏春秋》云："不私其亲，不可谓孝子；事君枉法，不可谓忠臣。"不仅道出了"孝"的局限性，也点出了"孝"与"忠"之间的矛盾：一方面，凡"孝"必"私

---

① 底豫：致乐，由不乐而至于乐。

其亲",而"私其亲"则很难不"枉法";另一方面,凡"忠"则很难不弃其"孝"。故忠孝之间,常令人两难!"孝者,所以事君也""臣子之不孝君父,所谓乱也",也反映了同样的事实。而在今天,虽然没有了"君""君父",但可以代之的却是有更大理性价值的"国家""民族"。那么在国家民族大义与个人私亲之间,究竟如何选择呢?当然应选择民族大义。因为"忠"既是"孝"之理性价值的更高更大的扩展,也是"孝"之本身。如果没有了"忠","孝"便失去了存在的依据与价值。

(二)遵循"仁、义、道、德",避免愚孝、愚忠

孟子认为:"亲之过大而不怨,是愈疏也;亲之过小而怨,是不可矶也。愈疏,不孝也;不可矶,亦不孝也。"如果父母有重大过错而不坚决反对,是不孝;如果父母有点小过错就激烈反对,也是不孝。坚决反对,是要让父母在错误的道路上不要越走越远;包容小过,则是要维护父母的尊严与权威。这种情况对于父母,是避免愚孝;对于上级,则是避免愚忠。但此问题的关键点却并不在"反对"与"包容"本身,而在于对"大过""小过"的清醒认识。如果一个人没有相应学识、能力、胸襟,是不可能得出正确认识的。

庄子"孝子不谀其亲,忠臣不谄其君"也表达了相类的思想:对于父母之命,"从"与"不从",要从可以预见的结果上来考察。如能给父母带来"安宁""光荣""威仪"则是孝;如相反,则不是。事实上,主体只有抛弃了"孝"的局限性,以仁义道德为准绳来处理思考问题,才能在更大的范围、更高的高度实现"孝"的目标。

孔子的学生有子说:"君子务本,本立而道生。孝弟也者,其为仁之本与?"(《论语·学而》)"孝"为"仁"之"本","仁"为"道"之"根"。很明显,儒家认为"仁""义""礼""智""信""忠""信""勇""廉"诸道德,都是"孝"的扩展。进言之,"孝"虽修身、齐家之"小道",但却因"孝乎惟孝,友于兄弟,施于有政",故能与治国、平天下之"大道"相通。

三、先秦经典作家关于"道""德"及其关系的主要论述

先秦经典作家们关于"道""德"及其关系的论述,内容丰富而庞杂,但总体来说,能够与汉字学关于"道""德"及其关系的论述相互佐证、诠释。

(1)《孔子家语·王言解第三》:"夫道者,所以明德也;德者,所以尊道也。"大意是:"所谓道,就是能深刻地向我们指明什么是德的一切东西;所谓德,则是让我

们在深刻地明白什么是道的同时,亦能尊道而行。"

如果把它与上述汉字学关于"道""德"及其关系的解读联系起来,我们就能更加深刻地明了什么是"道",什么是"德",以及"道""德"之间那种天然的既素朴又玄妙的互涵性关系。

能深刻地向我们指明什么是德的一切东西,究竟是些什么呢? 只要我们再回到"道"(道)字本身就能比较深刻地明白:一指自然及其发展规律与人对这种规律的认识;二指人类社会及其发展规律与人对这种规律的认识;三指人对人类自身、人类实践活动及其未来发展规律的认识;四指人对人类社会实践活动与自然规律之间关系的认识。这些认识互相联系,并以通达的思想理论形式表现出来("形而上者谓之道"),且能指引我们进行相对正确的行动实践,这便是"道"或"大道"。

以此推之,很明显,我们现在所倡导的"富强、民主、文明、和谐、自由、平等、公正、法治、爱国、敬业、诚信、友善",作为社会主义核心价值观,正是这样一条既符合中国国情,也符合当前国际潮流,且能够实现中国梦的康庄大道,是一种既合规律亦合目的的先进发展理论。其中,"富强、民主、文明、和谐"作为"治国平天下之道",主要是国家领导者应当遵以践行的目标,如能践此而行并能不断地实现此目标,便不仅是领导者之大德,也是国家的德、民族的德;"自由、平等、公正、法治"作为广大人民实现"有尊严的幸福生活之道",是一个系统工程,它的实现,既需要国家各项政策、法律、制度的保证,也需要全社会的参与,所以它主要表现为社会的德;"爱国、敬业、诚信、友善"作为我们每个中国人的"修身养性之道",自然也就主要表现为我们个人的德。这三个部分互相渗透,相辅相成,相互作用,不可分割。

习近平总书记称"社会主义核心价值观"为"大德",就是因为它不仅"惟道是从",而且它本身就是"道",是"道"在人间的践履。

链接

我们每个人面前都有一条能够通往"理想的彼岸"的"路"。但由于各种主客观原因,能够到达这个"理想的彼岸"的只有寥寥。原因有三。一为生命无常。"出生入死。生之徒,十有三。死之徒,十有三。人之生,动之于死地,亦十有三。"不少人只是刚踏上生命的征途就夭折了。二为大道难觅。"道之为物,惟恍惟惚。""恍惚"的"大道",常让我们难寻踪迹。三为易入歧途。"大道甚夷,而民好径。""大道"本来是平坦如砥的,但并不是每个人都愿意坚持走到底,一旦误入歧途,就可能万劫不复。基于上述,到达"理想的彼岸",惟"有德者"能之。何为"有德者"? 首先要有一定的生命长度。如若太短,便难到达。其次,天资或运气不错,能认识与选择正确的人生道路。这条路既符合基本人性，亦顺乎时代潮流。再次，能引领众人踏上正途。原因是："善人者，不善人之师。不善人者，善人之资。不贵其师，不爱其资，虽智大迷，是谓要妙。"善于认识"大道"者，如果没有不善于认识"大道"者的追随、支持、帮助，也是不可能达至其"理想的彼岸"的。以此可知，"有德者"尤其是"有大德者"必须"与人为善"，带领众人共同为善，让大家团结一心朝着正确的目标前进。可是，这是不容易做到的。而一般人（不善人者）则只能跟随"有德者"前行，否则就可能陷于无德。

（2）《韩非子·扬权》："德者，核理而普至。"大意是："德不仅是一切道理的核心，而且普遍地存在于自然及人类社会的一切事物之中。"其实，"德"就是"道"。需要指出的是，这里的"自然"，仅指已经"人化了的自然"，而不包括遥远的深空。社会主义核心价值观即普遍地存在于我们的现实生活，存在于一切工作、实践之中，也可说是一切工作的目标或核心。比如教育工作，"富强、民主、文明、和谐、自由、平等、公正、法治、爱国、敬业、诚信、友善"的理念或目标，无不渗透其中。比如"富强"的实现，关键在提高人口素质，而提高人口素质的关键即在教育。"民主""文明""和谐""自由""平等""公正""法治""爱国""敬业""诚信""友善"等其他一切价值，也无不需要通过教育来加以灌输或实现。其他各业也需循此目标而行。

（3）《庄子·德充符》："德者，成和之脩也。"庄子此语认为"德"是人或人类社会实现自身与社会和谐，取得一切利益或成功所必需的自我修为、修养或学习。如此认识不仅经得起思想的追问，且与汉字学关于"德"的认知吻合。当前，我们所倡导的社会主义核心价值观以及中国梦的实现，不仅需要国家领导人深刻懂得并践行此"德"，而且需要我们每一个人努力学习并践行之。"修"，既"为学日益"，亦"为道日损"，其核心意义在于从品行、学问上自我学习、实践，且需反复。我们所倡导的仁、义、礼、智、信，抑或忠、孝、廉、耻、勇，它们皆有局限性，唯有自修、自学、好学才可能打破局限，通向"大道"，故而实现"和"。"和也者，天下之达道也。"一个不好学的民族，不可能有一个像样的"梦"，更不可能通过"梦"来实现自身的强大。

（4）"德也者，万民之宰也。"语出《吕氏春秋·精通》。它告诉我们：德是我们每一个人的一切思想与行动的灵魂或主宰。这种"主宰"深入我们的头脑，左右我们的一切行动或实践。换言之，我们每一个中国人，都希望能把我们国家建设成一个"富强、民主、文明、和谐"的好国家、先进国家，把我们的社会建设成一个"自由、平等、公正、法治"的好社会、先进社会，把我们每个人造就成"爱国、敬业、诚信、友善"的好公民、先进公民，而且也会把社会主义核心价值观奉为自己一切行动实践的圭臬。而其中的"万民之宰"的底线或红线则是公正，或表现为公正的法律。

（5）"德者，得也。"语出《礼记·乐记》。是说有"德"之"人"（或共同体，或群，或国家、民族）不仅可以获得各种声望、荣誉，而且也能获得各种物质利益。《墨子》的"义，利也"，《左传》的"德义，利之本也"等说法也与此类似。

"德"（得）之"双人旁"与"德"同，既是"行"是"路"是"道"，亦是"行动"与"实践"。《说文》云："得，行有所得也。"即是说主体所"得"，只能是在大众面前、在不断的行动或实践中，并因遵循了"道义"原则而获得。换言之，"行有所得"，即是说只有以"遵道而行"为前提，才可能获得道德上的声誉和物质上的利益。换言之，如全国人民皆能践行社会主义核心价值观之"德"，就定可得实现中国梦之"利"之"誉"之"威仪"。此"利"乃国家民族繁荣强大之千秋大利，此"誉"或"威仪"乃国家民族雄立世界民族之林之百世"大誉"、万古"威仪"。

当我们说到"德者，得也"，人们可能会想起那些在抗日战争、解放战争中牺牲的年轻英雄们。他们得到了什么？作为个体来说，他们或许什么也没得到，但我们应当记住他们的名字与事迹，给予他们应得的荣誉，为他们承担起其自身已不能再承担的"孝""慈"的责任，这也是一种"得"。

第二章　社会主义核心价值观的具体内涵

有学者认为，社会主义核心价值观是从现实的个人出发，凝练和概括了国家的价值目标、社会的价值取向和公民的价值准则，从国家、社会、个人三个层面表达了价值观的意蕴：国家层面表达的是国家的意志，是全体人民的共同价值理想；社会层面表达的是社会秩序，是人们对现实社会的价值诉求和期待；个人层面表达的是社会成员的道德自律，是社会成员的基本道德规范①。这种说法虽有一定道理，但还不够完善，事实上，社会主义核心价值观的每一项内容，不仅在三个层面中均有体现，而且也是每一个现实的个人追求的目标。

一、治国平天下之道——
富强、民主、文明、和谐

"富强、民主、文明、和谐"，作为国家的价值目标，是国家的德、民族的德；作为"治国平天下之道"，主要是国家领导干部之德；作为我们每一个"现实的个人"所追求的目标，当然也是我们个人的德。"富强"不仅是"文明"的重要表征，而且也当然地能推进其他一切价值的建设与发展。"民主"既是"文明""和谐""自由""平等"的重要表征，也是实现"公正""法治"的重要工具。"文明"既是一切价值进步的表征，也是推动这种进步的力量。"和谐"既是其他一切价值高度实现的结果，也是其他一切价值高度实现的原因。

（一）富强

"富强"位列社会主义核心价值观之首，反映的是中国共产党及全体中国人民

---

① 刘社欣：《论社会主义核心价值观的生成逻辑》，《哲学研究》2015 年第 1 期。

对于实现中国梦的迫切愿望与要求。

1."富"的汉字学解读及分析、启示

"富"的初文为"⊞"。上面的"∩"是房子的象形,不仅在"富"字中有所体现,亦为"安"(⊞)、"定"(⊞)、"官"(⊞)、"家"(⊞)、"宫"(⊞)、"室"(⊞)等所共有。以此可知,中国自有文明以来,人们便普遍认为,拥有房子,不仅是"富"的最基本条件,也是实现安宁、稳定、幸福的前提。无论是"家庭"或"官府""宫廷"莫不如此。"府""庭"之上部为"广"。"广"之初文为"⊞",故"∩"也是房子,不过比之"∩"则是更为简陋的房子。所以老子说"不失其所者久"①,孟子说"民,若无恒产,则无恒心。苟无恒心,放僻邪侈,无不为已"②。

"⊞"的里面部分"⊞",最初亦为象形,是个"酒坛"的形状。它明确昭示我们,有"居"有"所"还不能叫"富",还得有吃的;有吃的还不够,还得有酒喝。酒是富余粮食所酿造,于是,"酒坛"(⊞)即代表"富",不仅有吃的,而且吃不完,吃的东西很丰富。另外,"富"亦通于"福"。以此可知,"幸福"与"富"一样,亦与房子、衣食等物质资源紧密联系。

随着社会生产力、人的思想意识与汉字书写性的不断发展,人们对于"富"的认识也在不断深入。《说文》云:"富,备也。一曰厚也。从宀,畐声。"这一说法明确告诉我们:人们生产、生活所需的一切东西,必须在有"备份"或有"防备"的情况下,才可能算得上是"富"。何谓"有备份"?"富"的新的构形"富"似乎告诉我们:"一口"所拥有的一切生产、生活资源,必须相当于其正常所需的"四倍"以上。"一口"即"一人","一田"可理解为"四口",亦可理解为田地、旷野或一切物质资料的来源。具体言之,人所拥有的各种物质产品必超出其实需之四倍,如此之"富"即为真正"有备"。此外,因为"口"通于"人",所以富之"口"亦可理解为"人才"。对于国家而言,人才不仅是"富"的表征,也是"富"的保证。辩证唯物主义认为,物质生产力的发展水平决定了人的解放状况和发展水平③。老子认为,"圣人"治理国家,应"以百姓心为心,为天下浑其心",以"安其居,美其食"为"治道"之本,故解决百姓的生存问题,必须成为其为政的首要目标。换言之,如果当权者无心也无能让百姓们富起来,便是无道、无德。

---

① 语出《老子》第三十三章。意为:不会流离失所的人才可能有持久的安定平静。
② 语出《孟子·梁惠王上》。恒心,指坚定持久的道德之心。
③ 刘红玉、彭福扬:《马克思的创新价值向度论》,《哲学研究》2012 年第 5 期。

　　《说文》把"富"释为"备"是有其深意的，还能让我们看到"富"与"强"的深刻联系。"备"之初文为"𤰞"，会意字，为一装满"弓箭"的"筐"或"篓"。弓箭象征着武装、军队、强力、军备等，故"备"的原初意义也与战争武器的储备、备份有关。《说文》又云："备，慎也。"《玉篇》："备，预也。"《广韵》："备，防也。""备，具也。"杜预："备，甲兵之备。"韦昭："备，满也。""备，收藏也。"《集韵》："备，成也。""富"亦具上述诸意。对国家而言，"富"不仅需"预""防""满（充盈）""具（具备）""成（圆满）""收藏"，且尤需"甲兵之备"。另如《荀子·解蔽》："目视备色，耳听备声，口食备味，形居备宫，名受备号，生则天下歌，死则四海哭，夫是之谓至盛。"其中之"备"皆"美好"之意，而其中"至盛"亦是"至富"的集中体现。所以"富"又有"盛"的意思。

　　"厚"，既是"重""大""多""深""广""丰厚"，也是"财富""忠厚""味浓"。"厚"的"重""大""多""深""广""丰厚"，不仅指向"有备"，亦指向"无穷"。"富"亦如之。可惜的是，现实社会中，"富"者多反之。一表现为公司暴富却不能持久续存，一表现为个人暴富则多失谦卑、忍让、恐惧，殊不知，真正的富者，应当具有清醒而理性的财富意识、灾难意识、危机意识、未来意识。

　　"从宀，畐声"的说法值得商榷。因为"富"的意义并不全部指向房子。换言之，"畐"不仅有"声"之外的意义，而且指向物质世界——酒、土地、食物、财富或一切生活资料，也指向人甚或时间，指向人的精神世界。

　　《史记·齐悼惠王世家》："今高后崩，皇帝春秋富。"枚乘《七发》："太子方富于年。"其"富"皆谓人年少、年轻。给人的言外之启为"年轻"即"富"。现在中国社会已开始一步步进入老龄化，故要想实现真正的"富强"，还需把重点放在年轻一代的培育上。但如果整个社会的生育意愿过低，我们的未来也许不会"富"，甚至可能连"未来"都没有了。

　　《易·系辞上》："富有之谓大业。"韩康伯注："广大悉备，谓之富有。"《庄子·天下》："有万不同谓之富。""万""广大悉备"，给我们对于"富"的理解指引了新的维度："富"不仅是"有备"而且是"备份无穷"。"不同"又告诉我们，即或在某物"有穷"的情况下，我们也会另有无穷的替代品。中国梦的实现即"大业"，故"富有""广大悉备"既是其前提，也是其目标。具体而言，就是说国家不能走单一化的发展之路，而应致力于实现全面的发展，决不能让别人在任何方面掐住我们的脖子。

　　综上可知，"富"主要关注人的物质生活世界，同时也指向人的精神世界。在当前新的社会生产力条件下，我们可以坚定地认为，仅仅有必要的物质生活条件还远远不够，我们还必须有"备份"，这要求我们必须拥有忧患意识、灾难意识、未来意识、危机意识。

2. "强"的汉字学解读及分析、启示

"强"是"彊"的假借字。因借而不还，原字渐废。但这是一种没有道理或弃繁就简的偷懒行为。因为"强"之本意是一种吃米的虫，与"强大"之"强"根本就没有关系。

"彊"之初文为"彊"。《说文》云："彊，弓有力也。从弓，畺声。"即认为此字乃形声字。"弓有力"即一般之所谓"硬弓"；"从弓"，即以"弓"为"形"，意味着"彊"之本义全源于此。其实此字亦可会意，即"彊"之意不仅源于"弓"，亦源于"畺"。

有力的"弓"与"箭"相组合，能"以近穷远"。在古代，"弓"与"戈"一样，既是单兵最强大的武器之一，也可是军队的象征。"彊"之从"弓"，意味着个人之"强"主要以武力、强力、暴力表现出来，国家之"强"主要通过武装力量、军事力量的强大表现出来。"畺"如仅作声，则无其他深刻意义，但如作会意，则可引申为广大连绵的旷野或田地，寓涵土地宽广、物产丰饶、人口众多。如此，则"强"不仅可代表"富"而且亦能代表"富强"的全部。如《史记·廉颇蔺相如列传》："秦贪，负其彊，以空言求璧，偿城恐不可得。"其"彊"即为"富强"的合称。换言之，秦灭六国，如仅靠军队战斗力强，而没有强大的经济、政治实力作支撑，则是不可能的。

此外，"彊"又通"畺"与"疆"。通"畺"即意味着"畺"确有意义，其坚硬有力正是"强"的重大体现；通"疆"则意味着"强"与"疆域""疆土""疆界"关系密切。换言之，没有"土"的"彊"（强）与没有外框的"或"（国）一样，意味着如国家强大则无需边界而只有"边陲"。"边陲"不同于"边界"，它范围宽广，有时可达数百里，并可随国家实力（主要是军队武装力量）的变化而不断变化。

《银雀山汉墓·孙膑兵法·客主人分》云："甲坚兵利，不得以为强。"《老子》第三十一章："兵者不祥之器，非君子之器，不得已而用之，恬淡为上。胜而不美，而美之者，是乐杀人。夫乐杀人者，则不可得志于天下矣。"《老子》第三十章："以道佐人主者，不以兵强天下。其事好还。师之所处，荆棘生焉。大军之后，必有凶年。善有果而已，不敢以取强。果而勿矜，果而勿伐，果而勿骄，果而不得已，果而勿强。物壮则老，是谓不道，不道早已。"《老子》第三十六章："兵强则灭，木强则折。"《老子》第七十六章："鱼不可脱于渊，国之利器不可以示人。"古人的论述给我们四方面启示。其一，"强"，对于国家而言，首先且集中表现为"甲坚兵利"，但又不单是"甲坚兵利"，而是由诸多因素或力量综合构成。其二，一个国家即便有强大的军队或武装力量，也不能随意侵凌别国、称王称霸，如若如此，则不是"长生久视之道"，因为"兵者不祥之器"也。其三，就个人而言，"强"不仅是身强力壮、孔武有力，更是智力、财力、实力、精力、耐力、影响力等。其四，人即使真的十分强大，亦要常怀谦卑、谨慎、恐惧之心，即如孔子所言，"聪明睿智，守之以愚；功被天下，守之以让；勇力振世，守之以怯；富有四海，守之以谦。""强"，既像大山又像大海，即使静静地躺在那儿，也能显示出无穷无尽的不可战胜的力量。

《韩非子·孤愤》云："能法之士，必强毅而劲直，不劲直，不能矫奸。"这种思想明显受老子"自胜者强""心使气则强"等的影响。"自胜者强"与"心使气则强"意思相近，即个人的真正强大，关键在于自己的理智能够战胜或控制自己的情感。其"强"即"刚强"，"强毅"即"刚强坚韧"。无论"人强"还是"国强"，皆需"刚强坚韧"。国"刚强坚韧"必有刚强坚韧之士，人"刚强坚韧"则必成国家栋梁。虽说国无刚强坚韧之士不能"矫奸"（抑制奸邪），但刚强坚韧又必得以"能法"为前提。换言之，人如能长时间持守刚强坚毅，不仅源于性格，更源于贤能、智慧以及对国家法律制度的深刻了解与正确运用。如或不然，所谓刚强坚毅则可能反变为"狂妄"或"悖逆"。

《尚书·洪范》云："身其康彊。"其"强"即"强壮"，"康彊"即健康强壮。近年，国人平均寿命提高不少，但身体强壮者少，身心健康者少。"国家之强"与国人身体"康彊"正相关。如不重此，国运难续。笔者认为，如一味怨怪压力大、环境不好、人生无常、疾病可怕，无助于问题的解决。对于老龄人，或延迟退休，或搭建更多"老有所为"平台；对于年轻人，或放开学历考核，或搭建更多"能有所显"平台，当是解决中国当代抑或未来"康彊"问题的良方。至于建设更多健身设施或医疗机构，当然应当继续，但并非解决问题之根本。

《尚书·皋陶谟》云："彊而义。"孔传释云："无所屈挠，动必合义。"它说明：一方面，"坚强"就是"义"或"义"的具体表现；另一方面，"义"又是"强"的前提或规约，即非"义"之"强"不是"强"而是"暴"。《广韵·阳韵》："强，暴也。"《说文》："义，己之威仪也。"这意味着"坚强"在任何时候都不能有损社会正义以及自己与他人的尊严。国际社会、现实生活以及政府行政中的恃强凌弱、以众暴寡、以大欺小等行为，皆因有损社会正义以及自己或他人尊严，所以皆非"强"而是"暴"或"横暴"。

《荀子·宥坐》："幼不强学，老无以教之，吾耻之。"《淮南子·修务》："名可务立，功可强成。"其"强"皆为"努力"之意。这启示我们："富强"既是一个不断努力的结果，也是一个不断努力的过程。换言之，"富强"只是一个相比较的存在，只有我们的"富强"比他国的"富强"更"强"或可与之比肩时，才可称真正的"富强"。所以，"富强"永远只是一个进行时，而不是完成时。再者，人类对物质财富的需求虽然是有限的，但对自然、科技发展以及自身的认识，对精神财富的追求却是无限的。当代不少中国人，包括不少的领导干部，因为衣食无忧，或自认为已经"富强"，而丧失进取意识、危机意识、未来意识，则很难保证国家的富强。

《论语·子路》："以不教民战，是谓弃之。"《孔子家语·相鲁》："有文事者必有武备。"楚昭王说："止戈为武"。希罗多德说："正义总是以强力为条件的。强者能做它能够做的一切，弱者只能接受他必须接受的一切。"毛泽东说："落后就要挨打。"虽旨趣有别，但其理相通，即：一个国家如果没有强大的武装力量，就既不可能维护正义，更不可谓之"强"。当代世界，虽然有不少国家安定富足，但却必须投靠某些或某个大国并接受其价值观，没有自己的武装力量，也没有自己的文化影响力，如此情况，或可称之为"富"，却不可称之为"强"。中国作为一个人口众多、幅员辽阔、历史悠久、民族意识坚韧的大国，如不"富强"则必受欺凌；如要富强，则需在军事、政治、经济、文化等各方面都具备实力，其中，军事实力尤为重要。

20世纪60年代，我国在极端困难的情况下制造出了原子弹、氢弹，既是伟大奇迹，也是伟大战略决策的成果。正是因为有了它们，我们的大国地位才得以确立，世界的和平、发展、稳定才得到数十年的维持，我们的科技教育事业才没有中断。今天，在新的国际环境下，为捍卫国家核心利益，维护世界和平，在原有基础上增加科研、教育投入，特别是增大国防科研、教育的投入，不仅势在必行，而且仍然是任重而道远。

3. 汉字学与当代社会对于"富强"的认知

"富强"两字成为词组，始于《资治通鉴》。如《资治通鉴·汉纪·建武二年》："积珍宝，益富强。"《资治通鉴·汉纪·建武二十八年》："外示富强以相欺诞也。"在此之前，先秦经典及《史记》《汉书》中均没有，其意则多以"强"代之。

对于"富强"，当前我们一般的解读是：富强即国富民强，是社会主义现代化国家经济建设的应然状态，是中华民族梦寐以求的美好凤愿，也是国家繁荣昌盛，人民幸福安康的物质基础①。

这一解读总体来说还不错，且有一定深度，但把"富强"笼统解释为"国富民强"似乎还不够，因为"国富"并不能代表"国强"，"民强"不仅可能与"国强"有矛盾冲突，而且也不符合中国的政治、经济生态。如果非得用四个字来解读"富强"，那么用"国强民富"似乎更妥当。

深察之，"富"与"强"虽然关系紧密且有相同旨趣，但并不是完全正相关。近代中国及当代中东石油富国的历史与现实，便是明显的例证。我们曾经贫穷，但并不弱小；我们曾经相对"富裕"，却是任宰羔羊。即或我们现在真的"富"了，也并不等于我们真的"强"了。事实上，我们现在的软硬实力在总体上还落后于人。所以，我

---

① 参见云南省昆明市莲花池公园的政府公告栏。

们千万不要被已经达到的所谓"富强"冲昏了头脑,主要还应在"强"字上下大力气、做实文章。我们党把"富强"二字作为社会主义核心价值观的首要价值,既强调了其在国家发展中的基础性地位,也说明了它不仅是国家的"大德",也是我们每一个人的"大德"。

当今中国,我们或有部分人已经先"富"起来了,但离真正的"强"仍有距离。我们要成为世界强国,还有很长一段路要走。

（二）民主

"民"位列社会主义核心价值观之二,既反映了中国人民对于自己当家作主以及"自由""平等""公正"等价值实现的强烈渴望,也反映了中国共产党高远的政治抱负与政治性质的人民性。

1."民"的汉字学解读及分析、启示

"民"之初文为" ",会意字,像一只被插入锥形之刺的眼睛。此字源于商周时的金文或甲骨文。商周之时,战俘中之温顺驯服者,即以锥刺瞎其左眼,留下做奴隶,反之则杀死。以此可知,我国最初的"民"即是被刺瞎了左眼且温顺驯服的奴隶。

单个的"眼睛"即" "(目)。"目"既是" "(民)的主体也是" "(直)的主体或" "(德)的核心。其能说明的问题是:无论是当年刺瞎了左眼用作奴隶的"民",还是后来两眼完好的"民",他们观察、认识事物,或感觉、评判这个世界,主要通过眼睛;同时,"民"无处不在,即"眼睛""直""公平""公正""正义"无处不在。"见"字的构形——" "(上"目"下"人"),也强调了"眼睛"在日常生活实践中的重大作用。荀子说"行无隐而不形"[1],《中庸》说"莫见乎隐,莫显乎微,故君子慎于独也"[2],就是强调了"民"的无处不在,也即"眼睛""直""公平""公正""正义"的无处不在。"公平""公正""正义"的无处不在即意味着"德"无处不在、"道"无处不在。所以,自然地,人之"行"便必定无处隐藏,即"行无隐而不形",故君子必得"慎独"。《尚书·泰誓》强调:"天视自我民视,天听自我民听。"认为"民"即"天"或为"天"的象征,"民意"即是"天意""天道"。而"天道"不仅能与"地道""人道"相通,且能囊括"地道""人道"。

---

① 语出《劝学》。意为:人的行为不管如何隐秘,总有原形毕露的时候。
② 没有什么隐秘的事物或行为是不能被人看到的,没有什么微妙意义或东西是不会彰显于人世的,所以君子对于自己的独处一定要慎之又慎。

秦统一文字,由于书写性、规范性与现实的发展,小篆之"民"(民)的构形发生了相应的变化:刺入"眼睛"的不再是"锥子",而是"戈"。"戈"代表国家暴力,即意味着"民"是国家暴力的产物,没有国家便没有"民"。当然,以"戈"刺入眼睛,秦时现实中已不存在,故只是取以锥刺入眼睛之古意,其形上之意只是"暴力"对于"眼睛"的遮蔽,也即国家依靠暴力机关并通过各种政策措施实行"愚民"。如秦始皇"废先王之道,焚百家之言,以愚黔首"①,便是这种政策措施的具体实施。

秦汉时又出现了隶书之"民",逐渐瓦解了"民"之原形"民":"戈"一般不再"刺"入"眼睛",已与今文之"民"同。这种形变,既是"民"意渐变之形上之思在汉字发展中的具体表现,也是"平民"对于"民"之"俗写",或谓形下之实在汉字发展中的准确描绘。进一步的申说是:"民"不仅无处不在,直接参与了汉字的制作,而且既可是顺民,亦可是暴力或力量的象征。

《说文》云:"民,众萌也。"即认为"民"即心智没有受到启蒙教育,或思想智慧没有得到充分发展的大众、百姓。这种认识与《尚书》之中对于"民"("天视自我民视,天听自我民听")的认识大为不同。这是秦汉以来统治者皆奉行"愚民政策"的结果。老子大概是倡导"愚民政策"的始祖。他说:"是以圣人之治,虚其心,实其腹,弱其志,强其骨;常使民无知无欲,使夫智者不敢为也。"不过,老子如此思考,却是把思想、行政、社会的责任完全赋予了"以百姓心为心""为天下浑其心"的"圣人"。客观地说,所谓"众萌"或"愚民"群体,直到今天仍大量存在。不过,当代启蒙光靠"圣人""先知"或"社会精英"仍是不够的,主要还得靠我们"众萌"自己去努力争取。

由于人皆有眼睛,所以"民"的引申,不仅可指"奴隶""百姓""民众""大众""黔首",而且亦可指"人""人类""民间的""士兵"等。如《诗经·大雅·生民》:"厥初生民,时维姜嫄。"《左传·成公十三年》:"民受天地之间以生。"《淮南子·主术》:"食者,民之本也。"《天工开物·粹精》:"天生五谷以育民。"其"民"即为"人""人类"。孔颖达疏:"民者,人也。"《礼记·王记》:"命太师陈诗,以观民风。"其"民"即"民间的"。《银雀山汉墓·孙子兵法·威王问》:"威王曰:'令民素听,奈何?'孙子曰:'素信。'"其"民"即"士兵"。但不管如何,"官"与"民"总是有一定的对立性。今天,要想消除这种对立,就要建立一种制度,让人民、百姓、大众既能充分发挥其"眼睛"的作用,也能"能官能民"。

---

① 语出贾谊《过秦论》。"黔首"即秦时之"民"。秦规定"民"皆以黑巾包裹头部,所以叫作"黔首"。另据《史记·秦始皇本纪》,秦"分天下以为三十六郡,郡置守、尉、监。更名'民'曰'黔首'"。

链接

就理想中的带有普遍意义的"民主"而言，"能官能民"一定要有一个前提，这个前提就是：公民需要有一些最基本(治国平天下)的文化知识。如果当官的大字不识，就不能对社会进行有效的统治。在过去，某些极个别的领袖人物可以例外，但如不继续学习则不能长久，如项羽、陈胜、吴广；如能继续学习则可能长久，如刘邦、朱元璋等。没有文化就不能当官、不敢当官或当不好官，官也就不能让这样的人当。就像当年意大利半岛的奴隶起义领袖斯巴达克，因为没有文化，不敢在意大利建立自己的政权，最后的结果只能是令自己、部下失望，失败也就不可避免。

中国历史上除战乱或动乱时期外，盛行的官僚选拔制度主要有封建世袭制、郡县制、九品中正制(察举制)、门阀士族制、科举制等。相较而言，"科举"最接地气，也最接近"能官能民"的政治理念，所以具有一定的"民主"色彩——让极少部分处于社会最下层的士、农、工、商之"民"也有可能加入到统治者队伍当中，从而成为国家或社会的"主人"。

历史上的科举制度具有一定的进步意义。

首先，科举改变了秦汉以来的以荐举为主的选官制度，部分消除了官员选拔中的腐败，也在一定程度上抑制了门阀大族势力的发展。

其次，科举使大批出身低微的知识分子参与到统治者的队伍中来，他们带来了下层人民和下层地主阶级的一些愿望和要求，从而扩大了地主阶级的统治基础，缓和了阶级矛盾。

其三，科举提高了官员的文化素质。官员素质的提高，有利于政令的畅通，有利于国家的长治久安。

其四，科举促进了文化艺术的繁荣。特别是在唐代，由于科举考试把诗赋、书法等作为重要内容，从而大大促进了唐代诗歌、书法等艺术的繁荣。

当然，明清时的科举，从形式到内容都已完全沦为统治者维护其统治的工具，极大地桎梏了人们的思想和创造力，但不可否认的是，这种通过考试来选拔人才的方式并未被淘汰，即便到今天也是如此。

让每一个公民都能有知识，这是当代民主政治需要实现的首要目标，也是最艰难、最基础、最重要的目标。试想，如果一个人对"民主"知识一无所知，你要给他讲民主，让他参与民主政治，便只是一句空话。

《虞书·大禹谟》："德惟善政，政在养民。"《虞书·尧典》："下民其咨。"《尚书·商书·盘庚上》："盘庚学于民，由乃在位以常旧服，正法度。"这些说法告诉我们："民"不仅是"官"所服务的对象，而且亦是"官"的思想源泉与行动指南。放在今天，让"官""学于民""下民其咨"正是"民主"得以实现的重要途径。具体而言,它首先需要我们的"官"或当权者能时不时地能"屈尊"做回到"民"的状态,不仅是"学于民""咨于民",还要不断地去亲身感受做"民"的困苦艰难,并把自己做回"民"时所产生的感受或所遇到的问题与国家法律制度建设、政策措施实施等结合起来。当然,前提是要"官"能真做回到"民"的状态,而非走走过场。做到了这一点,就能让真正的民主之途通畅顺达、走向辉煌,也能让"民"的"眼睛"及时地发挥作用。

链接

团结各民主党派、各人民团体,召开政治协商会议,听取各民主人士、社会贤达的意见和建议,接受他们的监督,这是中国共产党创建的一种独具特色的民主政治制度——中国人民政治协商会议制度。这种制度与古之所谓"下民其咨"有相似之处。

在中国,这种制度的前提是:各民主党派及人民团体必须在现行法律制度框架内接受中国共产党的领导;各民主党派必须在不反对中国共产党领导的前提下才可以依法行使其建议权、发言权及监督权。

这种制度有诸多好处。

其一,有利于维护中国共产党不可动摇的执政党地位。在当前国际国内形势下,以及今后相当长一段时期内,没有一个其他什么党有能力有实力治理中国。事实上,各民主党派的弱小以及组织机构的松散性,不仅能充分凸显共产党作为中国唯一执政党的优势地位,而且也能充分突出中国政治民主制度的中国特色——凡合法政党,不管何等弱小涣散皆能依法参政议政,并发挥其应有的作用。

其二,有利于维护中国社会的持续稳定与和平。没有稳定与和平,就谈不上安全、繁荣与发展。政协会议网罗天下"英雄"。这些"英雄"皆为各界风云人物,影响力颇大,他们的安定能对"天下"的安定起到极大的作用。

其三,有利于听取多种(各种行业、各个层次,特别是社会最下层百姓)意见与建议,可让领导者少犯或不犯错。这是显而易见的。因"圣人无常心,以百姓心为心","三人行,必有我师","道之所存,师之所存也",故"圣人无常师",总是能以天下人"有道者"为师。圣人从师而问,以百姓心为心,就是从努力发挥好自己嘴巴与耳朵的作用开始的(繁体的"圣"即为"聖",既有"口"又有"耳"),因为兼听则明,所以最重要的是能"倾耳以听"。

其四,有利于让不同的人才通过不同的渠道脱颖而出。这主要有两层意思:一是参政议政者要关心人才的发现与培养,向当政者提出发现与培养人才的办法;二是参政议政者要通过自我实践提出有用的意见与建议。

古代经典著作中，有关"民"的论述十分丰富。三万余字的《尚书》，如果除去标点，"民"之数超过百分之一。其重"民"爱"民"可见一斑。《虞书·皋陶谟》："敬授民时。"是说作为统治者，不可随意侵夺民众的时间，特别是生产活动的时间，而且要让民众有充分的自由劳动、休息的时间。《尚书·盘庚下》："朕及笃敬，恭承民命。"大意："我之所以极端地诚实恭敬，就是因为我秉承了百姓使命的缘故。"《周书·泰誓上》："天矜于民，民之所欲，天必从之。"大意："上天总是以保护百姓利益为己任的。民众的愿望或所思所想，上天必定会顺从它。"以此，我们当权者就不得不顺从它。孟子的"民贵君轻"发展了这种思想。《夏书·五子之歌》："民可近，不可下，民惟邦本，本固邦宁。"大意："民众只可亲近，不可轻忽。民众是国家的根本。只有根本稳固，国家才可能安宁平静。"孟子的"与民同乐"发展了这种思想。这些论述告诉我们："民"就是"天"，"民意"就是"天意"，"民威"就是"天威"。所以，作为统治者，只能对其亲近、敬畏，而不可轻忽、慢待。其根本原因是，虽然作为单个的"民"有可能是"众萌"，但作为整体的"民"则完全相反。更为重要的是，"民"既是道德、善、仁、公平、公正、正义等的象征或评判标准，更是力量、强力或暴力的象征。民如水，水能载舟，亦能覆舟。今之所谓"民主"就是以"重民""敬民""爱民"为前提的，如无此前提，民主就不能实现。

《老子》第十章："爱国治民，能无为乎？"即以"无为"之道而"治民"或"治天下"。"无"从"元"。"元"即"根本""第一"。"无为"即从最广大、最根本、最深刻处"为"。"无"又同"無"，《说文》云："無，亡也。""亡"之本意即指人隐遁或流亡。"隐遁"或"流亡"其实只是存在的另一种方式。无为，不是什么也不干或无所作为，而是要从最根本、最广大、最深刻处"为"。这个"最根本、最广大、最深刻处"，具体到政治实践，就是"以百姓心为心""为天下浑其心"，就是要站在百姓的立场看待问题，轻徭薄赋，无夺民时，不任意打搅他们的生产生活。这实际上就是"民主"，即"让'民'自己做主"的一种深刻表达。放在今天，就是要给予民众充分的自由。

2."主"的汉字学解读及分析、启示

"主"之初文主要有"●""坣"等。前者象形，后者会意。

"●"，原初意为能发出光热的灯芯。《说文》："主，灯中火主也。"燃烧、温暖、照亮自己的同时亦能温暖、照亮别人者皆可为"主"。事实上，一切有机生命体的存在，由于新陈代谢或必须与外界进行物质与能量的交换，所以皆会以辐射的形式，或多或少向外散发出光和热。所以，它们皆可为"主"。但其中能像"灯"一样直接散发出为别人可视之光或可感之热者甚少。一般来说，其所散发之光和热，如可视可感，说明其能量较大。我们把极少数伟大人物喻为能发出可见光的太阳或明灯等,既是人们想象力的作用,也是其自身影响力大小的现实反映。比如佛教绘画、塑像或影视作品中的释迦牟尼、观音菩萨,现实世界中的领袖人物,以及少数科学家、电影明星等,他们皆被人们赋予了某些"光环",于是,一些崇拜者便把他们视为自己的"主人""主宰者"或"偶像"。

链接

"偶像崇拜"是一种存在于世界各民族之中十分普遍的社会现象。它源于远古人类对自然及人类自身秘密的无知与恐惧。人类最初的崇拜对象很多,既有传说中看不见摸不着的神灵,也有自然界中的日月星辰、草木鸟兽虫鱼,甚或人类自身的生殖器官等。由于对崇拜对象十分虔诚,有时崇拜者会画下崇拜对象的图像或雕塑出崇拜对象的立体塑像。其中只有部分图形或只是非人格化的事物,我们一般称之为"图腾崇拜";如果已是完全人格化的形象,我们则称之为"偶像崇拜"。人们所崇拜的偶像众多。凡名气较大且有一定影响力的历史人物都有可能成为人们倾心崇拜的对象,如黄帝、尧、舜、禹、周公、文王、老子、孔子、孟子、关公、包拯等。这些人具有巨大的影响力,所以逐渐被神化。

"偶像崇拜"贯穿整个人类历史进程,有深刻的历史根源与现实根源。历史即指人类种群的文化、传统。人生于斯长于斯,不能不受其影响。现实即指生活中的实际需求所造成的心理需求。人们痛恨贪官,所以崇拜包拯;人们向往盛世,所以崇拜尧舜;人们痛恨邪恶,所以崇拜关羽;人们向往思想智慧,所以崇拜老子、孔子;等等。当下,不少人崇拜电影明星、企业家,是因为也想成为他们那样有钱有名的人。

马克思曾把宗教比作"麻醉人民的鸦片",而"偶像崇拜"也有类似的作用。但笔者以为,"偶像崇拜"产生与持续存在的最根本原因,乃是主体对于自身的极度不信以及对崇拜对象的茫然无知(无深刻全面的了解)。"极不自信"与"茫然无知"又皆由不好学或人之局限性造成。比如老子、孔子,如果深入了解就会发现,他们也只是人,他们的认识水平虽在继承前代思想智慧的基础上有所发展,但局限性也不少。明于此,我们就会明白,一般人只要努力"为学日益,为道日损",就有可能达到甚或超越他们,"人人皆可为尧舜"并非虚言。最重要的,我们一定要知道,对于某些掌权者的盲目崇拜,不仅会妨碍民主,更多时候还可能妨碍公平、公正、正义。

""是象形与会意的结合体。说是象形,是因其象一个既有灯座亦有灯芯的灯;说是会意,是因其亦可解释为只有"王者"才可以为"主"。什么是"王者"?通过

对"王"字的分析，或可略知一二。"王"的初文为""。上为"大"，下为"地平线"。此字源于甲骨文，其形象即一个立于天地之间的"大人"。由于"天"位于"大人"之上，其高无穷无尽，所以，最初的""（王）的构形便没有"大人"之上的"天"，而只有"大人"与"地"。但后来为了能与""（立）相区别，便不得不在"大人"之上另加"一"以表示"天"。于是"王"便成了""的模样。再后来，""又经过""""""等的变化，逐渐演变成了今天的"王"。"大人"的两条"腿"逐渐并为一条粗线，或为便于铸造与书写，或为美观；下面曾经的块面笔画""既可表示"王"拥有土地且土地"深厚"，也可视为"王者"的稳重与气派。再后来，笔画全部变得粗细相同，甚或与今天所用之"王"没有二致，不仅是因为书写性的需要与发展，也是由于思想家们为"王"赋予了全新的意义。西汉董仲舒认为，"王"自上至下的"三横"分别为"天""人""地"（"三才"）。于是，"王"由原初的只是立于天地之间的"大人"，演变成了拥有土地（绝对权力）且能参透天、地、人"三才"之玄机的"圣王"。其实，只要稍加推究，我们还会发现，"王"的原初构形与意义似乎更加符合事理：就算没有土地，没有绝对权力，如能因某些才能或功德而成为"大人"，便可称王。今天，人们称某某为"天王""歌王""拳王""兵王"等，即可谓是远古"王"意的回归。《尚书·商书·仲虺之诰》："能自得师者王，谓人莫己若者亡。好问则裕，自用则小。"这告诉我们："王"并非一定拥有土地或绝对的权威。"能自得师者王"表明王者既能以天下贤能者为师，不耻下问，也能在前者基础上"师心自用"。

链接

现代社会，由于民主、自由精神深入人心，以致"称王称霸"者众多。不仅各行各业的顶尖高手皆可称之，而且某物某产品亦可称之。然而真正能合"王"之古意者寥寥。但笔者在看过王宝强所演"兵王"许三多（《士兵突击》中的主角）之后则感受至深而对王宝强肃然起敬。我们的国家、社会，乃至各行各业都很需要这样的"兵王"。

王宝强之所以能把这个角色演好，在于现实中的他就是这样的"兵王"。

王宝强为拍戏曾多次受伤，为学艺，仅八岁就上了少林寺，为能演上电影，14岁就天天守在北京电影制片厂门口当北漂，穷困潦倒的日子可能远比他现在的所谓"好日子"要长得多。当然，有人会说王宝强没有读过多少书。其实，只要稍有点人生阅历的人便会知道，"道"（"天道"或自然规律性）的最核心思想不仅在于"知"（虽然"知"的过程，从哲学上来说也可算"行"的一部分），更重要的是"行"或"勤"。王宝强之所以能以其平凡的外貌、憨厚的形象、近乎本色（其实精湛）的演技，赢得观众与金钱，正在于他的"行"与"勤"。他的成功，并不在于他读书比我们多，而在于他更善于"行"或更重视"行"的过程。

老子说："大智若愚。"王宝强虽然算不上有"大智"，但其"若愚"的形象与实践，却正是他得"道"之"通"的根本原因。"若愚"不是装愚耍奸，而是真干、实干，有时还免不了要"蛮干"，既要有"冬练三九，夏练三伏"的毅力，也需有"百折不挠、愈挫愈奋"的豪情。

大多时候，对于人来说，发出光和热皆是虚无性与实在性的统一，所以能为"主"的不仅是"王者"，其他人也可以。所以，"主"不仅有"君主""首领""为首之人""公卿大夫""公主的简称"等意，而且有"主持""为主""物主""家长""主人""当事人""事物根本""死人牌位""主张""守"等意。《尚书·商书·仲虺之诰》："惟天生民有欲，无主乃乱。"《礼记·曲礼下》："主佩倚，则臣佩垂。"其"主"皆为"君主"。"主"可为"君主"，启示我们"民主"的背后，每个人都应像"君主"一样，拥有神圣不可侵犯的权利。

《易·系辞上》："言行，君子之枢机。枢机之发，荣辱之主也。"《管子·国蓄》："凡五谷者，万物之主也。"曹丕《典论·论文》："文以气为主。"其"主"皆为"根本"。荀子说："荣辱之来，必象其德。"其"德"就是由主体之言行表现出来。所以荀子又说："言有招祸也，行有招辱也，君子慎其所立乎！"即一个人的荣辱际遇多是由其言行所显之"德行"决定的。"主"作为"根本"启示我们："民主"既是"民"的根本，也是社会进步的根本，既可通过言论文章表达出来，也可通过对物质利益的追求与分配表现出来。

链接

言有招祸，行有招辱，古今中外，不可胜数。行有招辱似不很冤，但"言有招祸"则总令人叹惋或怅然（其实，"言"亦可视为"行"的一种）。苏格拉底因言被戮，布鲁诺因言被焚，司马迁因言受宫，孙膑因言断足，他们既非"清风明月"文字狱[①]亦非祢衡江夏自寻死[②]，既非其言戏、狎、遁、恶，更非其言诐、秘、邪、淫，那又缘何"言有招祸"？皆因"正言若反"，所以"明主不深晓"，"天下莫能知"。换言之，因为真实或真理性语言的背后所隐含的智慧或力量，或让人恐惧，或让

①　明末清初因文字"清风有意难留我，明月无心自照人""清风不识字，何故乱翻书"而酿成的冤狱。
②　祢衡，三国时人，文采风流、愤世嫉俗，曾事曹操、荆州牧刘表、江夏太守黄祖等，后因"言"为黄祖所杀。

人迷茫，或让人愤怒。

众多以言招祸的冤事所反映的实质是：过往的社会没有言论自由。所以伟大的启蒙思想家伏尔曾泰奋起疾呼："即或我不能同意你说的每一个字，我也要誓死捍卫你说话的权利。"

那么，这是否又意味着实现了充分的言论自由后，自由理性的人们就不会"以言招祸"了呢？回答仍然令人尴尬：有！或已少些，但仍然无处不在！为什么？既源于丑陋的人性，亦源于"言"的"锋利"或"力量"！俗语说"好言一句三冬暖，恶语伤人六月寒""美言可以市尊""信言不美，美言不信"，何况语言还有可能造谣生事、无事生非。所以老子一再嘱咐我们要希言、不言、贵言、言有宗、言善信。既需要个体不随意滥用自己的言论自由，也需要社会给予充分的言论自由，不能让天下的个体"敢怒而不敢言"。

真正自由、民主的社会，要尽可能杜绝"以言招祸"的事发生（可惜，此又不得不把因"言"而造成极端不良后果者除外），无论是政府还是社会共同体或个人，都要有这种"心善渊"的美德。

3. 汉字学与当代社会对于"民主"的认知

"民主"一词，古已有之。如《尚书·周书·多方》"成汤……代夏作民主"，《左传·襄公三十一年》"赵孟……不似民主"等。略加揣摩，即知其意与今天之"民主"大相径庭，指的是"民众的主人"，或就是指"君主"。

今天的"民主"一词，一般认为源于英文的 democracy，即李大钊、陈独秀所极力尊崇和宣传的"德先生"。它是十七八世纪西方启蒙思想家针对封建专制制度所主张、宣扬的一种先进的资产阶级的政治思潮或制度。它与"自由""权利"紧密联系，或可为"自由""权利"的别称。其内容主要是：按照平等原则与少数服从多数原则来共同管理国家事务。它与科学（science，即"赛先生"）一样，曾是中国启蒙思想家瓦解中国封建制度的利器。

把"民主"之初文的意思引入当下，对我们今天民主制度的建设可有重大启发。试想，如果我们的社会，每一个人既能自主地发出自己的"光"和"热"，也能充分发挥自己"眼睛"的作用；既能温暖、照亮自己，也能温暖、照亮别人；既能反省、鼓励自己，也能帮助、激励别人，这不正与马克思所期许的"每一个人的自由而全面的发展，是所有人自由而全面发展的条件"高度吻合吗？

具体而言，当前，"眼睛"的作用仍没有发挥好，"众萌"大多数时候仍是"众萌"。要把"众萌"变成"众明"，除"启蒙""教育"之外，还必须"去蔽"。政务公开、党务公开、财务公开，既是"去蔽"亦是"去魅"之必然途径。

当前，我们对于"民主"的一般解读是："民主是人类社会的美好诉求；我们追求的民主是人民民主,其实质和核心是人民当家作主;它是社会主义的生命,也是创造人民美好幸福生活的政治保障。"

这个解读很好,但关键问题是,我们要弄清楚,什么才是"人民当家作主"? 如何才能实现"人民当家作主"?

自近代以来,中国仁人志士就一直在全方位地践行着对于"民主"的探讨或追求。但真正实现"民主"的道路必定坎坷而漫长,或永远只是"进行时"。原因是我们需要面对和解决的问题太多! 其中,笔者认为,公民素质的提高是问题的根本。就中国当前国情而言,我们亟需做好三件事。

其一,大力发展教育。公民自由、平等、自强、自立意识等是实现民主的前提或助推剂,但它们皆需通过教育来实现。在当前的中国,为了富国强兵,我们首先必须重视精英教育。没有精英就没有领头羊,就没有凝聚力、竞争力,就没有民主的引导者。其次,我们必须重视全民基本素质教育。如果全民基本素质教育没有搞好,我们就没有办法发现精英。再次,我们的基本素质教育必须向贫困地区及社会弱势群体作一定的倾斜,让每一个公民都能树立起良好的自强自立观念,不管身处何方都能发出自己的光和热。唯有如此,民主的最后实现才可有望,富强的实现才可有望。

其二,健全民主法律制度。除了已通过宪法或其他法律形式确立的人民代表大会制度、政治协商制度、党政决策中的民主集中制度、公民的基本权利等之外,还需制定相关法律,创造条件鼓励公民终生学习,增加教育资源投入,向弱势群体作一定的倾斜等。

其三,当政者应以"行不言之教"的方式,担当起宣传民主、教育民众的重任。孔子说"为政以德""政者,正也",就是说无论是"德"还是"政",它们的核心都是"正"。没有"正"就没有"德"与"正"。"正"是什么? "正"是公平、公正、正义,是"以百姓心为心""为天下浑其心",是当政者自己的目标与百姓们心中的目标的高度融汇与统一。这样,民众也就成了国家社会真正的主人,真正的民主也就自然而然地实现了。

(三) 文明

"文明"位列社会主义核心价值观之三,既反映了我们对先进文化特别是先进社会生产力的强烈向往与追求,也客观地映射出我国大部分地区仍处于社会主义初级阶段的现状。

1. "文"的汉字学解读及分析、启示

"文"的初文主要有"👤""👤""👤""👤"等,皆会意字,但其构形理据则略

有别。

"爻"为甲骨文，既像一胸部纹有纹身的正面而立之人，亦像鸟兽之文（鸟兽留下的纵横交错的痕迹或足迹等）或卦爻交错之形。所以，许慎《说文》有："文，错画也。象交文。"朱芳圃《殷周文字释丛》有："文即文身之文，象人正立形。胸前'×'即刻画之文饰也。文训错画，引申之意也。"

"爻"（文）的下部由一或两个"乂"组成，其意玄妙，既简单又复杂。

说其简单，是因为它就是一或两个"乂"。一个"乂"亦可是"爻"或"爻"的简化。它本指自然界中鸟兽留下的各种纵横交错的痕迹，引申至人类社会，便是"效"（效）①与"爻"，亦是"学"（学）②与"教"（教）③。最简单的"教"（教），就是老师画一个"×"，孩子们跟着画一个"×"；"学"（学）即无论什么人的学习，皆需从最简单的模仿开始。"文"或"文明"亦如是，既需接受强制性的教育，亦需主动地学习。老师"教"的行为要让学生可以"摹仿"，学生的"学"要能仿得"像"。比如书法的学习，便需从摹仿且"仿而像之"开始。如果自乱涂抹，不临摹经典，即或天资聪颖，以至"没世穷年"，也不免为"俗书"或"野狐禅"而已。其他各种学习，殊难例外。这又意味着"文明"必须从继承传统开始。

说其复杂，是因为它既是两个"五"也是一个"爻"。"五"的初文即"乂"。《说文》云："五，五行也。从二。阴阳在天地间交午也。""五行"一般谓水、火、木、金、土，或称仁、义、礼、智、圣④。这意味着"文"既要通自然之理——水、火、木、金、土（既可代表形而下，亦可代表自然科学知识），亦需明人类社会诸德——仁、义、礼、智、圣（既可代表形而上，亦可代表道德哲学）。何为"从二"？"二"源于"一"，"一"即"道"。"道生一，一生二，二生三，三生万物。""二"既为"道"又为"阴阳"。"一阴一阳之谓道。"⑤"爻"即"卦爻"。其初文"爻"与今文不异。《说文》云："爻，交也。""交"，指卦象的纵横交错。在远古的占卜过程中，用来占卜的工具（蓍草之类的东西）数量较多，故卦爻卦象总是互相交错在一起。在《易》文献中，"爻"的卦象则以长短横道表示。"—"为阳爻，"--"为阴爻；每三爻合成一卦，可得八卦；两卦相重可得六十四卦。于是，在我们的先人那里，通过占卜的形式，既可把上天的意思通过各种卦象垂示到人间，以启众愚，以警世人，示"生生"之大德，又可预测吉凶祸

---

① 《广雅》："爻，效也。"

② 《说文》："爻，放也。""放"即摹仿、仿效。段玉裁："放，仿古通用。……'学'字、'教'字皆以'爻'会意。教者与人可以仿也，学者仿而像之也。"

③ 《说文》："教，效也。上所施而下所效也。"

④ 见竹简《五行》。

⑤ 语出《易·系辞传上》。"道"既具阴性亦具阳性，是两者的有机统一，所以能"生生""生万物"。

福。《易·系辞上》："爻者,言乎变者也。"既云卦象或卦爻的变化无穷而难测,亦寓指自然、社会、人生、人事的变化无穷难测,又云对于卦爻辞的解读可随历史的推演而不断变化发展。以此,"爻"的丰富性、时空性、历史性的特点也完全被揭示。《易》八卦不仅可用来占卜、垂示上天的旨意,而且也是中国一切文化、哲学之源,是汉字造字之法的重要一源。如汉字中凡有"一""乂"的字,则多与伏羲所作《易》八卦有关。《说文》云:"仓颉之初作书也,盖依类象形,故谓之文。其后形声相益,即谓之字。文者,物象之本。"透过上面的论述,再联系《说文》,我们大致可知,"文"字的构形,已把伏羲所作《易》八卦、神农结绳记事等先贤们的一切文化成就都融入其中了。

"𣥂"是对"爻"的进一步说明。"𣥂"虽是"爻"的省略,但表达的意思却是完全一样的。"𣥂"的中间部分"▼"为"乂"的上一半,而下一半则被下面的"乂"遮盖或兼代了。

"𤯔"的构形更像有纹身的正面而立之人,所以更加突出了"纹"的意思,而对"爻"则有所忽略。

"𢽾"表达的意思最为复杂、全面,它不仅囊括了"爻""𣥂""𤯔"的所有意思,而且有了新的突破,既突出了"𢖩"(心)在"文""纹"以及"爻"中的重大作用,也强调了"𢖩"与"文""纹"以及"爻"的相互作用。因为"𢖩"既能代表人的全部智慧、思想、心性,亦能代表人的意志、理想或高远追求。今天的"文"虽然简化了部件,但上述所有"文"意却皆被它继承或囊括。于是"文"之意,既是"文饰""花纹""纹身",也可引申为自然或人类社会某些规律性的现象、礼乐制度、文字、法律条文、语言、文章、社会科学、非军事的、音乐和谐、华丽、美、善、美德、掩饰等。

《左传·重耳出亡始末》引介之推语:"言,身之文也。身将隐,焉用文之? 是求显也。"其"文"即"文饰"。其实,不仅"语言"是人的"文饰"或"纹饰","文明"也是人类的"文饰"或"纹饰"。《庄子·逍遥游》:"越人断发文身。"其"文"即"纹身"。《易·贲》:"观乎天文,以察时变;观乎人文,以化成天下。"①其"文"即"自然或人类社会某些带规律性的现象"。《论语·子罕》:"文王既没,文不在兹乎?"其"文不在兹"之"文"既指"传统文化",亦指"礼乐制度"。《国语·周语上》:"明利害之乡,以文修之,使务利而避害,怀德而畏威。"其"文"即"礼法""法令条文"。《左传·昭公元年》:"于文,皿虫为蛊。"其"文"即"文字"。《左传·僖公二十三

————————

①　大意:观察天道或自然规律的变化,可以预知自然时序;观察人类社会及其文化发展规律的变化,可以用来教化治理天下。

年》："子犯曰：'吾不如衰之文也，请使衰从。'"其"文"即"言辞"。《汉书·贾谊传》："年十八，以能诵《诗》《书》，属文称于郡中。"其"文"即"文章"。《国语·周语下》："小不从文。"《论语·学而》："行有余力，则以学文。"其"文"即"诗书""典籍""书籍"。《国语·周语中》："武不可觌，文不可匿。"其"文"即"非军事的"，与"武"相对。《尚书·文侯之命》："追孝于前文人。"《国语·周语下》："夫敬，文之恭也。"其"文"皆"美德"。《礼记·乐记》："礼减而进，以进为文；乐盈为反，以反为文。"其"文"即"美""善"。《论语·颜渊》："君子质而已矣，何以文为？"其"文"与"质"相对，即"华丽"。《论语·子张》："小人之过也必文。"其"文"即"掩饰"。很明显，"文明"一词亦囊括上述诸意。

> **链接："纹身"与"文明"**
>
> 　　"纹身"可谓历史悠久。它曾是文明的表征之一，是传统文化的一个组成部分。但到近现代，由于文化的进步与多元发展，其所表征出的意义已变得十分复杂：有时代表浪漫优雅，有时代表暴力野蛮，有时代表落后腐朽，有时代表性感开放，有时代表低级趣味，有时代表愤世嫉俗，有时则可能多种意义并存。这在现代电影中有突出表现。如《澳门风云》第三部中，有个美女赌徒露相，其身上便有一恶龙图案纹身。其传达出的信息非常多元：既有性感开放，亦有浪漫优雅；既有暴力野蛮，亦有低级趣味。上述之外又隐隐有挑逗、自信、骄傲、轻蔑，甚或迷惑与搞怪。但令人诧异的是，它已完全没有了"文明""礼貌""进步"的意思。究其原因，应与"纹"只注重表面的"饰"有关。既然是"饰"便免不了"伪""装""假"，也会因不如思想、智慧之深刻而受他人爱戴与推崇。
>
> 　　"文明"代表进步与力量。但它决不放弃、抛弃"文"或"纹"所带来的好处、作用与意义。所以选择"文明"既是选择了最好的"纹身"或"文饰"，也是选择了"文明""礼貌""进步"，甚或是选择了"力量"。在当今社会，进步的道德、先进的科学技术水平、思想智慧、优美的文采与访谈举止等皆是"文明"的集中体现，所以"纹身"越来越受到冷遇或鄙视。中国政府明令禁止官员与军队官兵纹身，即是这种思想的具体体现。
>
> 　　在今天，你选择"纹身"，可谓之"文化"；我选择不纹，可谓之"文明"。

> **链接**
>
> 　　《老子》第十九章："绝圣弃智，民利百倍；绝仁弃义，民复孝慈；绝巧弃利，盗贼无有。此三者以为文，不足。故令有所属：见素抱朴，少私寡欲。"大意是说，对于一般（以追求幸福生活为目标）的老百姓而言，应当拒绝对一切"圣明""智慧""仁义""奇技淫巧""财货利益"等的无节制追求。这一方面是为了

鼓励当权者不要"以智治国"而是要"为无为";另一方面则是,在老子看来,无论当权者或老百姓,唯有"见素抱朴,少私寡欲"才是真正的大"智慧"。因为"盗贼无有"就是天下太平,天下有道,天下有德,天下有利;"民复孝慈"就是天下有仁义,就是天下有幸福。因为"孝慈"本为"仁义"的核心,"幸福"正是百姓追求的目标。有此,夫复何求? 换言之,不管天下纷乱到何种程度,仁义道德都会绝对地存在;如果不存在,就会有人"以身殉道"。但是,老子同时又认为,如果把这种思想或想法作为法律条文固定下来,强迫天下百姓都要遵此而行,却是不可取的。所以他接着又说:"此三者以为文,不足。"这里的"文",首先是"法律条文",其次才是文明、文化。

为什么不能把"绝圣弃智,民利百倍;绝仁弃义,民复孝慈;绝巧弃利,盗贼无有"这些思想当作法律文件固定下来以约束百姓呢? 老子的回答是"不足",即当权者没有充分的理由这样做。为什么没有充分理由? 简单来说,因为"圣人"也可能来自民间(如禹、伊尹、孔子),所以,"圣人"没有理由阻止一般百姓也有成为"圣人"的欲望与可能。"人人可以为尧舜"的前提是先有这样一个政治清明、秩序良好的社会允许"人人可以为尧舜"。如果有法律明文规定,不允许百姓成为尧舜那样的人,那一定是"恶法"。"恶法非法",一定会遭到反对。

其实,不能把"绝圣弃智""绝仁弃义""绝巧弃利"作为法律条文固定下来以约束百姓,除了上述原因之外,还有深层的形而上的原因,我们中国的文明或文化核心思想是"守中""中庸",以此,我们既不要鼓励老百姓过度地追求仁义道德,也不能过分地反对他们的追求。所以老子不仅要求圣人"去甚,去奢,去泰"(抛弃过分的或不适当的淫欲、奢侈与傲慢),也要求天下人"居善地,心善渊,与善仁,言善信,正善治,事善能,动善时"(事实上,几乎每一个炎黄子孙的血脉里都浸透了这种思想)。其"善"既在于"善于"更在于"合适"。

2. "明"的汉字学解读及分析、启示

"明"的初文为"☉𝈮"。会意字。左"☉"(日)右"𝈮"(月)。

"日"之初文及异体主要有"⊖""⊙""◎""⊖""⊟""⊟"等。皆象形,象太阳之形。《说文》云:"日,实也,太阳之精不亏。"告诉我们,太阳属阳,永远充实浑圆,光芒四射,不像月亮一样有盈亏变化。"文明"亦如斯。因为"文明"总是代表进步,充满活力,所以常会给人如此感觉。"日"的引申意主要有"昼""白天""地球自转一周的时间""从前""往日""他日""改天""光阴""记历单位""时间"

"节度"等。

"月"之初文为"〖图〗"，象形字，象月亮之形。《说文》云："月，阙也，太阴之精。"告诉我们，月亮属阴，常有圆缺变化，大多"不圆"。"文明"亦如斯。这与上文似有矛盾，其实不然。因为"文明"本身就是这样一种矛盾的统一，关键看你站在什么样的角度或立场。"月"之引申意主要有"一年十二分之一""每天""月光""像月亮一样的颜色或形状""妇女的月经""妇女怀胎的月份"等。

> **链接**
>
> 苏东坡有一首名词《水调歌头·中秋大醉怀子由》："明月几时有，把酒问青天。不知天上宫阙，今夕是何年。我欲乘风归去，又恐琼楼玉宇，高处不胜寒。起舞弄清影，何似在人间？转朱阁，低绮户，照无眠。不应有恨，何事长向别时圆？人有悲欢离合，月有阴晴圆缺，此事古难全。但愿人长久，千里共婵娟。"其中所描绘的"月亮"似乎也与我们一心向往的"文明"相类。
>
> 一方面，我们无可置疑地沐浴在"文明"所播撒的光辉里，受其恩惠，茁壮成长；另一方面，我们又不得不忍受"文明"所带来的各种苦痛。人类拼命地追求"文明"的进步、发展，却给自然环境带来了极大的伤害。个人的奋斗，对财富与荣誉的追求，也无不打上了"文明"的"烙印"，既灿烂辉煌又痛彻骨髓。甚至社会的进步、历史上的先进革命等，"一将功成万骨枯"，每一座"文明"的丰碑下都掩埋着先烈的血泪。
>
> 即或人不久，文明总与共；但愿人长久，文明无苦痛。

"日""月"合体为"〖图〗"（明），会意"日月当空，光照万里"。其实，"明"还有其他多个异体，如"〖图〗""〖图〗""〖图〗""〖图〗""〖图〗""〖图〗"等，皆是"日""月"的合体。其中"〖图〗""〖图〗""〖图〗""〖图〗"等，会意月光从窗口穿过。"〖图〗"与"〖图〗"则"从目""从月"，既可会意眼睛看得见月亮，亦可会意月亮明亮能为眼睛所见。这些不同，只能说明"明"的构形自古就有造字理据上的不同。换言之，人之感受"明"既可直接以"日""月"之光获得，亦可间接以"透光的窗户"获得。而"从目"则强调了"眼睛"在感受"明"的过程中的决定性作用。邵英《群经正字》认为，"省'〖图〗'为'明'，非从目也。"其认为"〖图〗"（囧）非"目"虽不算错，但却仍不能否定"〖图〗"与"〖图〗"不"从目"，也不能肯定"明"一定是省"〖图〗"而来。其实，在汉字发展过程中，一字多形，其造字理据各不相同的现象比比皆是。换言之，"从目"之"明"与"从囧""从日"

之"明"一样,其理皆通。《说文》云:"明,照也。从月,从冏。"其实只是描述了"明"之初形异体之一种。"从日""从月"之"⊙刀"是"明","从目""从月"之"　"同样是"明"。在这里,"冏"是"窗户"或"透过窗户的月光"①。《玉篇》云:"冏,大明也。"《广韵》:"冏,光也。"只是强调了"光",但却忽视了"窗"。自然之光,虽然不能照亮无窗之屋,但文明之光,却可以照亮人性与心灵。所以此"窗"既可能是形而下的,也能是形而上的。《临淮王造像碑》云:"妙质则冏若明珠,环资则朗犹玉莹。"②其"冏"即"明亮的样子"。但无论如何,"冏"之初意与今日网络流行语之"囧",已是大相径庭。

> **链接:左丘无目"明"**
>
> 　　左丘,即左丘明,是我国历史上与孔子同时代或略后的著名瞽史、思想家。"瞽"即眼瞎。但左丘明不仅眼瞎,而且是"无目",天生就没有眼睛。有人认为左丘明只是到了晚年眼睛才瞎,这应当是不可信的。因为这既不符合瞽史的传统,也与司马迁《报任安书》的记载"左丘无目,孙子断足,终不可用,故退论书策"不符。不过,令人欣慰的是,没有眼睛不仅不影响他以"明"为名,而且说其人能"不出户,知天下;不窥牖,见天道"也未尝不可。
>
> 　　左丘之"明"不仅在于他作了《左氏春秋传》流传后世,更在于他有过人的德行。孔子有两句话:"巧言令色足恭,左丘明耻之,丘亦耻之。匿怨而友其人,左丘明耻之,丘亦耻之。"这不仅是对左氏的高度评价,更是把左氏当作自己的行为楷模来看待。左丘明能得孔子如此嘉许而千古流芳,实在令人敬服。
>
> 　　现实中的人,有眼睛的多,没眼睛的少,但有眼睛的反不如左氏之"明"者则多矣。东坡先生云:"人貌有好丑,而君子小人之态,不可掩也;言有辩讷,而君子小人之气,不可欺也。书有工拙,而君子小人之心,不可乱也。"告诉我们:唯有修成君子之德才是真正的"明"!左丘明的君子之德集中表现在他的"不见而明"的好学、公正、智慧的行动实践之中,如自幼勤学、苦学,力挺孔子为政,著《左氏春秋传》,曾与孔子一道问学于洛邑,等等。这种好学、公正、智慧也可谓上帝为他开的"另一扇窗"。有此一"窗",有眼睛当"明",没有眼睛同样可"明"。于是,历史因为有了像孔子、左丘明等君子的存在,便有记而成文,使"文化""文明"得以光大而传播久远。

---

① 　《说文》:"冏,窗牖丽廔闿明。象形。"告诉我们,"冏"即美丽的镂空的窗户为光所透过时的样子。说其象形可,说其会意亦可。因它的构型不仅有"窗",同时亦有"光"。

② 　此句意为:俏丽的容颜像明珠一样光芒四射,聪明的天资犹美玉一样透明。

"明"的引申意主要有"光明""明亮""修明""严明""政治或法纪清明""照亮""照明物""点燃""明了""通晓""分辨""彰明""显示""聪明""成就""强盛""尊敬""白昼""人间""今之次"等，"明"亦可通"萌""盟"。

《诗·齐风·鸡鸣》："东方明矣，朝即昌矣。"《易·系辞下》："日往则月来，月往则日来，日月相推而明生焉。"《荀子·天论》："在天者莫明于日月。"其"明"皆"光明""明亮"之意。

《诗·大雅·皇矣》："貊其德音，其德克明。"《商君书·农战》："善为国者，官法明，故不任智虑。"《孟子·公孙丑上》："国家间暇，及是时，明其政刑。"其"明"皆"严明""修明"之意。

《韩非子·外储说右下》："爵禄生于功，诛罚生于罪，臣明于此，则尽死力而非忠君也。"其"明"即"明了""通晓"之意。

《左传·隐公五年》："昭文章，明贵贱，辨等列，顺少长，习威仪也。"其"明"即"分辨""区分"之意。

《老子》第三十三章："知人者智，自知者明。"其"明"即"聪明""贤明"之意。

《诗·周颂·臣工》："於皇来牟，将受厥明。"《墨子·天志上》："然则何以知天之爱天下之百姓，以其兼而明之。"其"明"皆"长成""成就"之意。

《左传·哀公十六年》："与不仁人争，明无不胜。"《淮南子·说林》："石生而坚，兰生而芳，少自其质，长成愈明。"《论衡·道虚》："肤温腹饱，精神明盛。"其"明"皆"强盛""旺盛"之意。

《管子·牧民》："顺民之经，在明鬼神、祇山川、敬祖庙、恭祖旧。"《礼记·礼运》："故君者所明也，非用人也。"其"明"皆"尊敬"之意。

《太平广记》："幽明异路。"其"明"即"人间"。

《易·随》："有孚在道，以明，何咎。"其"明"即"盟"。

实际上，无论是自然物质，抑或道德法律，只要与人有联系，就会直接或间接与"文明"相联系。

链接：知人者智，自知者明

很多人都知道诸葛亮挥泪斩马谡的故事。失街亭所导致的蜀军之败，影响非同小可。而战争失败的原因并非其他，主要就是诸葛亮用人不当。当时能当此大任者，不仅大有人在，而且先帝刘备早有言在先：此子（马谡）夸夸其谈，实不堪大用。故如以老子所说的"知人者智，自知者明"推之，诸葛亮实与所谓"智慧的化身"相去甚远，至少在马谡的问题上，刘备要比诸葛亮英明智慧得多。

其实，诸葛亮不仅识人有问题，而且也不能深刻地了解他自己以及他所能

"乾纲独断"的蜀国。这与《三国演义》对诸葛亮的描绘与评价相去太远,可能一般人不太能接受。事实上,以当时小小的蜀国所拥有的物力、财力、人力,要想以穷兵黩武的方式打败曹魏、孙吴以统一天下,无异于痴人说梦。晋灭蜀时,蜀所造户口册显示,当时全蜀只有27万户,百余万人口,却有十多万军队。但诸葛亮自不量力,最后的结果便只能是一败再败。因此,成都武侯祠才有了这样的楹联(清人赵藩所撰):"能攻心则反侧自消,从古知兵非好战;不审势即宽严皆误,后来治蜀要沉思。"对于诸葛亮的评价可谓贴切中肯:既不善攻心,又太过好战,而且对天下情势及自身能力没有深刻认识。换言之就是既不知人亦不自知,更不知天下"大道""大势",所以"知不能合"。

　　老子说:"知人者智,自知者明。""知人"并非"智"的全部。因为"自"也是"人",所以"自知"也是"知人"的一部分。唯有在"知人"的基础上,既"知道",又能"知有所合"(主体所知或所预测到的情势发展能与后面结果相吻合,或能达到主体所期望的目标),才能算真正的"智"。《荀子·正名》:"知有所合谓之智。"

3. 汉字学与当代社会对于"文明"的认知

　　"文明"一词,早已有之。《尚书·虞书·舜典》:"古帝舜……浚咨文明,温恭允塞,玄德升闻……"其中的"浚咨文明"(深沉而有谋略,绚烂而有光彩)中的"文明",虽与今意不尽相同,但仍能贯通古今,因其意仍是今"文明"意的重要部分。

　　人类为了自身之"光彩绚烂",常以多种形式"文饰"之。"纹身"是最素朴、最古老的一种,其后是以衣服或其他装饰品;最后则以语言、文字、礼乐、艺术、思想、美德乃至强力(包括生产力)。《左传·重耳出亡始末》引介之推语:"言,身之文也。"即说语言就是人用来文饰自己的一种工具。《左传·襄公二十五年》记载,孔子说:"言之无文,行而不远。"这告诉我们:语言的表达,仅靠口头还不行,还得依靠文字与文采。只有在优美文字与文采的媒介之中,人的思想或"道"才可能传之久远。

　　事实上,我们今天所云之"文明",由于历史性或认识上的不同,乃是一个多义的概念:或同于"文化";或云"文明"即物质文明,"文化"即精神文明;或云"文明"乃人类物质与精神生产实践活动之积极成果,"文化"乃全部成果[①];或云"文明"乃与"野蛮"相对的有较高文化的文明社会;或云"文明"即新的、现代的、进步的;等等。

　　马克思、恩格斯对于"文明"的理解大致经历了三个阶段:文化的形式;实践的

---

① 戴圣鹏:《试论马克思恩格斯的文明概念》,《哲学研究》2012年第4期。

事情，社会的素质；社会生产力的反映。其核心点最后落实于：文化的本质是精神、意识、观念，文明的本质是社会生产力①。

当前，我们对于"文明"的一般解读是："文明是社会进步的重要标志，也是社会主义现代化国家的重要特征。它是社会主义现代化国家文化建设的应有状态，是实现中华民族伟大复兴的重要支撑。"

很显然，这种解读中的"文明"，即人类物质与精神生产实践活动之积极成果，其本质即最先进的社会生产力，与马克思对于"文明"的认知高度一致。

汉字学对于"文明"的认识基本与此一致，但又有所不同。其本质是历史性地涵摄文化中的积极成果，贯通形上形下、精神物质，既不等同于文化，更不仅指生产力——凡是能够让个人在共同体或社会中，让国家在世界民族之林中增光添彩的一切事物，皆为"文明"。

不过，怎样才算是"增光添彩"，既是个历史性的问题，也是个需要反思的问题。比如"郭巨埋儿孝母"的故事，曾被认为是"孝"或"道德"，但经过追问便会发现，它不仅不是"孝"，而且是极为不德。因为它既不符合"道（规律性）"，亦不符合"仁""义""礼""智""信"等诸德目，更与"不孝有三，无后为大"背道而驰。

社会主义核心价值观中的"文明"，从国家层面来说，主要是中华民族在精神上要拒斥落后、野蛮、闭塞，坚持进步、开放。具体言之，即我们的科技、教育、文学、艺术、生产生活方式、审美观念、趣味等，皆要力争走在世界前列。而就我们个人而言，则要以优美的语言、先进的思想、得体的打扮"文饰"自己，让自己的形象在自己的共同体乃至国际社会中更加绚烂而有光彩。

链接："文明"与"礼貌"

曾有人坚定地说，"文明"就是"礼貌"。对此，笔者不能苟同。"文明"不等同于"礼貌"。

一方面，"文明"所涵括的内容要比"礼貌"多得多，其概念范畴也要比"礼貌"大得多；另一方面，"礼貌"虽可认为是"文明"的组成部分，但却不一定就是"文明"的，更不能说等同于"文明"。比如，今天，某学生为了表达对老师的尊敬，突然在大庭广众之下，五体投地卧在地上向老师行"大礼"。这种行为，不能说不礼貌，但相对于今天的社会环境来说，却是不文明的表现。

事实上，在我国一些落后地区，古老的"礼貌"与现代"文明"的冲突更是不胜枚举。已经不合时宜的"礼貌"可视之为"文化"，只有那些既合于时代进步潮流又合于基本人性的"礼貌"才属于"文明"。

---

①　戴圣鹏：《试论马克思恩格斯的文明概念》，《哲学研究》2012 年第 4 期。

（四）和谐

"和谐"位列社会主义核心价值观之四、国家层面之末，反映的是其既十分重要、不可或缺、具有永恒价值，却又相对不易实现之特征。

链接

　　有人认为，"和谐"是社会主义核心价值观的核心，只要有了和谐，其他一切皆有之。

　　这种认识不能说没有道理，但细加推敲，却有倒果为因之嫌。事实上，"和谐"的实现，无论古今中外何种社会或朝代，至少有一个重要前提，那就是社会必须要有最基本的公正。公正即公平、正义。没有最基本的公平正义，和谐便无可能。再者，即或是社会动荡不安、战乱频仍、天下无道，公平、正义也会时不时出现在人们的视野之中，即如老子所言："大道废，有仁义。"

　　为保证"公正"乃至"和谐"的基本实现，老子的办法是"始制有名，名亦既有，夫亦将知止，知止可以不殆"。即由圣人来制定一个名位制度，让每一个人都有自己适当的名位。人们在各自的名位下享受其应得。社会财富与荣誉的分配依据各人名位的区别而有区别地进行。每个人都清楚自己的名位所应得，就会有自己的行动底线，就不会随意侵夺别人的财富，僭越别人的地位或荣誉。于是战争或纷争就会得到避免，危险就会减少。孔子的办法也差不多，就是在已"有名"但人们却不知"名"的真正含义与作用的情况下向全社会实现"正名"。

　　"制名"也好，"正名"也罢，他们所依据的又都是社会最基本的"公正"。"和谐"不是时时有，但"公正"必定是人们最迫切的追求。人类历史上大多数的社会动荡，都是英雄们以"公正"之名向统治者挑起的战争或纷争。

　　例如宁波某位市长，用公车接送数百公里之外的一个理发师来为其理发，好像并未发生什么不和谐，但还是被立案审查了，其被审查当然不仅只是上述理发事件，但党和国家之所以要对贪官实行零容忍，简言之，就是因为他们的行为违背了最基本的社会公正。没有公正，和谐的实现几无可能。

1. "和"的汉字学解读及分析、启示

"𣲙"（和）的初文为"𣲙"。象形字，象成熟禾苗之形。《说文》云："禾，嘉穀也。二月始生，八月而熟，得时之中，故谓之禾。"这里的"嘉穀（谷）"，在北方主要指粟，在南方主要指水稻，同时又可是一切粮食作物的总称。在我国，由于大部分地区属于大陆性季风气候区，水热同期，故春夏两季（即农历2～8月）极有利

于各种农作物生长。"得时之中"即"得时之和"，也即指"嘉穀"的生长期恰好与季风气候区一年之中最适宜于农作物生长的水热条件相吻合。为什么"故谓之禾"？就因为"和"。对于中国古人而言，农作物的收获或丰收，首先是各种气候条件"风云际会"皆相"和合"的结果。其次是劳动者辛勤劳动的配合。事实上，我国季风气候的"水热同期"并非总是"和合"，各种水旱灾害的发生也是常有的事。以此可知，以"天时地利人和"而得"禾"并不容易。"禾"之难得即人之生存之物质基础不易保障①，也意味着人间的"和谐"不易实现。据有关研究，中国历史上曾发生过的有据可查的有较大规模的农民起义至少43次，其中80％以上与自然灾害所造成的农业大面积歉收而引起的灾荒有关，可见"禾"与"和"的密切联系。

《说文》又云："和，然后利。"可见，"和"总是与"利"紧密联系（这从"和"与"利"的构形关系亦可得出）。因"天""地""人"之"和"而得"禾"之"利"，不仅使我们的生存有了基本的物质基础，也为其他一切"和"或"利"的实现创造了条件。世界和平、政通人和、家和万事兴，这些事实也告诉我们，"和"不仅是"利"，而且是一切"利"之实现的最大社会基础或最高形上根源。所以，我们捍卫"和"，就是捍卫"利"、捍卫"善"、捍卫"义"、捍卫"美"与"尊严"。这些意思，亦可从"✝"（善）、"義"（义）、"夰"（美）之初文构型及其引申意中析出。

链接

中国自改革开放以来，人均收入已翻了数番，这些财富就是我们所得之"利"。为什么会得如此多之"利"？除了我们自己的努力奋斗之外，也不能忽视"和"所起的作用，即我们拥有了一个难得的连续数十年的国际国内和平环境。

就国内来讲，"和"主要是因为实行了"各尽所能，按劳分配"的原则，大大提高了劳动者的生产积极性，提高了社会生产效率，更重要的则是体现了更多的公平、正义。

但是数十年的发展，由于对资源的不对称掠夺、国家政策的某些倾向性、地区发展的不平衡等原因，也有一些不和谐的音符。于是，当下最迫切需要解决的核心问题便是社会公正问题。此问题得不到解决，"和"便不可能持续，"利"也有可能全面崩溃乃至消失。

---

① 《老子》第五十章："出生入死。生之徒，十有三。死之徒，十有三。人之生，动之于死地，亦十有三。夫何故？以其生生之厚。"人的一生，从出生到死亡，每一个环节都面临着死亡的威胁，战争、疾病、地震、水灾等，都会对人类的生存构成威胁，而物质资料的不足往往是最大的威胁之一。

"禾"不仅是成熟禾苗之形，它还可以是"人"（人）与"X"（五）的紧密结合。它表明，"和"，首先与人的存在意识紧密相关。"人"是"禾"的核心。没有"人"，便没有"和"。换言之，没有"人"的"自然"，即或有"和"也失去了其价值或意义。其次，"人"之"和"既是指"人"与"自然"（金、木、水、火、土）皆相"和合"，亦是指"人"与"社会"（仁、义、礼、智、信）皆相"和合"。"和"无处不在，也是传统中国之大德之一。如《周礼·春官·大司乐》："以乐德教国子：中、和、祗、庸、孝、友。"其中便有"和"。1929年，国民党政府颁布《教育宗旨及其实施方针》，曾明确把"忠孝仁爱信义和平"作为社会公德，倡行天下，"和"也是其中之一。《中庸》云："喜怒哀乐之未发，谓之中；发而皆中节，谓之和。中也者，天下之大本也；和也者，天下之达道也。致中和，天地位焉，万物育焉。"告诉我们，没有"和"，则天地不"位"、万物不"育"。

后来，由于语言文字的发展，"禾"专担起"禾苗"之"禾"的责任，故另造"和"。《说文》云："和，相应也，从口，禾声。"《广韵》："和，声相应。"认为"和"之意完全根源于"口"，"禾"只是"声"。这种解读并不准确。"口"即或"相应"，也不一定就是"和"；而"禾"的成熟或成就，则必是"和"之实现的结果。换言之，唯有"从禾"，才比较准确地寓涵了"天""地""人"共相"和合"之意。

链接：嘤其鸣矣，求其友声

《诗经·伐木》有"嘤其鸣矣，求其友声"之句，其意应了《说文》与《广韵》关于"和"的解读，即"相应"或"声相应"的说法。"求其友声"其实就是"求其和声"，也可简说为"求和"。不过，"嘤其鸣矣"之发声处是"鸟之口"，而汉字之"和"的"口"却是"人之口"。"鸟"之有"和"或"鸟"之"求其友声"只能是拟人的说法。真正的"和"或"和"的能力只有人才具有，这源于远古人类的合作劳动，也可能源于远古人类的娱乐活动。合作劳动比如抬重木，为了能共同用力，前人呼之，后人和之。娱乐活动如唱歌，一人唱之，万人和之。它们皆以人之"口"来实现。这种"人之和"既能凝心聚力，也能得合作之"利"或"快乐"。以此可知，人类之"求和"，有时为不得已，有时为幸福快乐，有时则是智慧或策略，有时则为众意之和合，而其背后则皆是"利"。"求和"不仅是要"求其友声"，更重要的是求得支持、帮助或谅解。

由"禾"而"和"（和），区别在于增加了"口"。加"口"既有"禾"已被借用为"禾苗"之"禾"的原因，也是汉字规范化的结果，而更为重要的却是对人的重要性的特别强调。

"口"，首先是人之"口"，是人之生命的"进路"，是人乃至一切生命存在的重要器官。人若无"口"便不能与别人以"声相应"。"口"中有舌，能品"五味"，即能知"五味"之"和"。同时，"口"亦是语言的"出路"。人类若没有相通的语言，"和"便很难实现。人类在发明文字之前，主要是靠"口"发声来与同伴交流信息、传授经验、保存传统与历史。如"古"即"故""史"，初文为"㕜"，为两"口"连贯之形。它意味着远古的历史与故事皆为"口口"相传。文字发明之后，口头语言仍然是日常交往的重要工具。"言"（言）出于"口"（口），"口"可代"言"，"口""言"相通。如《诗经·小雅·十月之交》："黾勉从事，不敢告劳；无罪无辜，谗口嚣嚣。"梁启超《近世文明初祖二大家之学说》："则虽日日手西书，口西语，其奴性自若也。"《国语·召公谏厉王弭谤》："防民之口，甚于防川；川壅而溃，伤人必多。"其中之"口"皆通"言""言说"或"言论"。

链接：防民之口，甚于防川

"防民之口，甚于防川。"这句话把百姓们的"口"比作"川"实在是既形象生动，又寓意深刻。

历史上的"厉王弭谤"，周厉王对百姓们的"谤"（不满言论），采取的是"堵"的方法：派"卫巫"去监视百姓，让百姓不敢说话，只能"道路以目"，结果是"川壅而溃"——发生"国人暴动"，厉王虽然没有被直接杀死，但却被"国人"（或周公、召公）流放到了"彘"，最后死在那里。这个故事对今天的我们仍然有一定的启示意义：对于百姓的言论要像治"川"一样，不能仅采取"堵"的方法，而应以"导"为主，或"导"中有"堵"，或"堵"中有"导"，要两者有机结合。换言之，对于百姓的不满言论，不仅要鼓励他们大胆说，而且要引导教育他们正确表达；对于其中所涉内容，要"有则改之，无则加勉"。

让百姓们有言论自由，不仅有利于治，而且也是当权者有信心有力量的表现。这也是"以他平他谓之和"。只有不断地吸收别人不同的意见，解决那些不容易解决的问题，才可能实现真正的社会和谐。

对于个人，不仅要听得进不同意见，还要经得起别人的质疑、责难等语言攻击，按孔子的说法便是要做到"耳顺"。

其次，"口"与"和"（知）、"善"（善）、"信"（信）等一脉相连。"知""善""信"等皆从"口"或有"口"。"口"既是表达"知""善""信"之最直接、最有效的方式之一，也是语言、思想、智慧最重要的输出通道之一。

不仅如此,"口"还可引申为"口才""亲口""口味""人""人口""进出通道""破裂的地方""武器工具的锋刃""长城的关口"等。但不管如何,其意皆与人或人的想象性赋予有关。

综上可知,加"口"之"和"的出现,最重要的是凸显了人的主体性地位或价值。"和",首先是人与人的"和",其次才是人与自然、人与道德之"和"。换言之,不能实现人与人之间的"和",便不可能实现人与自然、人与道德之间的"和"。人与自然或人与道德之"和"的实现,则是人与人之"和"的实现的直接表征。这也印证了马克思的一句名言:"人是一切社会关系的总和。"

此外,"和"还有个异体"龢",在古文中可写作"𪒠""𪒡""𪒢""𪒣"。它主要强调了"乐"在实现"和"的过程中的巨大意义或作用。"龠"(yuè),一般认为是一种竹制的像笛一样的管状乐器。在众乐器中,其主要作用就是用来协和众声。《说文》云:"龠,乐之竹管,三孔,以和众声也。"其实,从该字初文构形"𤳊"分析,它应为一种编管乐器。如果说"龠"是用来调和众声的,那么"乐"则是用来协和万民的。荀子云:"《礼》之敬文也,《乐》之中和也,《诗》《书》之博也,《春秋》之微也,在天地之间者毕矣。"这告诉我们,《乐》是用来和调天下万民的最好最现实的工具。

"和"的引申意主要有如下数种。

声音相应、和谐地跟着唱或伴奏。如《易·中孚》:"鸣鹤在阴,其子和之。"《后汉书·黄琼传》:"阳春之曲,和之者必寡。"

附和、响应。如《商君书·更法》:"论至德者不和于俗,成大功者不谋于众。"

答应、允许。如《后汉书·方术传·徐澄》:"又尝临水求度,船人不和之。"

以诗歌酬答或依别人的题材或体材作诗文。如《列子·周穆王》:"西王母为王谣,王和之,其辞哀焉。"

和谐、协调。如《易·乾》:"保合大和乃利贞。"《礼记·中庸》:"发而皆中节,谓之和。"

适中、恰到好处。如《周礼·春官·大司乐》:"以乐德教国子:中、和、祗、庸、孝、友。"《论语·学而》:"礼之用,和为贵。"

喜悦。如《尚书·康诰》:"周公初基,新作大邑于东国洛,四方民大和会。"孟郊《择友》:"虽笑未必和,虽哭未必戚。"

和顺、平和。如《左传·文公十八年》:"高辛氏有才子八人……忠肃共懿,宣慈惠和。"

和睦、融洽。如《尚书·皋陶谟》:"同寅协恭,和衷哉。"

和解、和平。如《周礼·地官·调人》:"凡和难,父之仇,避诸海外;兄弟之仇,避之千里之外。"《孙子·行军》:"无约而请和者,谋也。"

气候温暖或暖和。如王羲之《兰亭集序》:"天朗气清,惠风和畅。"

哲学用语,常与"不同"相对,指要在矛盾诸因素的作用下实现真正的和谐统一。如《论语·子路》:"君子和而不同,小人同而不和。"《国语·郑语》:"以他平他谓之和,故能丰长而物归之;若以同裨同,尽乃弃矣。"

交易。如《管子·问》:"万人之所和而利也。"

此外还有"调和""汇合""结合""伴随着""连同"等意。

"和谐"一词理应囊括上述诸意。

链接:君子和而不同

此语可分为三个部分:君子、和、不同。但此三者又是高度统一的,皆统一于"君子"。换言之,凡君子,不仅要有君子所具一切品行或素质,而且既要能与其他君子和谐共处,又能独具风骨。

在先秦经典著作中,《老子》所论"君子"处甚少,只有三处。《老子》第二十六章:"是以君子终日行不离辎重。"《老子》第三十一章:"君子居则贵左,用兵则贵右。兵者不祥之器,非君子之器,不得已而用之,恬淡为上。"老子著述的主要目标不是教人如何做君子,而是教人如何做圣人,因而对"君子"的论述较少。《论语》中所论"君子"处甚多,至少有106处。如果把两者放在一起考察,我们又会发现,《论语》中的君子之行、君子之质,亦有不少就是圣人之行、圣人之质。

《论语》中的君子主要有"人不知而不愠""过则勿惮改""好学""食无求饱,居无求安,敏于事而慎于言,就有道而正""周而不比""先行其言而后从之""不争""喻于义""讷于言而敏于行""不忧不惧""敬而无失,与人恭而有礼""成人之美,不成人之恶""修己以安百姓""群而不党""不以言举人,不以人废言""忧道不忧贫"等君子之质。

所谓"和",即谓上述君子之质、君子之行,他人有之,我亦有之,他人倡之,我则和之。

所谓"不同",即谓上述君子之质、君子之行,他人无之,我亦有之,更为重要的是我"术业有专攻","能自得师"。按今天的话来说,就是既有"自由之思想,独立之人格",又有比较高深的专业知识与独特的认识路径或方法。

故所谓"君子和而不同",首先要是"君子",然后才可能有"和"与"不同"。

再者,从绝对意义上来说,"不同"乃天授,只要是真"君子"就一定有"自由之思想,独立之人格",就一定会"大不同"。

2. "谐"的汉字学解读及分析、启示

"谐"的初文为"𧮫"。一般认为它出自小篆，为形声字。《说文》云："谐，詥(hé)也。从言，皆声。""詥，谐也。从言，合声。"《六统书·言部》："詥，从言，从合，合众意也。"《玉篇·言部》："谐，和也。"可见"谐"之本意即是"合众意"之"和"。可深入分析后的结论并非全如许氏所言。因为"皆"早已具备"谐"的全部意义，加"言"也只是对"言"的作用或意义的强调。

"言"之初文为"𠮗"，是个会意字。下部为"人"之"𠙵"(口)；上部从"𠙵"中往外伸出的"𠂇"是"舌"。它们共同说明"言"是"舌"与"口"共同完成的游戏。"𠂇"与舌之本来形状相去甚远。再细察，我们又会发现，"𠂇"还可分为两部分：下部的直线似更像"舌"，或语言、声音发出的路径；上部的三角形则是"舌"或"口"发出的语言、声音的"形状"。"直线"如戈戟矛枪，"三角形"如利刀快斧。如此形状，一当为书写方便，二则意旨宏深：它主要强调了"语言"所独具的思想智慧或力量——或"舌尖嘴利"，"言"可杀人，"一言而兴邦"，"一言而丧邦"；或"人言不可信"或"人言为信"。《左传·僖公二十四年·重耳出亡始末》："言，身之文也。"孔子说："小人以舌言，君子以行言。"告诉我们，对于人的认识，仅"听其言而信其行"是不行的，还需"听其言而观其行"。

"言"的引申意甚多，主要有如下几种。

说、讲、说话、讲话。如《尚书·无逸》："三年不言。"《老子》："行不言之教。"《荀子·非相》："不好言，不乐言，则必非诚士。"《红楼梦》第一回："兄何不早言，弟久有此意。"其"言"皆为"说""讲""说话""讲话"之意。"说""讲""说话""讲话"诸字皆依"言"而"字"，故其意理应为"言"所囊括。但其"言"与"不言"，何时能"言"，共同反映的实质即是"言"之"信"与"不信"的统一。换言之，君子出言必慎，既要看言之对象，又要注意言之时空条件，即要具体情况具体分析。亦如《荀子·劝学》所言："礼恭而后可与言道之方，辞顺而后可与言道之理，色从而后可与言道之致。未可与言而言谓之傲，可与言而不言谓之隐，不观气色而言谓之瞽。君子不傲、不隐、不瞽。"这与老子主张的"不言""希言""美言""贵言"等是相一致的。

谈论、议论。如《论语·学而》："赐也，始可与言《诗》矣。"《韩非子·五蠹》："今境内之民皆言治。"梁启超《少年中国说》："欲言国之老少，请先言人之老少。"其"言"皆为"谈论""议论"之意。以"言"代"议论""谈论"本是极言"言"之群众性特征：凡人皆"言"，"言"皆欲有听者、和者、议论者，极少有自言自语者。但具体而言，所谓谈论、议论，或有一定共同认知基础，或有一定共同目标。孔子之所以认为可以与子贡谈论《诗经》，正是因为他认为子贡对于《诗经》的所谓"微言大义"已经有了相当的认知基础。这个基础便是"信任"。而韩非之"皆言治"，梁启超之"欲言国"则不同，虽没有一定认知基础，但却有一定共同目标，反映出的是一般人的主体意识与公民意识。这种意识叫"自信"。

记载。如《左传·隐公元年》："段不弟，故不言弟。"《梦溪笔谈·杂志一》："温州雁荡山，天下奇秀，然自古图牒，未尝有言者。"其"言"皆可视为"记载"之意。以"言"为"记载"，说明"言"总是与"文字""书写"等紧密联系。文字是语言的书面表达，故"字"亦可通"言"。凡付诸文字的记载，"信"在其中矣。

上述之外，"言"还可以表达"问""告知""陈述""料想""言论""见解""辞令""盟辞""建议""学说""字""著作""呈文""我""诉讼""通信"等。

上述诸词，首先从构形上看，大多依"言""口""心"而造。少数没有的，也意从此出，因为言既出于"口"亦出于"心"。例如我们说某人嘴巴厉害，其实不是"嘴"厉害，而是"心"或"心智"利害。上述诸词只有两个有点例外，一个是"字"，一个是"我"。但细加琢磨，它们仍难例外，因"字"中有"子"，"我"中有"人"。"子"亦"人"，"我"亦"人"。故它们皆有"心"有"口"有"言"有"信"。

链接：辞顺而后可与言道之理

此语出自《荀子·劝学》。它主要强调了"语言"或"修辞"与"道"或"思想""智慧"的关系。换言之，如果一个人没有一定的语言修辞学基础，就不能正确地理解或运用语言，那么闻道、理解道、接受道、向别人传道授业解惑便没有可能。所以《韩非子·五蠹》中说："所谓智者，微妙之言也。"如果某人能懂得"微言大义"，能从别人的语言艺术中读出、悟出其微妙而伟大的意义，就算是智者了。所以，无论是老子、孔子、孟子还是荀子，都强调君子必须"知言"。

所谓"知言"，就是"诐辞知其所蔽，淫辞知其所陷，邪辞知其所离，遁辞知其所穷"。以此，不仅能为实现"善言，无瑕谪"创造条件，同时也能为成为"君子"打下基础。

如何做到"辞顺"呢？一要能记诵大量的重要经典；二要做到"无常师"，即"三人行，必有我师"。如能坚持，日久自有作用。

有了上述基础，"道之理"也就自然寓于其中了。如此，不仅能与有道者交流心得，也可参与到传道受业解惑的实践中去。

"㫫"（皆）在"谐"字中一般认为仅是声，但事实并非如此简单。

"㫫"的初文为"㫭"。上部为"㐱㐱"（"比"或"从"），下部为"曰"。《说文》云："皆，俱词也。从比，从白。"其实，"从白"的解读是错误的。这种情况可能是许氏没有见过更为久远的甲骨文、金文或楚简的原因。林光义《文源》也揭示了这一点："从白，非义也。从白之字古多从口。'習'为两人合一口、众口相同之象。从口之字古多变从曰。"其"众口相同"即"众言相同"。"从"（从）本为一人前行一人跟随之形，主要表现为行为或行动的统一。引申意主要有"跟随""追逐""接着""随着""率领""听从""从属的""次要的""同宗""重叠""言辞顺畅"等。下再加"口"，则重在凸显语言、思想的趋同或统一。综观之，"習"或"習"实已全具"諧"之意，再加"言"只是对"口"或语言、思想的重要性的强调。换言之，所谓"谐"，其协调、统一或同一，不仅体现在行动上，更体现在语言和思想上。"皆"的主要引申意有"都""俱""普遍""同""偕""比""比拟""嘉"等。

　　"谐"除了本意有"合众意"外，其引申意主要有"诙谐""妥当""成功""谐振""谐调"等。

　　由于"和""谐"两字本意相通，"和"本具"和谐"之意，故连缀成词，其意似以"和的成功实现"最为恰切。但仍需强调的是，"和"，一定要是"不同"之间的"和"，如果仅有附和而没有质疑或反对，就像一部乐曲仅有一个声调，是不可能奏出美妙的旋律的。若能将众多高低不平的声音和谐地统一于一体，声律有高低宽窄之变化，就能构成一部完整的和谐乐章。

3. 汉字学与当代社会对于"和谐"的认知

　　"和谐"一词，应为近代所出，或与"谐振"的物理学现象有关。遍查先秦诸典，此词皆无所见，但这并不意味着先哲们没有用到此意。古文中，"和谐"之意往往以"和"出之。如《诗经·小雅·鹿鸣》"鼓瑟鼓琴，和乐且湛"之"和"即"和谐"之意。司马迁《史记·卷二十四·乐书第二》："及其调和谐合，鸟兽尽感。"这是对音乐的生动描述，第一次把此两字捏合在一起，虽明显不是一词，但"调和""谐合"两词之合意却与"和谐"相同。换言之，"和谐"一词，或就是由此两词"和合"而来。

　　"和谐"的内容丰富多彩，人与人，人与社会，人与共同体，人与自然，身体与灵魂，共同体与共同体，国家与国家，民族与民族，民族与国家，当代人与后代人，发展与环境等，无不需要"和谐"的实现。值得注意的是，各种的"不同"使"和谐"的实现并不容易。但是，我们能做的却不是消除各种"不同"，而是既要学会"包容""避让""换位思考"，更要学会自强自立，且随时准备付之以"铁与血"。对于国际关系的"和"的维护，尤需如此。

　　我们关于"和谐"的一般解读是："和谐是中国传统文化的基本理念，集中体现了学有所教、劳有所得、病有所医、老有所养、住有所居的生动局面，是经济社会和谐稳定、持续健康发展的重要保证。"这一解读虽然没有涉及语言、思想、行为之"和"，但字里行间确实充盈着关怀众生之善意。

就社会主义核心价值观本身而言，"富强""民主""文明""自由""平等""公正""敬业""诚信""友善"等价值是"和谐"得以实现的基础或前提，"和谐"是"富强""民主""文明""自由""平等""公正""敬业""诚信""友善"等价值得到实现的表征。就公民个人而言，它既需我们秉持公正敬业诚信友善之心，亦需我们有自立、自尊、自强之意。其最深刻处与"自由""民主""平等"等价值一样，皆指向个体自由而全面的发展。如此，"和谐"可期。

链接

当代，由于中国的持续和平崛起，世界已渐向和谐世界迈进，已成不争之事实。为何如此？

其一，中国实力的壮大。没有真正的实力，就发不出"求和"的声音。即或能发出微弱的声音，也不能求得真正的"友声"或"和声"。中国实力的壮大，不仅仅是政治或军事方面的，而是全方位的。我们的软实力也将会对世界产生强大的作用或影响。

其二，中国人的天下观思维。中国人的天下观思维，一言以蔽之，就是《尚书》所言的"协和万邦"以及《礼记》所言的"天下为公"。"协和万邦"的关键点在"和"。"和"可不是一般所认为的"和气""重礼"或"和稀泥"，而是适当、合适或恰当的"义之和"。《说文》："义者，己之威仪也。""和，然后利。"《易传·乾·文言》："利者，义之和也。"《汉语大字典》："义：平、公正。""义之和"，简言之，就是以公正之心和公正之法，在尊重维护各主体各自威仪（尊严）之前提下，使他们不仅能和谐相处，而且亦能尽享"和"之"利"——共赢互利。它既不是"零和博弈"，更不是霍布斯丛林的"人人为敌"。

"天下为公"的关键点在"公"。"公"不仅是"公家""公天下"，还指"公平""公正""正义"。老子说："公乃全，全乃天，天乃道，道乃久，没身不殆。"告诉我们，"公"乃合规律与合目的的统一。"公"与"和"紧密联系，没有"公"，"和"便无所依托；有了"公"，自然天道流行，世界和谐，危险远去。

其三，中国人的实用主义哲学。此"实用主义"，非某些学者所不屑的彼"实用主义"。笔者认为，中国哲学思想从来就是实用主义的。今天回首望之，它还应是"拿来主义""现实主义"与"理想主义"等多种思潮与意识形态在中国形上形下诸领域的有机结合。中国人的实用主义哲学与时俱进、海纳百川，即或偶尔跟不上时代的步伐，但最终却能在涅槃中重生。它既源于中国远古的《易》八卦的实用性传统、汉字构形的哲学性，亦源于老子、孔子，或受到墨子、庄子、列子、孟子、韩非子、荀子等大家思想的重构或洗礼。

《易》八卦，最初作为预测天命吉凶祸福的工具，无疑是实用性的。"乾：元、亨、利、贞"告诉我们事物发展的一般规律。"初九：潜龙勿用"告诉我们，时机未到，要谨言慎行。"九二：见龙在田，利见大人"告诉我们，事情已有进展，如能得"大人"相助，将会发展得更快更好。如此等等，莫不为实用所谋。

汉字构形则更是中国哲学之抽象性与具象性之有机结合的光辉典范。仍以"衜"（道）为例：先"行"，"思"寓其中矣；"思"之不"通"，而后以"行"通之；以"首"为先，以"首"为核心，"首"必知"道"，众人从之，可谓实用主义思想与实践之关系的生动描绘。

《老子》所说"道可道，非常道；名可名，非常名"实为实用主义世界观或认识论、方法论之总纲。"道可道"说明"道"是可以认识、传播、实践的。"非常道"则是说"道"虽然"可道"，但却不是随随便便可以"道"，而是要放到一定环境条件与一定主客对象之间。这种思想，如果用今天的话来说，则可理解为：真理总是相对的；具体问题必须具体分析；实事求是，践是而行。

孔子所说的"先行，其言而后从之"也是对实用主义思维的最好诠释。孔子认为君子要"好学""知命""知礼""知言"，这不仅与形上之思紧密联系，而且亦是人伦实用所必需的。

其他诸子，因其思想多从《易》八卦、老子、孔子而来，无不深深地打上了实用主义的烙印。

其四，中华民族精神或意识的重新觉醒。与美利坚民族意识的形成有所不同[1]，中华民族意识的形成，既与中国数千年从未间断过的优秀民族文化传统、辉煌历史有关（有人认为曾经"断裂"，实经不起推敲，汉字的续存就是明证），更与近代以来一百多年的反殖民反侵略斗争关系紧密。所谓"重新觉醒"，既是一种自我反思，也是一种自我肯定。

自我反思主要有：我们愿意被西方意识形态所同化吗？我们的现代化之路如何走？我们一定要追随西方一直走下去吗？我们如何继承与发扬我们的优秀文化传统？我们能够实现中国梦吗？中国梦究竟是个什么样的"梦"？中华民族能引领世界进步与发展的潮流吗？等等。

自我肯定主要有：过去我们曾引领世界潮流数千年，未来我们也同样可

---

[1] 美利坚民族意识是 18—19 世纪北美十三州居民在反抗英国殖民统治以及向西（超过阿巴拉契亚山脉）挺进开发的过程中形成的。它既与其居民原有的宗教文化信仰有关，也与其民族来源的多样性、世界性有关。

以；我们过去所创建的优秀文化，在当时世界上是最优秀的，一定也能穿越时空为今天所用；我们可以借鉴西方的经验教训，但却不必走他们的老路；我们不仅能实现中国梦而且能不断丰富与发展中国梦；我们能够在未来世界中引领世界潮流；等等。

中华民族精神或意识的重新觉醒，必将使中国更加自信、更加富强，更加包容，更具责任意识，这种意识必能引领我们的世界变得更加和谐、幸福。

二、实现尊严幸福之道——
自由、平等、公正、法治

"自由、平等、公正、法治"是"实现尊严幸福之道"。"自由"是"独立自主""活力""创造力"的表征，所以当然地与"富强""民主""文明""和谐"正相关。"平等"寓涵"公正"，既是"富强""民主""文明""和谐"的表征，也与"法治""自由""友善"紧密联系。"公正"是一切德的核心与基础。没有"公正"不仅没有"文明""民主""和谐""自由""平等""法治""诚信""敬业""友善"，就是"富强""爱国"即或有也不会长久。"法治"既是"富强""民主""文明"的表征，更是"和谐""自由""平等""公正""诚信""敬业""爱国"的保护者或实现工具。

（一）自由

"自由"位列社会主义核心价值观之五、社会层面之首，昭示了其实在性与虚无性的高度统一。其虚无性主要体现为其"精神性或意志性"，其实在性主要体现为其"物质性或工具性"。此世界既没有绝对超越于"物质"之上的"自由"，也没有绝对超越于"精神"之上的"自由"（如果有，只是某些人不切实际的想象）。

1. "自"的汉字学解读及分析、启示

"自"的初文为"曽"。象形，象人的鼻子。本意即"鼻"。《说文》云："自，鼻也。象鼻形。"因人面对他人时，常指"鼻"借代"自己"，因借而不还，故另造"鼻"。"曽"能代表"自己""我"，是因为鼻子居于面部中心位置且远凸出于面部其他部分。故鼻的存在或凸显，与"脸"或"面"紧密联系。换言之，"鼻"不仅高出"脸"，是"脸"的中心部分，且受其规约，其高度、位置、大小等与眼、口、耳等的关系必得适当，不然"面"即呈丑陋。

"面"由五官及其周边面皮共同构成，既是人的重要组成部分，也是识别人的主

要依据之一。正因为其无可比拟的重要性，所以它又可从形下之"脸面"引申至形上的"面子"。在中国传统文化中，"面子"关乎人的存在与价值，与人的自由、权利、尊严、社会地位等紧密联系。人的"自我意识"与"面子"的关系，犹如鼻子与脸，"我"既是"面子"的核心，亦受"面子"的制约。换言之，人越有"面子"或"面子"越"大"，就越"自由"；但反过来，其"自由"度不管如何，却永远不能逾越"面子"的范围。这也是"人"与"面子"的相互肯定与和解。"真正的自由本质上是相互肯定，相互和解。"①具体而言，眼既能辨五色、明察秋毫之末、见近而知远，又能使"行无隐而不形""目非是，无欲见也"，所以能通于"公平""公正""正义"；耳既能辨五声、博闻强记、兼听善听，又能使"声无小而不闻""声非是，无欲闻也"，所以能通于"聪明""智慧"；口既能辨五味，"言善信""言必信"，又能"言不必信""口非是，无欲言也"，所以能通于"哲学"或"逻辑"。它们有如此境界，且能互相肯定、和解，皆因与"心"一脉贯通。"心之官则思"，"心"通于"性"，通于"理"，通于无穷智慧，故能认识自然及人类社会之一切规律。"自""我"能统率并制约"眼""耳""口"或"心""思""智慧"，便能"从心所欲，不逾矩"，从而通向"无限自由"。进言之，如果人没有"自己"或"自我意识"，"面子"便不存在。故"自"对于主体或人而言，既是"始""开头"，也是"本"，是"物质基础与精神基础"。

《韩非子·心度》："故法者，王之本也；刑者，爱之自也。"《礼记·中庸》："知风之自，知微之显，可以入德矣。"《刘禹锡·砥石》："得既有自，失岂无因。"其"自"便是"始""开头"，亦是"本"。认为"刑"为"爱之自"，即认为"仁爱"在一般情况下总是以"刑"或"法"为底线或边界的。所以"刑"既是"爱"的开始，亦是"爱"的根本。换言之，一个人"爱"别人，最基本的前提是不伤害别人，因为别人是受"刑"或"法"保护的。"我""自己"无辜伤害别人，从"受"的角度来观察就等于伤害自己。故"爱之自"，归根结底还是为了"爱自己"。爱自己就是爱自由。

"知风之自"，即既知道风源于何处，亦知道为什么会有风，以及风存在的价值或作用，这种"知"又是"智"，或就是"德"与"道"的重要组成部分。其根本则是因为"自知"。"自知"是实现"自由"的根本途径。一个人若不知道自己想要什么，也不知道自己能干什么，就是没有"自由"。

"得既有自，失岂无因"告诉我们，"我""自己"的所谓"得"与"失"，其根本原因都源于"我""自己"。故人之所思所想、所践所行，无不从"我""自己"始。而"自由"自然亦从"突出自己""由着自己""以自我为中心"始。"我""自己"越"突出"，便意味着"我""自己"越有"面子"，拥有较多的"权利""尊严""社会地位"，或越"自由"。

---

① 李志强：《论马克思自由观的生态意蕴》，《哲学研究》2014 年第 6 期。

链接："美"与"自由"

　　爱美之心，人皆有之。当代世界，人们为了美，涂脂抹粉、描眉画眼已属小儿科，开堂剖肚、刮骨削肌已成公开秘密。有人因之有了"倾国倾城"貌，从而获得了更多金钱与"自由"，有人因之毁容赴死，弄得个"鸡飞蛋打"，赔了夫人又折兵，亦非个例。

　　某明星，为了"美"花钱近百万元，整容多次，终于弄了个"花容月貌"，可是突然有一天，在万众瞩目的舞台上，不经意间，她竟然在擦拭眼泪时弄塌了自己美丽挺拔的鼻子。这事情就有些诡异了。

　　"天下皆知美之为美，斯恶已。"老子早就看破了"美"之背后所隐藏的吊诡。首先，他告诉我们，对于"美"，一般人是不可能有深刻认识的。其次，他告诫我们，当人们知道某种"美"为大家所公认，并成为大家拼命追逐的目标的时候，事物就一定会走向反面，给人们带来灾难。

　　那么老子或中国传统文化中所认为的真正的"美"究竟是什么？很简单，它与古希腊，甚或当代世界最深刻的认识皆是一致的。那就是：深刻的思想智慧；"生而不有，为而不恃"的功德；不朽的言论、著作；辉煌千古的艺术；等等。对于这种"美"，一般人是不可能有深刻认识的。就算有所认识，也不可能对其产生强烈追求的愿望。就算有强烈追求的愿望，也很难取得成功。因此，一般人只能望而却步。但是，也正因其难，所以才有了深刻而重大的现实与历史意义。

　　"美"与"自由"的关系也寓于其中。

　　人们为追求"美"而整容，这是个人"自由"。但如没有相当金钱作保障，恐怕很难实现这种"自由"。这说明人的"自由"总是受到一定的物质条件的制约。一个人如果知道整容之害却又不能拒绝整容之利所带来的诱惑，这种自由便不是真正的意志自由，而只是受一定物质欲望驱使的自由。这种自由虽然超越了纯粹的动物性特征，但仍然是较为低级的人性欲望。而且，整容能带来的物质、金钱或"自由"总是非常有限，且会随着时间的流逝而很快消失。一个人若既知整容之利亦知整容之害，能全身心地把自己的生命投入到"立德""立功""立言""立艺"的事业奋斗中去，这就可称"意志自由"。换言之，这种不会因为物质或其他精神的折磨而随意改变自身"意志"的人，才是真正的"自由的人"。

　　这世界只有真正的"自由的人"才可能是"最美的人"。马克思所说的由"必然王国"进至"自然王国"（每一个人的自由与发展成为所有人的自由与发展的条件）的人，孔子所说的"从心所欲而不逾矩"的人，就是这种"自由的人"或"最美的人"。

2. "由"的汉字学解读及分析、启示

"由"的初文为"曲"，与今文无别。下为"田"，上为草木初出之幼苗。"由"，即田野或野外一切草木初萌之枝芽。草木枝芽之于田野、野外，既能自由自在地生长，但又受到气候、土壤、水等环境因素甚或人的制约或影响。"枝芽"是成就草木的"原因""缘由"，但生长于何处或能真正成器成材却需一定"因缘""机缘"。故"由"既是"原因""缘由"，亦是"因缘""机缘"。其引申意主要有"途径""办法""凭据""经由""蹈行""践履""遵从""辅助""从事""归属"等。它们共同告诉我们，"自由"无论形上或形下，由于既受制于自然亦受制于社会各种关系，所以只能是相对的。"自由本质上是一个关系概念，它标志着人与外部自然关系以及人与人社会关系的和解程度。"①就人或人类社会而言，它既与主体的"欲求"关系密切，亦与主体对于规律的认知紧密关联。"自由不在于幻想中摆脱自然规律而独立，而在于认识这些规律，从而能够有计划地使自然规律为一定目的服务。"②人之外的其他诸物，或没有自由，或其所谓"自由"皆为人以自身的尺度所作的想象性赋予。就一般情况而言，其物质构成与自组织能力越接近人，就越"自由"。

链接

《老子》第五章中有一句名言："天地不仁，以万物为刍狗；圣人不仁，以百姓为刍狗。"此语的大意是：天地是没有偏私的，没有什么仁与不仁，其对待万物（当然也可包括人）的态度都像对待"刍狗"一样；圣人"其仁如天"，所以也没有偏私，其对待百姓也如天地对待万物一样。

其中的"刍狗"，一般认为是一种用草做的像狗一样的用于祭祀的祭品。这种祭品对于天地来说，有之无之，两可。但也可认为它是指"刍"和"狗"两类物质，"刍"是不能自己随意移动的草木，"狗"是能够自己移动的动物。这两种物区别巨大，但天地皆同样对待、不稍偏私，天地给予或恩赐它们的无非春夏秋冬、阳光雨露、寒暖暑热、雷电风霜。

此处不讨论"刍狗"，只讨论老子此语中所涉"刍""狗""圣人""百姓"几类事物分别有没有"自由"。

"刍"即"草"。草木有自由吗？没有！不仅庄子《逍遥游》所描述的"树之于无何有之乡，广莫之野""不夭斤斧""无所可用"的大树没有，就是白居易笔下"春风吹又生"的"离离原上草"同样没有。为什么？因为它们既没有"自"也没有"我"，更没有"意志"。它只能是供人"彷徨乎无为其侧，逍遥乎寝卧其下"的

---

① 李志强：《论马克思自由观的生态意蕴》，《哲学研究》2014 年第 6 期。
② 《马克思恩格斯全集》（第 3 卷），人民出版社 2002 年版，第 455 页。

自然之物。如果一定要说它有，便只能是人所作的想象性或拟人性的赋予。

"狗"，此处可指自然界能自由移动的各种动物。他们有自由吗？有！因为它们不仅能够自由移动，而且皆有"自""我"。当然，其移动多有范围性局限，其"自""我"也极其可疑，因为它们没有"意志"，有的只是"本能"，它们的"自""我"只是一种先天的动物性欲望，被遗传基因早就规定好了，只有在争夺食物或配偶的过程中才表现出来。人的"自由"首先表现出来的也是这种动物性的"自由"。因为这种"自由"没有"意志"的约束，所以，它是一种极为低级的且常为某些哲人所唾弃的"自由"。人的"自由"最高级的是康德之所谓"意志自由"，它既是老子的"欲不欲"，也是孔子的"从心所欲而不逾矩"。

"圣人"是真正的人中豪杰。其第一大特征是"好学"。圣人学习的内容，不仅包括一般人所学，而且一定要超越一般人之所学。只有这样，才可能避免一般人容易犯的过错。圣人的第二大特征是"不积"。"不积"不是说不积累学问，而是不私自积累财富。圣人之所以"不积"，是因为其"以有余奉天下"，"既以为人己愈有，既以与人己愈多"。圣人的第三大特征是"不仁"。圣人之所以"不仁"，是因为"其仁如天"。"如天"之"仁"即"大仁"，即"道"。它的集中表现是公正不偏私，且"以百姓心为心""为天下浑其心"。圣人的第四大特征是"常善救人，故无弃人；常善救物，故无弃物"。因为圣人"善者吾善之，不善者吾亦善之"，"信者吾信之，不信者吾亦信之"，既能成为"不善人（不善于认识、利用事物规律性人）"之师，又能变"不善人"为自己所用之"资"，所以能把所有人都团结起来，形成巨大的力量，以至能"无不克"而"莫知其极"。正因为圣人有一般常人难以具备的优秀特征，所以他们比一般人拥有更多更大的"自由"。不仅是行动上的"自由"，更多的是"知"与"行"二者高度统一的"欲不欲""从心所欲而不逾矩"的意志上的"自由"。

"百姓"，在中国古代主要以"民""生民"称之。"民"因为人数众多，所以如果作为一个整体，它就是"天"或代表"天"。"惟天聪明""民为邦本"等告诉我们，"民"当在圣人之上，是圣人终生奋斗的目标所在。由于"民"的意志就是"天"的意志，所以，"民"具有无上的自由，邦国存亡、王朝更替，一决于"民"。但如果作为单个的人，情况则大不同或完全相反：在老子心中，他们大多是"不善人"（不善于认识、利用自然或社会规律的人）；在孔子心中，他们大多是"小人"（没有远大理想、心胸、规模，只会执着于追求自我幸福生活的人）。"不善人"与"小人"占全人类社会的绝大多数，但他们的共同理想，却正是圣人的理想。圣人的理想就是要让天下百姓都过上幸福生活。再者，由于百姓数量庞大，所以此队伍中，不仅有"不善人""小人"，亦有"君子""有恒者""善人"，甚或"圣人"。百姓即"天"，"天视自我民视，天听自我民听"，"民为邦本，本固而邦宁"。就

"民"而言，"小人""不善人"的数量最多，而其自由度却最小，所以，绝大多数人的自由或利益永远比极少数人的更重要！用老子的另一句话来表达便是："贵以贱为本，高以下为基。"如果"基""本"没有了，"贵""贱"之分便不会存在。

综上可知，当代政治实践中对于自由的追求，最需切实关注与发展的应当是最下层人民的自由。

《左传·襄公二十三年》："知之难也。有臧武仲之知，而不容于鲁国，抑有由也。作不顺而施不恕也。《夏书》曰：'念兹在兹。'顺事、恕施也。"《三国志·魏志·司马芝传》："富足之由，在于不失天时而尽地力。"其"由"皆为"原因""缘由"。寓示着一切"自由"的实现或获得，无论是物质抑或精神，皆有"原因"或"缘由"。明智、智慧的状态与自由一样，皆是不容易达到的。在孔子的眼中，鲁国臧武仲的明智，像孟公绰的清廉、卞庄子的勇武、冉求的才艺一样，只要有礼乐稍加润饰，他们就都能成为人格完备的人了。但是，臧武仲还是不能见容于鲁国。其根本原因是"作不顺而施不恕也"。这既表达了"知"与"作（行）"以及主观与客观的巨大差异，也反映出人的自私或欲望对于"知"的遮蔽或反作用。上述"富足之由"同样是"富足之法"或"富足之途"。因为"富足"是实现自由的物质基础，而"不失天时而尽地力"则必得有主体智慧、勤劳的积极参与。换言之，如主体对"天时""地力"等事物的规律没有足够认识，所谓"尽"便是荒诞无稽。

宋王安石《答司马谏议书》："无由会晤，不任区区向往之至。"其"由"即"因缘""机缘"。其实，王安石"无由会晤"司马光，既有"因缘""机缘"问题，更有"不得自由"的问题。孔子"十有五而志于学，三十而立，四十而不惑，五十而知天命，六十而耳顺，七十而从心所欲，不逾矩"，说明"自由"的实现，不仅要有"因缘""机缘"，而且还得有步骤、有先后、有程度的不同。孔子十五能"志于学"，说明他十五岁时便能用自己的意志控制自己的行动。孔子"三十而立"，说明他此时已经在经济、精神或人格上获得完全的独立。事实也的确如此，三十岁的孔子，不仅已创办了自己的学校，有了坚定的政治理想与学术旨趣，而且已"闻达于诸侯"。孔子"四十而不惑"，说明他四十岁前后的学问才识已通达无碍，对现实世界与人之精神世界的关系、知与不知、自身的欲求等都有了深刻认知。"五十而知天命"，关键在于其已明确知道自己的人生能做什么，不能做什么，但却要"明知不可为而为之"，并深刻地知道这种"为"的意义所在。"六十而耳顺"是对"知天命"的进一步坚持：别人的意见，无论正确与否，都会对我有意义，但却不会改变我一直以来的"以天下为己任"的"初心"。"七十而从心所欲，不逾矩"，不仅是"知"与"行"高度统一的"意志自由"，更重要的是，这个"矩"是自己为自己所立，而"自由"的最高境界便是自己为自己立法。

《论语·子罕》："仰之弥高，钻之弥坚。瞻之在前，勿焉在后。夫子循循然善诱人，博我以文，约我以礼，欲罢不能。既竭吾才，如有所立卓尔。虽欲从之，未由也已。"其"由"即"途径""方法"。实现或获得自由的"途径""方法"，在老子看来是"为学日益，为道日损。损之又损，以至于无为，无为而无为"；在孔子看来则是"好学"，是"聪明睿智，守之以愚；功被天下，守之以让；勇力振世，守之以怯；富有四海，守之以谦。此所谓损之又损之道也"①。老、孔的方法，说到底，与康德的主张一致：主体的意志能高度控制自身的动物性欲望，从而实现心身的高度自由。

《论语·为政》"视其所以，观其所由，察其所安"，以及我们常说的"必由之路"等，其"由"皆为"经""经历"。《礼记·经解》："是故，隆礼由礼，谓之有方之士；不隆礼不由礼，谓之无方之民。"《孟子·公孙丑上》："隘与不恭，君子不由也。"其"由"皆"行""蹈行""践履"。自由实现的过程同样既是"经历"亦是"行"或"践"的过程。"践""行""经历"既是对意志的考验，也是对"方法""途径""知"的检验。只有在这种不断的检验中，主体的心身自由才能得到不断地壮大或扩展。

3. 汉字学与当代社会对于"自由"的认知

在中国古代经典中，"自由"之意早已有之，如庄子"游于天地""游于六合之外""游于无穷""齐物""物物而不物于物"等，皆表达了对自由的无限追求与向往。然而美中不足的是，其境虽高远，有一定形上意义，却因缺乏对苍生苦痛的关怀而失却思想的重量。

"自由"一词，最早或出自东汉刘玄所作《礼记注》，如"去止不敢自由"，其意即"自己作主"。在名教盛行的社会，只要有尊者、长者在，人皆是"去止不敢自由"的，即"己"之"去止"是不能"自己作主"的。

隋唐时，"自由"一词在佛教经典中用得最多。如《六祖坛经》便有"去来自由，心体无滞，即是般若"等七处。其意本指"心"的本质通达无碍，无所谓褒贬，但也不是真正的意志自由，因为它多与现实中的"践""行""经历"或"意志"无关。

至《资治通鉴》，有罗隐诗曰"时来天地皆同力，运去英雄不自由"，有"威福自由""生杀自由"等十二处，其意或呈中性的"自己做主""由着自己"，或呈贬义的"任性放肆""淫佚放纵""无礼无法"等。如隋文帝杨坚的"吾贵为天子，不得自由"②，其"自由"主要表现为一种动物性的欲望冲动。实际上，这种"动物性的欲望冲动"正是主体没有真正自由的表征。

---

① 语出《孔子家语·三恕》。
② 《资治通鉴·开皇十九年》："独孤后性妒忌，后宫莫敢进御。尉迟迥女孙，有美色，先没宫中。上于仁寿宫见而悦之，因得幸。后伺上听朝，阴杀之。上由是大怒，单骑从苑中出，不由径路，入山谷间二十余里。高颎、杨素等追及上，扣马苦谏。上太息曰：'吾贵为天子，不得自由！'高颎曰：'陛下岂以一妇人而轻天下！'上意少解，驻马良久，中夜方还宫。"

　　其后封建社会，直到民国初年，"自由"一词，逐渐成为统治者或当权者为政为尊之大敌。

　　在西方，按照哈贝马斯的观点，"主体性的自由"是由黑格尔从其"现代性方案"的价值规范基础上概括出来的。这种"主体性原则"主要包括四个方面的内涵。第一，个人主义。在现代世界中，所有独特的个体都自命不凡。第二，批判的权利。现代世界的原则，要求每个人都应认可的东西，应表明它是合理的。第三，行为自由。在现代，我们愿意对自己的所作所为负责。第四，唯心主义哲学自身。哲学把握自我意识的理念乃是现代的事业，其所强调的"个人本位""理性原则""个人自由""自我意识或自我确认"，是现代社会一切自由思想的基础①。

　　在中国，"自由"之今意，主要为一政治概念，始于中国近代启蒙思想家严复所译的《群己权界论》②。为谨慎起见，严复当时有意译之为"自繇"（"繇"为"由"之异体）。其良苦用心，当与"自由"曾有多层贬义相关。以"群己权界"来规范"自由"即表明：自由既是对权利的伸张，亦是对权力的限制。斯宾塞语："人得自由，而以他人之自由为界。"梁启超言："自由者，权利之表征也。"而追随"权利"左右的却是不可推卸的"责任"。所以，"自由"不仅是"权利"，而且与"责任"互相纠缠、不可分割。主体有"自由""权利"的地方必有"责任"附于其身。

　　当下，无论世俗或学界，对"自由"的解读五花八门。一般认为，以法国启蒙思想家孟德斯鸠《论法的精神》的解释最为经典："一个公民的政治自由，是一种心境的平安状态。这种心境的平安状态是从人人都认为他本身是安全的这个角度出发的。要想获得这种自由，就必须建立这样一种政府，在它的统治下，一个公民不惧怕另外一个公民。"③显然，这种自由就是"权利"，且与"平等""公正""法治"等价值紧密联系。没有这种联系，所谓自由便不可能。无论是马克思的"自由人的联合体"，还是卢梭的"人生而自由，但无往不在枷锁之中"皆告诉我们，无论以何种视角察之，"自由"永远只能是相对或相互关系的肯定与和解。而实现这种"和解"的前提便主要指向"公正"。康德基于"实践理性"的"意志自由"，认为唯依理性以控制自己的欲望或行为，自己为自己立法，才是真正的自由，极深刻、极有意义，有点类于孔子的"从心所欲而不逾矩"。不过，这种认识似乎又对"人"的"动物性（第一人性）"有些估计不足。康德由于深信从扭曲的人性之材里造不出直的东西，所以也无法确保人类有真正的"意志自由"④。

---

　　①　贺来：《有尊严的幸福生活何以可能？》，《哲学研究》2011年第7期；《现代社会价值规范基础的反省与重建》，《哲学研究》2014年第3期。
　　②　即今译《论自由》（*On Liberty*），作者为约翰·斯图亚特·密尔（John Stuart Mill）。
　　③　孟德斯鸠：《论法的精神》，商务印书馆1961年版。
　　④　王蓓：《幸福与德性：启蒙传统的现代价值意涵》，《哲学研究》2012年第2期。

　　综上，我们还会发现，不同的人对自由的理解或追求是有不同向度的。孟子说："若民，则无恒产，因无恒心。苟无恒心，放僻邪侈，无不为已。""恒心"，即坚定的道德之心。这告诉我们，一般人在没有突破基本的物质生活的困扰之前，其所谓"自由"总是首先要为其动物性欲望所操控。基于此，大力发展社会生产力，创造优裕的物质生活条件，当是为政者的首要目标，也是一切社会或人之"自由"的根基。但"无恒产而有恒心者，惟士为能"又告诉我们：即或有优裕的物质生活，也不一定能实现"意志自由"；有"恒心"或有坚定"意志自由"者，只是少数的"士"。而"士"需要通过"教""学""效"，或"静以修身，俭以养德"，或"为学日益，为道日损"才能炼成，所以，"意志自由"绝不是一个容易达成的目标。

　　社会主义核心价值观中的"自由"，我们的一般解读是："指人的意志自由、存在和发展自由，是人类社会的美好向往，也是马克思主义追求的社会价值目标。"从本质上来说，这一解读与汉字学对于"自由"初形的认知相似：希望我们每一个"自己"，既如"鼻子"之于"脸"，亦如草木之于田野，既要实现自由自在地生长，也要实现自然而坚定地凸显。但这种"生长"与"凸显"，又可以让我们明确感知，它既受制于规律，也受制于环境，更受制于主体的欲求或努力。

　　自改革开放以来，中国人的"自由"环境越来越好，但不尽人意之处仍有很多。可有一点，我们必须明白，真正的自由，无论形上形下，无论政治非政治，皆不能违逆法律或道德，也不可以数典忘祖。事实上，我们现在有不少人，特别是一些年轻人，或已经完全"忘记"我们这个民族曾经历过的屈辱与苦难。这种"忘记"，极有可能让我们彻底失去"自由"。

链接："自由"与"不自由"的区分

　　对个人而言，"自由"不是想怎样就怎样，更不是想怎样就能怎样，而是明明想怎样却不怎样，且能按道德与理智的要求控制自我以实现应当怎样就怎样。

　　躲在虚拟空间，在网上大肆吹嘘、诈骗、攻击、谩骂、造谣、生事，不是真正的自由，而是虚荣虚伪、违法犯罪。因为这种勾当侵犯了别人的权利，违背了社会最基本的公平正义。

　　既不理性思考也不愿负责任，只是人云亦云地转发别人的"鸡汤文""软文""段子"，以致"娱乐至死"，不是真正的自由，而是无知与媚俗。因为这种行为泯灭了良心，湮没了智慧，遮蔽了思想，毁伤了人性。

　　放纵自己的物欲色欲，追求感官刺激，只讲权利，不讲责任义务，朝三暮四，玩弄感情，不是真正的自由，而是动物性的欲望发泄。因为这种人没有真正的意志，不能用自己意志控制自己的情感欲望，所以就根本谈不上什么"意志自由"。

勇敢而缺乏智慧,既不畏惧法律,也不畏惧"天命(自然社会规律、绝对道德)"、"大人之言(父母、长者、官长之言)"、"圣人之言(有深刻道理且符合规律的名言、格言)",这不是自由,而是无知与狂妄。

裸身而走、胡乱而语、想吃就吃、想打就打、想闹就闹的疯子之"行",不是自由,而是失去理智、人性的禽兽之行。这样的"自由"既不可效仿也无现实意义。

日常公众场合中打扮奇形怪状、不遵守秩序,只为宣示其存在感,这不是自由,而是缺乏修养与自信。

巧言令色,不信守承诺,不遵守秩序,不遵行道义,这不是自由,而是虚伪无德。

迷信权威,随意将名人的言论、思想、理论等拿来而不加反思地到处乱用,这不是自由,而是思想的骗子、权威的附庸。

整天沉迷网络游戏不能自拔,或只为宣示存在而附和点赞,这不是自由,而是没有生命或生活目标的空虚无聊。

……

真正的"自由"是个系统工程,既需要在政治上让人免于恐惧——"不让一个公民惧怕另一个公民",经济上能够使主体完全独立,而且要求主体有独立之思想、独立之人格,意志上能够实现"欲不欲(理性地控制自己的各种物欲色欲,能让心里很想要的变成行动上完全不要或适当需要)"、"心使气(理性能够控制自己的情感)"或"从心所欲而不逾矩"。

"自由"有不同的向度与境界,最高境界的"自由"或真正的"自由",是人们追求的理想目标,一般社会、一般人殊难实现。我们现代社会最需要实现的是最基本的人身自由:一为"免于恐惧"——不恐惧未来,"不让一个公民惧怕另一个公民";二为主体在政治、经济上完全独立——不仅政治上有充分人身、言论自由,而且经济上既不受制于共同体,也不受制于他人。事实上,仅是实现这些就已属不易。

(二) 平等

"平等"位列社会主义核心价值观之六,与"公正"一样同居"核心"之核心,其既难把握又难实现。"平等"之所以能居于核心,是因其必得以"公正"为前提;"平等"之所以难以把握,是因其总与"权利"或"权力"纠结在一起。

所谓"人生而平等",是指在政治、法律上,人们皆拥有同样的平等权利。所谓

"人生而不平等"，是指在环境、基因、经济上，人们所拥有资源在数量和质量上的不同。"平等"与"不平等"对于个体存在而言，同时存在。

1. "平"的汉字学解读及分析、启示

"平"之初文为"平"。象形字，象天平之形。《淮南子·主术》："衡之于左右，无私轻重，故可以为平（天平）。"《法言·学行》："一阓之市，必立之平。"这句话中，"阓"意为"闹市"，"平"即为公平秤。

古老的"平"　　　　　　　　　古老的"秤"

以此可知，"平"既是"天平"，又是"公平秤"。但细加考察，我们又会发现，"秤"虽然以"平"为本，但与"平"还是有极大差异。"平"之用来称重的杠杆，从支点到两头的距离是均等的，大小、形状、质地皆同一，用来衡重的砝码与需要称重的物件重量也是相等的，所以准确性高、误差很小，故能"无私轻重"。"秤"则不然。因为不用砝码，而是在杠杆上与被衡物相对的支点的另一侧用"权（俗称秤砣或秤锤）"。所以，其用来称重的杠杆，从支点到两头，距离是极不对等的，故能"四两拨千斤"。一个小小的"权"因为有了掌"权"人，以及合适的支点与杠杆的作用，就可以与重量悬殊的物体达成某种暂时的"平衡"。进言之，"秤"是一定有"私"或有所"偏私"的。这从"秤"的构形亦可得出。"秤"中有"禾"。"禾"不仅与"私"与"利"紧密联系，而且也通"和"。"私"与"利"与"和"，既矛盾又统一。"偏私"何处？"偏私"于"权"。而"权"，一般来说，不仅与需要称重的物件的实际重量不均等，而且会因为离支点的距离远近而形成不同的误差。这种误差又可叫"权量阈值"。"权"虽小，如果掌控得好，不仅能借助支点与杠杆的力量实现衡重，而且也可以与巨大重量或力量达成平衡，实现"平"或"和"。只不过，正由于"权量阈值"的存在，"秤"的准确性也会大打折扣，与"天平"不可同日而语。换言之，即或"掌权者"以追求客观准确为目标，也有可能使客观准确难以实现。不过，如果掌"权"者对上述问题有深入认识，实现"和"则是完全可能的——只要不弄"权"或不要太过偏私于"权"就能做到。进言之，如果"掌权"者心中没有"衡量"的客观标准，或对此标准没有正确深入的认识，或滥用"权"，则"秤"之"平等"或"和"便不可能实现。一般情况下，"秤"的所有问题都在于"权量阈值"过大，或

"权"过大过重。在政治、法律等社会实践中，"掌权者"之"权"本来也不大，但却因能借助军队、警察、法庭、监狱等暴力，或政策、制度、传统等约定俗成的力量作"杠杆"，而使"权重"或"权力"得到无限扩张。"掌权者"如心怀公正且努力学习，那么"平"或"平等"则相对可期；如心中既没有公正又不努力学习，且"怀贪鄙之心，行自奋之智"，或只一味以"弄权"为快，则不仅"平""和"或"平等"无期，且一定会"弄"得天下大乱，至少也是自取其辱。故要想让"秤"接近于实质的"平"，唯一的办法就是控制"权重"，既要把"权"关进制度的"笼子"，以慎用"权"，又要让用"权"的过程处于公众的监督之下，透明、公开，从而实现真正的公正、公平、正义、平等。

"平"，作为"一种衡量的标准"，其引申意主要有"均等""齐一""公正""端正""共同""和""太平""治""成""平坦""宁静""安舒""平定""平息""媾和""和睦""平常的""普通的""免除""宽恕"。这说明，"平等"不仅与上述诸意紧密联系，有时也是上述诸意的共同表达。"公正"列于其中，不仅凸显了"公正"的重要性，而且也让"平等"有了核心或灵魂。换言之，一切"平等"必得以"公正"为前提，如果追求的是绝对的"均等""齐一"而违背了"公正"原则，这样的"平等"就不是我们真正需要的"平等"了。

《易·乾》云："云行雨施，天下平也。"其"平"一般的理解为"均等""齐一"。孔颖达疏："其言天下普得其利，而均平不偏颇。"稍加思索我们便会发现，这种说法是经不起追问的。如果"云行雨施"真能"天下平"，要么"天下"很小，要么"天下"就不会有"东边日出西边雨""北边干旱南边涝"之情境了。这背后反映的问题是：人对自然的观察、认知总是相对的、有限的。而人类社会的平等、公正等价值的力量与"云行雨施"的"不偏颇"一样，其具体实现有一定的时空范围，是相对的、有限的。地球上有些地方土地肥沃、雨滋露润，有些地方却数年不雨、寸草不生。延及人类社会，不管人的主观愿望如何追求公平、正义、客观，主观能动性发挥得如何好，也不可能达到完全"平"或"均等""齐一"的愿望。

链接：天之道，损有余而补不足

《老子》第七十七章："天之道，其犹张弓欤。高者抑之，下者举之。有余者损之，不足者补之。天之道，损有余而补不足。人之道，则不然，损不足以奉有余。孰能有余以奉天下，唯有道者。"其大意是："天道自然运行的法则，也许和一次张弓射箭的过程差不多吧。如果弓抬得太高了，就把它压低点；如果弓压得太低了，就再抬得高点。如果用力太大而有余，就减少点；如果用力太小而不足，就增加点。减少有余而补给不足，这本来就是事物内部客观存在的规律。反观人类社会制定的各种分配制度却似乎相反，常把本来就不足的人的东西奉献给有余而用不完的人。但又有谁能把自己多余的东西奉献给天下人呢？只有那些真正认识了事物的规律，且心胸豁达的'得道'或'知道'之人才会这样做。""损有余而补不足"的背后隐藏的正是"天道"当中固有的平等、公平、公正、正义原则。

例如，许多著名企业家都热心慈善，这既是社会文明进步的表征，也是以非政治的方式弥补、扶持平等、公平、公正、正义的"圣行""德行""道行"。如今这种行为越来越多，并得到社会主流意识形态的尊崇。

《国语·郑语》："正七体以役心，平八索以成人。"其"平"即为"正"或"端正"。"七体"即"七窍"：两眼、两耳、两鼻、一口。《庄子·应帝王》："人皆有七窍，以视听食息。""正七体"即端正七体；"役心"即管住心。眼、耳、口、鼻皆统于"心"，为"心"所制约，又可对"心"有巨大反作用。所以，人之"修身（体）"亦是"修心"。司马迁说："修身者，智之府也。"诸葛亮说："夫君子之行也，静以修身，俭以养德。非淡泊无以明志，非宁静无以致远。才须学也，学须静也；非学无以广才，非志无以成学。"说明"修身"总是与"静""学""才""智""志"等紧密联系。"八索"①即"八卦之说"。孔颖达疏《尚书序》："八卦之说，谓之八索。索，求其义也。""平八索"即"正八索"。能"正八索"者，即能深研《易》之微言大意也。孔子说："五十以学易，可以无大过矣。""无大过"则近于"成人"矣。亦如荀子所言："权利不能倾也，群众不能移也，天下不能荡也。生乎由是，死乎由是，夫是之谓德操。德操然后能定，能定然后能应，能定能应，夫是之谓成人。"集德操、才智、坚强意志于一身，足见"平"或"正"或"成人"之不易。

《商君书·斩令》："法平则吏无奸。"其"平"即为"公正"。"公正"乃"直"。《韩非子·解老第二十》："所谓直者，义必公正，公心不偏党也。""公正"又涵括"公平""正义"。没有公平、公正、正义的法律是恶法。恶法非法。从理论上来说，只要有公平、公正、正义的法律，就能实现"吏无奸"，因为公平、公正、正义之法，既能让每个人畏之敬之、尊之循之，也能让奸吏无处藏身。但现实中，因为"权"的存在，即或主观努力欲求以公平、公正、正义为目标，也只能近之，而不能全部实现之。此处的"法平"还告诉我们，"法"既是"自由""平等""公正"所追求的伟大目标，也是"自由""平等""公正"能够实现或接近实现的最重要、最现实的工具。

---

① 语出《左传·昭公十二年》："是能读三坟、五典、八索、九丘。"三坟：伏羲本山坟作易曰《连山》；神农本气坟作易曰《归藏》；黄帝本形坟作易曰《坤乾》。五典：《少昊》《颛顼》《高辛》《唐》《虞》之书。见《声律启蒙》，岳麓书社 1987 年版。

链接：诸葛亮"严法"治蜀

　　人们通过《三国演义》中的多个故事，如挥泪斩马谡等，认为诸葛亮治蜀用法"颇尚严峻"，且以身作则、成效卓著。但实际上，诸葛亮治蜀并非"颇尚严峻"，而是有"严"有"宽"且"宽严皆误"。

　　据《资治通鉴·建安十九年》载：

　　法正为刘备心腹辅翼，位高权重，威福纵横，"擅杀毁伤己者数人"，严重违法犯罪，但诸葛亮却惮其权势，无可奈何！此可谓之"宽"！但其"宽"不仅有失公正，而且使"法"明显"不平"。对于普通百姓，诸葛亮用法则是"颇尚严峻"但却"人多怨叹"。为何？连连战争，百姓穷困，当权者本应怜悯体恤，执法过于严苛，则不利百姓休养生息。而诸葛亮对蒋琬"众事不治，时又沉醉"，则以"安民为本"为由为其辩解，亦可谓"宽"。此"宽"虽有其"理"，亦颇得"备雅敬亮"之结果，但亦为"不公"。综上观之，诸葛亮治蜀用法"颇尚严峻"其实主要是针对一般百姓而言。"挥泪斩马谡"只是亮明大度的不得已，而对于部分权势显贵的"尚宽"则完全打破了"法平则吏无奸"的信条。

　　还是清人赵藩所撰成都武侯祠那幅名联说得好："不审势即宽严皆误。"由于诸葛亮的"宽"与"严"皆与当时的历史大背景不相符合，所以无论其对具体事例的处理是否有其合理性，最后只能以失败告终。这个大背景是什么？就是"天下大势"。就是蜀国国小力弱、偏于一隅，百姓穷困，官员军队人数众多，且皆痛恨连绵战争，天下人心无不思归一统。而诸葛亮之治蜀作为则是"逆势"而行。

　　总结历史上的经验教训，针对当前中国所处国内国际形势，不难看出，"从严治党"的决策是完全正确的，否则极有可能出现"党将不党""国将不国"的后果。但从目前已取得的成绩与仍普遍存在的问题来看，我们下一步的措施应当是：对于官场治理要"严者还须更严"，对于百姓的管理则"宽者还须更宽"。换言之，现代社会主义制度下不应当有特殊公民、特权公民。为什么？因为它有悖于最基本的社会平等与社会公正。

　　《礼记·大学》："国治然后天下平。"其"平"即"太平"。"天下太平"的基本前提是社会的公正、公平、正义能得推崇、伸张或实现，这就适当需要"均等""齐一"，适当需要"端正""宁静"，适当需要"平定""平息"，适当需要"免除""宽恕"，适当需要"安舒""媾和"，等等，以最终达到"共同"需要的适当的"治""和""成""和睦"。但需特别指出的是："端正""宁静"往往需要"学而不厌"，"免除""宽恕"往往需要仁慈与爱，"安舒""媾和"往往需要妥协，"平定""平息"往往需用暴力。它寓示我们，"平等"的实现，既需不断学习，需要仁慈与爱，需要学会妥协，也要偶用暴力。现实中，完全放弃暴力惩戒的教育，有可能变成误人子弟；完全放弃暴力惩戒的仁慈与爱，有可能变成罪恶；完全放弃暴力惩戒的妥协，有可能变成纵容或堕落。

《书·吕刑》："蚩尤惟始作乱，延及于平民。"唐杜荀鹤诗《旅泊遇郡中叛乱示同志》："遍搜宝货无藏处，乱杀平人不怕天。"其"平"即"普通的""一般的"，"平人"即"一般人"。在过去的奴隶社会和封建社会里，"平等"是不存在的，即或是有分别的等级内的"平等"，也会因为强力或统治者意志而随意改变。而在今天，"平等"正是一般意义上的人的平等，正如只要是人就一定站在同一地平线上一样。

> 链接：平等源于人类社会最初的劳动分配
>
> 一般认为，人们在一起劳动，并从劳动中分得报酬，最能体现人与人之间的平等原则。
>
> 比如合作围猎，如果大家所用劳动差不多，所做贡献一样，那么就能实现平均分配，这便是最初的社会平等。这种"平等"不仅是经济上的绝对平等，而且是政治上的绝对平等。在人类社会的初级阶段，由于劳动效率极低，所得劳动产品极少，导致人们消费后没有剩余，"平均分配"便是得到大家普遍认可的最好的"平等"原则。
>
> 但后来随着生产力的提高，产品有了剩余，如果某人在这个合作中因为起到了领导、组织、协调或其他关键作用（技术、勇敢度、最先发现或击杀等）而要求或被要求分得更多一些，并能得到大家普遍赞同，这时，这种分配仍然可叫"平等"。但很明显，这个"平等"并不等同于"平均"。这种分配方式的进一步发展便是我们今天所说的"多劳多得、少劳少得、不劳不得"的按劳分配原则。按劳分配原则因为也是源于"平等"，所以能大大提高人们的生产积极性，但同时也极大地拉开了人们的收入差距。
>
> 可是，由于分工合作的继续扩大，对技术水平及管理水平的要求越来越高，人们的收入会出现无限扩大的趋势，于是这种"平等"的进一步发展又导致了新的"不平等"。既然这种"不平等"是源于"平等"，那为什么又逐渐变成了"不平等"呢？问题出在哪里？问题出在自然物质资源的有限性、人性贪欲的无限性与人的消费的有限性。解决的办法，就是要建立这样一种政府：既要控制资源的过度使用，又要限制贪欲的无限膨胀，避免过度奢侈浪费。
>
> 还拿打猎作比。如果某人打猎技术十分高超，以至于凭一己之力就可以杀死某地区所有猎物，而其他人则能力不足，那么同以打猎为生的人们之间的收入便会形成巨大差别。其后果，一方面会让山上无猎物可打，另一方面会让部

分人无法生存。如任其发展,就会让社会陷于混乱。为了解决类似问题,就必须建立一个组织(政府),制定相应的规则(法律):一方面让有能力者有发挥其才能的天地,另一方面也让能力弱者有生存的空间;一方面要让资源的消耗控制在一个可持续发展的限度内,另一方面要让整个社会的人都过上幸福而有尊严的生活,并实现和谐有序,从而实现新的真正的"平等"。不过,现实中,这个新的"平等"的实现并不容易,还得把"自由""公正""法律""民主"等充分用于其中。

2. "等"的汉字学解读及分析、启示

"等"之初文为"![]"。上为"竹",下为"寺"。《说文》云:"等,齐简也。从竹,从寺。"

"齐简"可有两种解读。一种是"齐"作动词,意即整理竹简并使之齐。清段玉裁《说文解字注·竹部》:"齐简者,叠简册齐之,如今人整齐书册也。"它说明的事实是,即使竹简本来已是长短、厚薄、宽窄如一,即事物已经具有了天然的同一性,但如没有人的主观努力"齐"之,它仍会再次回到"不齐"的状态,如某些"简"从书册中滑落,使书册变得混乱而不可读。它进一步寓示,"平等"的实现需要"自由"的"人"不断地做出主观努力。另一种解读是,"齐"作形容词,"齐简"即"整齐的竹简"。它意味着,只要是竹简书册,它就已经具备了"齐"或"平等"的特征。亦如人。只要是人,便生而平等,有天赋人权,也即有其天然的平等性。

"从竹",说明"等"的意义首先源"竹"。"竹"之初文为"![]",像两两并生之草,或像竹林之形。《说文》云:"竹,冬生草也。"段玉裁注:"云'冬生'者,谓竹胎生于冬,且枝叶不凋也。"竹,禾本科多年生常绿植物,亦可说是世界上最高大的草。其茎中空,有节,可供建筑或制作器物用,也可作造纸原料。在众多植物中,其特征十分明显,故很容易分辨。这说明的问题是,"竹"有很强的"同类"特征,亦如"人"有很强的"类意识"一样。"竹"又可引申为"八音"(金、石、土、革、丝、木、匏、竹)之一。作为中国传统音乐或乐器的一大类,它的主要功能是"和",与其他乐器合奏。但其特色又很容易区分。故这种"和"又可称为"清和"或"和而不同"。"竹"正因为其"中空(谦虚)""有节(有节操)"且"和而不同",所以才被中国传统士大夫尊为"四君子"(梅、兰、竹、菊)之一。事实上,"和而不同"不仅比较准确地反映了中国传统对于"平等"的理想要求,也与当代中国或世界对于"平等"的认识高度吻合。进言之,"平等"在现实世界或政治实践中,既需要有分别,也需要以"齐平""均等"作前提或基础。亦如分蛋糕时,先分或多分给最饥饿、最需要、最有功者叫"有分别",保证让每个人都能分得到则叫"齐平""均等"。也只有这样,才可能实现真正的"和"或"平

等"。它进一步反映的问题是，"蛋糕"要足够大，即"平等"的实现又与社会生产力状况紧密联系。此外，"竹"又可引为"竹简"。造纸术发明之前，"竹简"即如今之书。《说文》云："著于竹帛谓之书。"其"竹"即"竹简"。《盐铁论·利义》："抱枯竹，守空言，不知趋舍之宜，时世之变。"其"枯竹"即"旧的书简"。自古至今，无论是竹简做的抑或纸张做的书册，其各简或各页之长短、宽窄、厚薄必要"均""齐"。而"均""齐"，不仅通于"平""公正"，亦是"平等"的主要特征。上面提到的《说文》释"等"为"齐简"即是源于"竹"即"竹简"之故。

"从寺"，说明"等"之意义亦源于"㞢"（寺）。"㞢"（寺）为"持"之初文。后因借为"寺庙"之寺而别造"持"。"㞢"由上下两部分"屮"（之）与"寸"（寸）共同构成。"屮"（之）既是足迹，亦通于"止""到达""至"。"寸"，既是一只手（最初没有下面的"点"），也可是一只握"物"或"权"的手（"寸"与"守"之下部同。凡"守"者皆握有"权"）。上下联系起来，我们会发现，"持"是一个十分艰辛的过程，既需要手足并用、用尽心力，还需要时间，并要借助外物、外力或"权"。如没有或不能达到预期目标，或没有得到时间的证明，则仍不能称之为"持"或"能持"。佛寺方丈在接纳新弟子时，常会向新弟子发问："尽形寿，不杀生，汝今能持否？尽形寿，不淫欲，汝今能持否？"新弟子必得回答"能持"。不能"持"的弟子，便不能居于佛教寺庙之中。于是，以"寺"以称佛教弟子聚居地，便是"盖有由矣"。当然，"寺"还有其他诸意。《说文》云："寺，廷也。有法度者也。"朱骏声认为此"廷"即"朝中官曹所止理事之处"。《广雅》则认为："寺，官也。"其实，自秦汉以来，"寺"既是"九卿"所居之所，亦可是"官舍"的通称。以此可知，"持"或"能持"与否，既与人之主观意愿关系密切，也与"官"或"法度""事理""权力"相关。事实上，凡"官"或"法度""事理""权力"等，不仅其本身皆应"持""能持"，而且也是人们之所以"持"或"能持"的根据或原则。"等"之"从寺"，即理所当然地含有"寺"所含有的一切意义。进言之，"寺"中含"官""法度""事理""权力"，则既意味着"官"必在"平等"之内，也说明在"法度""事理""权力"面前，理应人人平等。但"平等"不是空等就能得来，还必得坚持且据理力争。

"等"之引申意有"同""类""级别""阶梯""等级""辈"。"等"又通"戥"①，故与"秤"一样，"等"亦有"平"或"衡量"的意思。不过，"等"的主要意思仍是"同""类""等级""级别"。

《淮南子·主术》："有法者而不用，与无法等。"其"等"即"同"。当代社会不仅

---

① 戥，一种极小的秤，俗称戥子。

有法,而且常用法。问题的关键是:在用法过程中,我们的各种"用法"部门或执法人员,不仅要有法必依而且要执法必严——要永远秉持法律本身所固有的公正原则。不然,"有法"与"无法"就没有区别了。

《左传·昭公七年》:"天有十日,人有十等,下所以事上,上所以共神也。故王臣公,公臣大夫,大夫臣士,士臣皂,皂臣舆,舆臣隶,隶臣僚,僚臣仆,仆臣台。马有圉,牛有牧,以待百事。"其"等"即"等级""级别"。清段玉裁《说文解字注》说:"凡物齐之,则高下历历可见,故曰等级。"就是说,只要我们设定一个"齐"的标准,马上就会让不同等级清晰呈现。就像我们要想比出谁快谁慢,就必须站在同一起跑线上;要想比出高低,就必须站在同一水平线上一样。这个"起跑线"或"水平线"既是"前提""标准",是"平"或"齐",也是"公正"。换言之,没有"等级"的划分,"公正"也不可能客观呈现。正与"和而不同"一样,"平等"是有分别的"平等"。

如果把"平"与"等"放到一起比较,我们会发现:无论是自然或人类社会,没有"平"作前提或标准,也就没有"等";有"平"就一定有"等";相对于"等"而言,"平"则显得更加重要。因为"平"即意味着"公平""公正""正义"与"相对客观"。唯有以"公平""公正""正义"与"相对客观"为前提或标准划分或评判出来的"等级"才可能赢得"大众"与"和谐"。

3. 汉字学与当代社会对于"平等"的认知

"平等"作为一词最早出于佛教经典。如《六祖坛经》"见性是功,平等是德""佛教慈悲,冤亲平等""自性平等,众生是佛"等,至少有五处。《资治通鉴》亦有"如来慈悲之施,平等之心,孰过于此"句,但仍与佛教有关。《史记》《汉书》与先秦经典则无涉及。当然,"平等"之意,古已有之。如《老子》的"天道无亲,常与善人""天地不仁,以万物为刍狗;圣人不仁,以百姓为刍狗"等,皆寓"平等"之意。不过,只要我们细加揣摩又会发现,"平等"之所以是"德"或"如来慈悲之施",皆是因其寓涵了"公正"的缘故。"公正"源于何处?源于"自性""自然"或"天道"。就像阳光普照大地面对众生而不分冤亲一样。当然,有阳光就会有阴影。"自由"的人或拥有主体精神的人,如躲进阴影或黑暗之中,不主动走进阳光,就不能沐浴其温暖。于是,所谓"平等"的"阳光",即使客观而毫无偏私,也很难照亮世界的每一个角落。易言之,面对"天道"所赐之"平等",人一定要积极发挥其主观能动性,以摆脱黑暗,拥抱阳光。

汉字学视域下的"平等",总括起来,要求我们每一个人心中装着一台"天平"或"秤",不仅要把自己的所作所为置于其上"称"之,而且也要把他人或社会共同体之所作所为置于其上"称"之。用"天平"时,要"无私轻重";用"秤"时要控制"权重",且慎用"权",不私于"权"。无论是"天平"还是"秤",它们共同的前提或标准就是公平、公正、正义，即古人所谓的"直"。"直"，简言之，就是要经得起众人眼睛的审视。在经过公开透明的审视之后，如果大家都觉得在自己的心灵深处能够达成一种"平衡"状态，那么"平等"便得以实现。进言之，这种"众生"的"心灵平衡"状态的达成，一方面是主体自认为自己应享的"尊严"与"利益"没有受到侵害，另一方面也指社会共同体或他人同样有这样的认知。当然，汉字学关于"平等"的认知，是以"公平""公正""正义"为前提或标准的"有分别的平等"或"和而不同"。而这种"有分别的平等"或"和而不同"的实现，不仅需要各主体（个体、共同体、国家）共同做出不懈的努力，而且需要对"规律""权力""法律""官"等有深入认识。

当前，我们对于"平等"的一般解读是："公民在法律面前一律平等，其价值取向是不断实现实质平等。它要求尊重和保障人权，人人依法享有平等参与、平等发展的权利。人与人之间的平等，不是指物质上'相等'或'平均'，而是指在精神上的互相理解、互相尊重，在法律上、人格上把对方当成和自己一样的人来看待。"这一论述言简意赅。但对于一般人而言，仍可能产生"模糊"或"迷惑"：既不能深刻认识因"平"而"等"或因"平"而"不等"的辩证统一关系，也不能深刻明白究竟什么是"实质平等"。

需要强调的是，"平等"不仅是一个法律观念，更是一个政治概念；不仅寓涵"公正"，而且必得以"公正"为前提或核心。同时，它既是"自由""民主"的产物或目标，也是其实现的条件或基础。

现实中，我们应当且值得追求的"平等"，只能是一定时空条件下相对的人格平等、政治平等、经济平等、法律平等、机遇平等。就个体而言，"平等"与"自由""公正"一样，需要主体努力追寻、不懈追求。换言之，如果你努力追寻了，"平等"于你或有可能；如果不努力追寻，则绝无可能；这是因为用来"平等"的一切资源向来就是极为有限的。

链接："仓鼠"与"厕鼠"

《史记·李斯列传》记载："李斯者，楚上蔡人也。年少时，为郡小吏，见吏舍厕中鼠食不洁，近人犬，数惊恐之。斯入仓，观仓中鼠，食积粟，居大庑之下，不见人犬之忧。于是李斯乃叹曰：'人之贤不肖譬如鼠矣，在所自处耳！'"

"厕鼠"即生活于厕所之中的老鼠，"仓鼠"即生活于粮仓之中的老鼠。前者出入污秽之中，"食不洁"，终日惊慌奔逃以避人犬，臭名远播，毫无"尊严"之言，如人之"不肖"者；后者干净体面，"食积粟，居大庑之下，不见人犬之忧"，朣肥体壮，养尊处优，优游自在，如人之"贤"者。只因"出身"或"平台"不同，境遇与成就便可能差若天渊。现实中的我们，有人生于温柔富贵之乡，有人生于边陲穷苦之地，其"生而不平等"又与仓鼠、厕鼠何异？

不过，现实世界中的人虽然"贤不肖譬如鼠"，但关键还在于其"所自处耳"，即积极的人生态度的选择，态度决定命运。因为人毕竟具有其他生物所不具有的自由或主体性，只要你有摆脱"厕鼠"命运的欲望或雄心，有坚定果断的行动力，通过不懈努力与付出就一定可以摆脱"厕鼠"的命运，甚或超越"仓鼠"而达到更高的人生目标。当然，积极的人生态度、高远的目标选择之后，关键在"行"，唯有不断的"行"，才可能赢得自己的"平等"与"尊严"。

为了"平等"与"尊严"，我们务必起而行之！

（三）公正

"公正"位列社会主义核心价值观之七，不仅与"平等"同居"核心"之核心，而且亦是"平等"的前提或核心，同时也是"道德"的核心。没有"公正"的道德犹如没有"眼睛"的人类，只能永远徘徊于黑暗之中。

1."公"的汉字学解读及分析、启示

"公"之初文为"𧶠"。上部为"丷"（八），下部为"ㄅ"（私）。

"丷"原不是数字之"八"，而是会意由一个方向通向两个相反方向，以表示"背""悖"或"相反"。韩非子在其《五蠹》篇中说："自环者谓之私，背私则为公。"其"背"即源于"八"。《说文》云："八，别也。象分别相背之形。"林义光《文源》云："八分双声对转，实本同字。"即认为"八"与"分"本来同字。高鸿缙《中国字例》："八之本意为分，取假象分背之形，指事字。后世借为数目字八九之八，久而不返，乃如刀为意符作分。"认为"八"为"分"之本字或初文，因借用为"八"，久借不还，故"如刀"另造"分"。于是，"公"因有"分"之意，故可在"背私则为公"的基础上有第二种解读："分私即为公。"换言之，人如能把个人私利部分地分离出来以行善、行义即为"公"。以此可知，某些"为公"之举是必得以损失部分私利为前提的。当然，其理亦可与"背私"相通，只是实践路径不同。

此"丷"除表达"背""悖""分"，也有"由小到大"或"不断扩展、壮大"之意。故"𧶠"即私的不断扩展壮大，也即由一己之"私"而至众人乃至亿万人之"私"。换言之，众人之"私"或亿万人之"私"的累加即为"公"，所谓"天下为公"。此可谓第三种解读。以此可知，"公"与"私"不仅是个辩证的存在，而且"为公"的方法或路径也可有数种。就其辩证关系而言，一方面，"公"以"私"为基础，没有"私"就没有"公"；另一方面，没有"公"，"私"也同样难以独存。就"为公"之法而言，一个人"背私""分私"是"为公"，如能扩展壮大"私"，能在扩展壮大"己私"的同时，又扩展壮大亿万人之"私"，也是"公"。透过上述分析可知，"公"既囊括"私"在内，又可以通过"背私""分私""壮大扩展私"而实现之。而所谓"无私"，从绝对意义上来说，则并不存在。老子云："圣人后其身而身先，外其身而身存。非以其无私邪？故能成其私。"即或圣人因"以百姓心为心""为天下浑其心"而"奋不顾身"，也并不意味着全然"无私"，而只能说明其"私"与众不同：或为"死而不亡"，或为"疾没世而名不称焉"。而从"为公"之法而言，如能以"一己之私"而扩展壮大亿万人之"私"，则应是社会前行之亮丽愿景。事实上，所谓"天下为公"即意味着天下是天下人的天下，而天下人之"公"当然也是天下人之"私"。进言之，对于"以仁义为己任"或"以天下为己任"的个体而言，其"私"与"公"则完全是"混同于一"了。

> **链接：孰知其极，其无正**
>
> 《老子》第五十八章："其政闷闷，其民淳淳。其政察察，其民缺缺。祸兮福之所倚。福兮祸之所伏。孰知其极，其无正。正复为奇，善复为妖。人之迷，其日固久。是以圣人方而不割，廉而不刿，直而不肆，光而不耀。"
>
> 它告诉我们：福也好，祸也好，只要有一定条件便会走向反面。"公"与"私"的关系亦如是，"其无正""是非无正"，从来没有一个绝对正确的答案。一个人极为自私，处心积虑，不择手段想把天下财富归于己，不但会使自己落下贪腐之名，而且到最后也只是为天下人谋财、敛财。因为一个人的用度总是极为有限的，绝大多数的财富终将为天下人所共享，历史上的"和珅跌倒，嘉庆吃饱"即是此例。
>
> 一个人极其为公，以百姓心为心，为天下浑其心，全心全意为人民，既是为天下人谋财、聚财，也是为自己，不仅名声好，而且也能获得天下人的拥戴。

"ㄅ"乃"私"之初文。它既是"ㄙㄣ"的一部分，也是一个相对独立的存在。韩非子说："自环者谓之私，背私则为公。"前句告诉我们"ㄅ"（私）乃由人之"自环"（人手脚相接，以己为环）而成，后句乃寓涵了"公"以"私"为前提。以此可知，"ㄙㄣ"（公）字的出现应同于或晚于"私"。试想，如没有"私"，又岂有"私"之可"背"？故人的存在必有"私"，以"私"为先乃基本人性。人之"自环"，首先为护其"隐私"或"荣誉"，所以老子说："博辩广大而危其身者，发人之恶者也。"这里的"恶"主要的便是人之"隐私"。《菜根谭》云："不责人小过，不发人阴私，不念人旧恶。三者可以养德，亦可远害全身。"皆是主张坚决保护人之隐私或荣誉的。其次是护其生存之基本物质需要或利益。人的存在，首先必须是物质的存在，其次才可能是精神的存在。故人自护其正当之"利"也即自护其"善"。而自护其"利"与"善"又皆可为"义"。"义者，己之威仪也。"它宣示的正是人的主体性、独立性、独特性等特征。

再次是人首先顾及自己身边、眼前利益，局限于自己的小圈子。事实上，个体的“人”无论是作为社会性的存在，还是动物性的存在，其生命过程中所表现出来“爱”或“仁义”“道德”“孝悌”“公正”，无论如何都是从自身或自己周边的小圈子再向更广大的周边辐散的。故“背私则为公”意味着“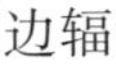”既要与“”保持适当距离，又不能消灭或抛弃“私”；相反，还必得保护“私”或依赖于“私”而存在。换言之，“私”之不存，“公”无所依。故“公”又寓示，人要往远处、大处看，不要只顾及自己的小圈子。

《说文》云：“公，平分也。从八，从厶。”把“公”释为“平分”，说明“公”明显具有朴素平均主义或平等主义倾向。其引申意主要有“公正”“平允”“无私”“共”“共同”“公然”“公开地”“公家”“公众的”“公事”等。其中“公正”是核心。

《尚书·周官》：“以公灭私，民其允怀。”《孔传》释曰：“从政以公平灭私情，则民其信归之。”其“公平”寓涵“公正”，“公正”又涵括“公平”“正义”，故“公正”便是“无私”。为政“公正无私”之直接所得为“义”。“义者，己之威仪也。”“义，利也。”故“义”的背后既是隐秘的“私”亦是公然的应得的“利”。所以《吕氏春秋·卷二十二·无义》又说：“故义者，百事之始也，万利之本也，中智之所不及也。”因为“义”“利”之间的转换多有一定的延时性或曲折性，所以，一般人并不能深刻地明白其中的相互联系。“灭私情”是消除了“偏私”的情感，即对“己”对“人”对“亲”皆无所偏私，皆以“公正”处之，如此才能既得己之威仪，亦得己之应得私利，更能远害全身。如反其道，则必“本末并失，不能长久”。

《荀子·解蔽》云：“凡万物异，则莫不相为蔽，此心术之公患也。”其“公”既为“共”，亦为“通”，“公患”即“共患”“通患”。人为什么所蔽？“欲为蔽，恶为蔽，始为蔽，终为蔽，远为蔽，近为蔽，博为蔽，浅为蔽，古为蔽，今为蔽。”解决的办法只有一条：“为学日益，为道日损。”韩愈《与孟尚书书》：“故学士多老死，新者不见全经，不能尽知先王之道，各以所见为守，分离乖隔，不合不公。”其“不公”即“不通”。“不通”什么？不通“道”。万物异，异中有同；万物同，同中有异。《庄子·德充符》：“自其异者视之，肝胆楚越也；自其同者视之，万物皆一也。”知其“同”乃“道”，知其“异”同样为“道”。事实上，社会主义核心价值观中，没有一条不寓涵“公正”之理。如果没有“公正”，不仅没有“自由”“平等”“和谐”“文明”“民主”“法治”，就连“富强”“爱国”“敬业”“诚信”“友善”都做不到。比如“富强”，如无“公正”，所谓共同富裕便永不可期。因此，这个“公正”既是其“同”亦是其“道”（或称规律）。

2. “正”的汉字学解读及分析、启示

“正”的初文主要有“”“”“”“”四种。其上部或为一椭圆、圆形块状结构，或为一方框，或为“一”，或为“二”。但不管是什么，其意义均代表人的“目标”

或"标准"。其不同形状，说明在古人眼中或心里，"正""正义""公正"的"目标"或"标准"并不尽同：囮囵的块状结构象征目标或标准有些模糊，方形则清晰，"一"则单纯，"二"则复杂。但实际上，上述诸意又可相通相融。秦始皇统一文字，所有"正"字皆一于"![正字古文]"，说明"一"即能代表前述形状的所有意义。为什么？"一"是极单纯、简单的，同时也是极复杂的，它就是"道"。《说文》："惟初太始，道立为一；造分天地，化成万物。"《淮南子·诠言》："一也者，万物之本也，无敌之道也。"《韩非子·扬权》："道无变，故曰一。"这说明，无论人之目标如何多元或无穷，都必得"遵道而行"或"循道而行"。

"正"的下部为"止"或"之"。既是人的足迹，同时也是"至""到达"。"脚"与"目标"相触及，既能表示我们已经达到目标，也能表示我们因为方向正确，目标能够或正要达到。不过正由于"止"的上述特征，故其"正"或"不正"，"达"或"不达"，既与客观环境、条件或目标的模糊性有关，也与人的认知水平或观点立场有关。事实上，在哲学、社会科学等领域中，同一事物在不同的人眼中，皆可说"是非无正"，但最后又必得服从于"道"或事物发展的规律。

《说文》云："正，是也。"其引申意主要有"正中""平正""不偏斜""合规范""合标准""正直""公正""完善""美好""纠正""治理""决定""当着""君长""嫡""常例""准则""政治""大略""箭靶的中心""与负相对""停止"等。其中，"公正"既是其核心或灵魂，也如斯密所言，是支撑人类社会有效存在的基础①。

《说文》又云："是，直也。从日，从正。""直"前面已述，即"公平""公正""正义"。什么才是"公平""公正""正义"的代表性事物呢？日，即太阳、阳光。天文观测中，日晷仪以"日"作为"正"的标准；生活中，日复一日，一日十二时辰，恒常不变。阳光普照大地，无论善恶、美丑，都给予温暖。可是，细加推究，我们又会发现，由于太阳与地球间黄赤道夹角的存在，地球上除了赤道外，其他各地均有昼夜长短及温差变化，而且有阳光就有阴影，自由的人如总是躲在阴影之中，公平、公正、正义仍难以实现。因而，"公正要真正得到实现，首先离不开人之自由主体和自由精神。"②

《尚书·周书·洪范》："无偏无党，王道荡荡；无党无偏，王道平平；无反无侧，王道正直。"上述所论可以归纳为简单四字："王道正直。"即无论是"无偏无党"，还是"荡荡""平平""无反无侧"，表达的皆是"正直"之意。而今天所谓的"正直"的"王道"就是我们的社会主义核心价值观。而其中之核心便是"公正"。它关注每一个人的自由发展，并深刻地明白"每一个人的自由全面的发展是实现全社会或一切人

---

① 斯密：《道德情操论》，蒋自强译，商务印书馆 1997 年版，第 106 页。
② 张彦：《论社会公正重建的内在逻辑与实践进路》，《哲学研究》2014 年第 1 期。

发展的前提"。《尚书·说命上》:"惟木从绳则正,后从谏则圣。"《贞观政要·论君道》:"未有身正而影曲,上理而下乱者。"其"正"皆"直"。《论语·宪问》:"晋文公谲而不正,齐桓公正而不谲。"其中"正"即"公正""正直"或"正大光明"①。《论语·学而》:"就有道而正焉。"其"正"即"纠正"。"有道者"之所以能"正"别人,不仅在于其"有道",更重要的是其"道"中有"公平""公正""正义"。一个人如果连基本的公平、公正、正义之心都没有,那就是无德。无德就是无道。

3. 汉字学与当代社会对于"公正"的认知

汉字学对于"公正"的解读,概言之,既是"直"或"公平""正直""正义",也是"不偏党""不偏私",其实践结果必须是个人与共同体或主体与客体之愿景或目标皆能得到尊重或实现。它既是"平等"的核心,亦是"道德"的核心,或就是"道德""平等"本身。它既要求主体行为经得起众人"眼睛"的审视,也要求主体经得起自身良心的反思,经得起他者智慧、思想的追问(其过程类于罗尔斯的"反思的平衡")。而在具体生活实践中又必得具体问题具体分析。如在政治实践中,公开透明的行政过程,控制"权重",慎用"权",创建一系列民主、自由、平等的法律制度等,不可避免。其目标的达成,必得公私兼顾,眼前与长远兼顾,小与大兼顾,当代人与后代人兼顾。而其最后目标就是实现马克思所说的每个人全面自由的发展与一切人全面自由的发展。

"公正"一词的使用,早于"自由""平等""法治"等,春秋战国时期就已多次出现。由于其价值重要,虽历经数千年但变化甚小,至少"要经得起社会共同体绝大多数眼睛的审察"之意始终如一。所以,"公正"称得上最为古老的核心价值观。"公正"一词在古代典籍中有多处使用。《孔子家语·七十二弟子解第三十八》:"澹台灭明,……其为人,公正无私。"《荀子·君道》:"公正之士,众人之痤也。循乎道之人,污邪之贼也。"《韩非子·解老第二十》:"所谓直者,义必公正,公心不偏党也。"这说明"公正"之中早已寓涵"平等""自由""法治"之意,更重要的是,"公正"在我国古代社会中,从来就是"道德""伦理""法律"的核心,具有现实意义与道德伦理价值。事实上,《尚书》中的"允执厥中",老子的"守中",孔子的"中庸"及"报怨以直"之"直",墨子的"中正",韩非子的"直者",屈原的"节中""绳墨"等,皆涵"公正"之意。换言之,对"公正"的追求,就是对"自由""平等""法治"的追求。

今天,我们关于"公正"的一般解读是:"公正即社会公平和正义,它以人的解放、人的自由平等权利的获得为前提,是国家和社会应然的根本价值理念。它要求

①　《说文》云:"谲,权诈也。"梁益曰:"谬欺天下曰谲"。引申为"欺诳""诡诈""权变""奇异""变化""乖违""差异""隐约其辞而不直言""日旁五色气外向""通决"等。此作"欺诳""诡诈"。

政治、法律上的公平公正，任何阶级或集团都不能享有特权。"

有人认为，"公正"不如"无私"更具价值。对此，笔者不能苟同。"公正"已涵"无私"，而"无私"却不能寓涵"公正"。其一，这一论断与马克思关于"人"的论述（"人们所奋斗的一切，都同他们的利益相关"①"把人与社会联系起来的唯一纽带是天然必然性，是需要和私人利益"②）不相吻合。其二，这一论断与自然科学对于人的生物学研究（"生命可以定位为一种基于'自利原则'的自我组织的过程。所有今天生存在这蓝色星球上的有机体之所以能够存在，都归功于其祖先争夺资源和遗传上的繁殖成果的过程中自利性的追求优势的奋斗"③）的认知成果相左。实际上，坦承自利原则的客观存在，并不意味着人们应该听任自然规律摆布，它也可以成为人们建构伦理性社会规则的前提。其三，"无私"虽然立意高远，却很难做到，因而颇具空想性。不仅如此，它还可能被某些人加以利用而作为晋官升爵的工具。很多贪官，都是借"无私"之名迷惑众生。其四，它还可能被大众歧解误用于现实生活之中，从而有损公平、公正、正义。一个人无论是放弃自己，或因自己而放弃家人、亲人的应得名利，都会如此。进言之，这种损害又可能反过来成为某些当权者贪腐的借口或心结。其五，"公正无私"，既不是不要"私"，也不是没有"私"，而是不偏私，特别是在大是大非问题面前尤需如此。

（四）法治

"法治"位列社会主义核心价值观之八、社会层面之末、"公正"之后，既意味着其与"公正"联系紧密，也寓示其从属于"公正"，亦为"公正"之"守护神"，是"公正"得以实现的最有力、最现实之工具。

1. "法"的汉字学解读及分析、启示

"法"之初文为"灋"。左为"氵"（水），中下为"去"，右为"廌"（廌）。

"氵"（水），象形字，象水流动之形。《说文》云："水，准也。象众水并流，中有微阳之气。""水"之能成为"准"，源于中国古代哲人对"水"之形态、特征、重要性及启示意义的认知。即便在今天，"水"也是"准"。比如，地图学中的"海拔"，物理学中的"比重"，测量学中的"水平仪"等，皆以"水"为"准"，故又称"水准"。"众水并流"可有歧解。一指水的流动总是以"众"的形式出现，一滴水或很少的水，根本就无法流动，如果不加封闭保护便会快速蒸发。二为多条江河或溪流并行向前奔流之形。

---

① 《马克思恩格斯全集》第 1 卷，人民出版社 2002 年版，第 82 页。
② 《马克思恩格斯全集》第 1 卷，人民出版社 2002 年版，第 439 页。
③ 甘绍平：《新人文主义及其启示》，《哲学研究》2011 年第 6 期。

"中有微阳之气"是说水无论是奔流着还是静止着,都蕴涵着能量。这个能量,不是我们现在常说的核能或势能,而是指它从太阳那里直接获得的能量。如果它变成了冰,这种能量也就完全丧失。冰是没有阳气的。在生活中,我们接触到某人体冷,就会认为他"阳气"缺乏。水有"阳气",意味着它是"活"的、有生命的。水孕育着生命,是生命的象征。此外,"水"还是"道德"的象征。

水的第一大特征是"平",或"知平""能平",且能为"平"奋斗不息。在狭小封闭的空间里,只要处于一种相对静止的状态,"水"之"平"便很容易实现,建筑、测量、科学观测中的"水准仪"或"水平仪"等便因此而生。在具体的建筑实践中,建筑工人只需一根小水管,在水管中装满水,连接水管两端水平点的线即为"水平线"。不过水管不能太小,即水管的"小"正好不会影响重力作用下水的自然通畅的流动,不然就会因受"毛细现象"①的影响而无"准"。与之相类,人类社会如果在一个相对较小的范围或共同体中(如一个村或乡),要实现大家都认可的公平、公正、正义相对容易,如范围广大则必得用"权",如范围太小则无法或无需用"权"。在中国传统社会中,这种"较小范围"的持"平"掌"权"力量或源于传统习俗,或源于少数德高望重的长老、长者。如果这个共同体只是一个社会细胞——家庭,什么是"平"则将无"准"。

在广大开放的空间里,因为受各种客观因素影响,如地球表面凹凸不平等,所谓"水平线"只能是曲线,绝对的"平"很难实现。但令人感动的是,水仍会依其本性为"平"的实现而日夜涌动、奔流不息。由此推及人类社会,人类社会由仁人志士所推动的历史也是如此。虽然绝对的公平、公正、正义很难实现,但相对的却是可以争取到的。即或以纯粹的"直"或"平"不能达到的目标,通过"曲"却可以达到。在人类社会中,这个"曲"既是思想、智慧、策略、科学或道德哲学,也是"权"或"技术""工具""手段",或掌控"权力"或"力"的艺术。"法治"就是这样一种"技术""工具""手段"或"艺术"。

水的第二大特征是有"德"。老子说:"上善若水。水善利万物而不争,处众人之所恶,故几于道。"具体而言,水是一切生命形式存在的摇篮或基础。没有水,生命就不能存在与生长,所以水有"生生"之大德。这种大德又可名之为"仁"。水在"生生"的同时,既能干净别人或他物,又能不惧污秽,"处众人之所恶",故可谓之"义"。水总是谦虚卑下,主动地把自己放得很低,可谓之"礼"。水总是柔中带刚,刚柔相济,善于变化,可谓之"智"。水于时令随风而来,于大海随潮而来,来去有时,可谓之"信"。水永远奔涌向前,无惧艰难险阻,并能做功有"用",可谓之"勇"。如此等等。故水具一切"德"。

---

① 一种著名的物理现象。

水的第三大特征是"既能载舟亦能覆舟"。这既是自然天道，也是社会发展的规律，所以人类无可抗拒，只能不断认识并顺之用之。老子说："天道无亲，常与善人。"即是说人类只有不断加强对各种规律的认知，并认真地遵循它、利用它，才有可能得到这种规律的帮助。"善人"只能是对事物规律有深刻认知并善于顺应利用的人。

"法"以"水"为"准"，自然具有"水"的上述一切特征。"法律"能够治理国家、造福社会、维护自由、保障人权、追求平等、落实民主、实现正义、维持秩序、调节利益，同样具一切德①。"法律"既是人和社会的一种基本需要，也是人和社会的一种基本能力，是社会文明进步的重要标志。所以，先贤今哲们不仅确信"法和各种美德本身是值得追求的"②，而且认为"法律必须被信仰"③。

"廌"的初文为𢊁。象形字，象犀牛之形。又名"獬豸"或"解豸"，是一种传说中的神兽，能分辨是非，以其独角所"触"即可去不平。《说文》云："廌，解廌，兽也，似山牛，一角。古者决讼，令触不直。"其"直"即"平"。"触不直"即以其独角触不平而实现"平"。"平"即"公平""公正""正义"。这正是"法"理应具有的基本特征。所以"廌"亦通"法"。《广雅·释诂》："廌，法也。"王念孙疏："法，刑也。平之如水，从水。""刑"意味着暴力，说明"法"与暴力紧密联系。"平之如水"，即云"廌"或"法"像"水"或"天平"一样公平、公正。

"廌"是传说中的神兽，现实中并不存在。古人以"廌"为"法"或"刑"，或以"廌"入"法"主要是要赋予"法"以不容侵犯的神圣性。当然，在传统社会里，国家最高统治者也具有神圣性。若这两种神圣性在同一时空中"面对面"，则极有可能扞格抵牾，使公平、公正、正义不能实现。这种不能实现又可称之为"用权之私"。在今天，由于人的神性皆已剥去，社会早已祛魅，所以，胆敢公然挑衅法律的神圣或尊严者已极少，但"用权之私"仍普遍存在。

综合上述，我们会发现，"法"与"公平""公正""正义"及"道德"紧密联系，并具神圣性。如果"法"的内容或实施过程已然与社会普遍认可的公平、公正、正义及道德扞格抵牾，则必将为人所颠覆或匡正。

"法"的引申意主要有"刑法""法律""法令""规章制度""准则""规律""方法""效法""仿效""守法"等。

在先秦，商鞅、韩非子等法家，对"法"皆有全面而深刻的论说。商鞅："法者，所以爱民也。"韩非子："垂泣不欲刑者，仁也；然而不可不刑者，法也。""明主之

①   李德顺：《如何认识法律的价值》，《哲学研究》2014 年第 4 期。
②   西塞罗：《论共和国论法律》，王焕生译，中国政法大学出版社 1997 年版，第 203 页。
③   伯尔曼：《法律与宗教》，梁治平译，三联出版社 1991 年版，第 28 页。

道,一法而不求智,固术而不慕信。故法不败而群官无奸诈矣。""故以法治国,举措而已矣。法不阿贵,绳不挠曲。法之所加,智者弗能辞,勇者弗敢争。刑过不辟大臣,赏善不遗匹夫。故矫上之失,诘下之邪,治乱决缪,绌羡齐非,一民之轨,莫如法。"宣示了"法"所具有的无与伦比的公正性。它既是国家实现爱民、利民、便民的最可靠、最可行的强大保障体系,也是统治阶级维护其统治的有力工具。

其中"一法而不求智,固术而不慕信"的思想是建立在对基本人性及社会之深刻认知的基础上的,对今天的我们仍有重大启发意义。在法家看来,世人在没有法律约束的前提下,能有"贞信之行"的所谓"贤者",能知"微妙之言"的所谓"智者",甚少,最多十有其一。而"十有其一"中的"好学"者就更少。普遍的人性是"民者,固服于势,寡能怀于义",是"十室之邑,必有忠信如丘者焉,不如丘之好学也"。圣人孔子和他的贤弟子们,即使"能怀于义"亦"好学",但"服于势"却毫不例外,也就是说,不管他们自己如何贤能,但对于那些昏君、庸君们,无论是谁,他们都要尊崇、臣服。以此,我们治世行政,最好的办法就是"乘其势""一于法",即依赖暴力并制定严密而符合基本人性的法律,一切遵法而行。延及今天,比如一般官员的选拔,强调"德才兼备","德"是看他是否能一以贯之遵法守法,以身作则,垂范百姓;"才"是要看他对"法"是否有比较深刻的认知并能行诸实践。换言之,如果一味地用"高大全"的形象来规范我们的官员或公务员队伍,或用所谓"贤者""智者"的尺度来裁量他们,则既不现实,也不符合基本人性。

链接

秦初兼天下,始皇召众大臣讨论国家体制的创立和法律的制定,各抒己见,于是便有了"法先王"与"法后王"之争。李斯主张"法后王",其他诸大臣多主张"法先王"。始皇采纳了李斯的建议:"禁文书而酷刑法,以暴虐为天下始。"但后来秦的短命则宣告了李斯"法后王"的完全破产。

一般认为,法律制度的创建或制定,无论从历史还是现实来看,应都有一定的继承性。孔子主张在继承前人的基础上要有所损益,但应以继承为主。孟子则主张完全照搬先王"旧章",甚或对已"死"的西周井田制度也采取决不放弃的态度。商鞅则主张"治世不一道,便国不必法古","法者所以爱民也,礼者所以便事也。是以圣人苟可以强国,不法其故,苟可以利民,不循其礼",即认为法必须与时俱进,只要有利于爱民、便民、利民、富国强兵,便是好法。

综观各家所论,如从今天的现实出发或用辩证的眼光来看,还是商鞅所论比较实用、客观:法律的制定,必须与时俱进,既要继承优秀传统文化中的合理部分,又要面对活生生的现实。若其理想目标是爱民、便民、利民、富国强兵,那其核心价值便必是"公正"——既能让国家、共同体达到其目标，也要让个人达到其目标 。

韩非继承和发展了商鞅的法家思想，提出"乘其势""一于法"，即依赖强大暴力以制定严密而符合基本人性的法律制度，一切遵法而行。这一主张不仅今天没有过时，就是在未来的若干世纪里仍然不会过时。

2. "治"的汉字学解读及分析、启示

"治"之初文为"𣲾"。会意形声字。左为"水"，右上为"𠫔"（私），下为"口"（口）。《说文》云："治，水。出东莱曲城阳丘山，南入海，台声。"把它归为形声字，其解几乎等同于没解。可见许氏对此字未有深入了解。其实，此字与"法"字一样，亦具深意。

"水"与"私"，前面已述。在"治"字中，"水"仍是"公平""公正""正义"或"道德""仁义"的象征。故其实现与"法"一样，同样必得以"公平""公正""正义"或"道德""仁义"为"准"。"私"与"口"则为"治"确定了明确的"对象"——"人之私欲""人之口"或人本身。人是一切社会关系的总和，既是动物性的存在，亦是社会性的存在。故"治"主要就是要控制"人之私欲"或人的活动，使之只能存在于适当的范围，避免其动物性的欲望过度膨胀而逾越其社会性。人如果逾越了社会性的界限，就会变成既有主体性又有思想的"动物"，是极端可怕的。美国在伊拉克监狱的虐囚丑闻、第二次世界大战期间德国焚尸炉的青烟，其所昭示的"平庸的恶"都能证实这一点。解决的办法，即或重新启蒙、深刻反思，也无法一劳永逸。但有一个目标却十分明确：要让制度规范控制好"权力"与"权利"，让"法"能充分保障好人之"自由""平等""公正""民主"。而这也正是"治"所欲求或需要达到的目标。

下面主要讲讲"口"，以及它与"𣲾"（治）的关系。

其一，"口"（口）首先是人之口，是人之生命存在的重要器官之一。"治"有此"口"，表征出"治"的实现，首先要解决人最基本的生存问题。当下中国，无以生为的惨状虽基本消除，但离富强中国梦仍相对遥远。因此，我们仍需坚持节俭美德，杜绝铺张浪费。

其二，"口"是语言的"出路"。真正的语言属于人。"言"出于"口"，是"口"最主要的功能之一，与思想智慧紧密联系。在中国传统语言表达中，"口"可代"言"，"口""言"相通。以此观之，"治"不仅需要以"口"来宣示，通过"口"来实施，更需要为"口"寻到宣泄思想与情绪的途径。

其三，"口"与"知""善""和""名""信"等一脉相连。这背后的意思是："治"必得知人、知道、"知有所合"；行"善"以明利、适宜、护义；"以和为贵、和而不同"；重

"名(名誉、名声)",知"名"之分(名言、名位、名分,"名之所彰,士死之");知"信"重"信"。

其四,"口"即"人""人口"。《孟子·梁惠王上》:"百亩之田,勿夺其时,数口之家,可以无饥矣。"其"口"即"人""人口"。"口"代表"人""人口",源于其既是生命的"进路",也是语言的"出路",且其背后有一个复杂的系统相支撑。这说明"治"的实现必须以人为本,即以所有人的幸福与全面发展为本。

"治"之引申意主要有"整治""修治""治理""统治""修养""修饰""有秩序""严整""情况正常""社会安定""太平""政绩""政治""法治""司""主管""为""作""制造""建造""惩处""诊疗""对抗""征服""制服""研究""设置治所""王都所在"等。"治"另通"辞(讼辞、言辞)""答"。

《周礼·天官·小宰》:"听其治讼"。《管子·宙合》"察于一治""博为之治""本乎无妄之治"等,其"治"皆通于"辞"。之所以如此,皆因"治"的实现或施行,必得以"口"以"言"或以"讼"。当然,这也是"法治"的基本特征之一。"察于一治"类于孟子的"知言",它要求执法者能让各种欺瞒哄骗、歪曲邪恶的言辞无所遁藏。"博为之治"类于荀子的"礼恭而后可与言道之方,辞顺而后可与言道之理,色从而后可与言道之致"[1],它要求执法者不仅要对事物及其发展规律有深刻认知,而且对基本人性也要有深刻认知。"本乎无妄之治"类于老子的"言有宗",要求执法者的语言表达必须要有事实作依据,有律令作准绳。

《睡虎地秦墓竹简·厩苑律》:"其以牛田,牛减絜[2],治主者,寸十。"其"治"即通"答"。秦律,国家分给农人以牛与田,如果牛减了膘,就要以竹条"答挞"(抽打)受田者。令人惊奇的是,律令中对"答挞"的地方、数量都描述得很具体——"寸十",即在人的手腕最无肉的地方用力抽打十下,让人体会牛瘦了以后无力耕田还要被人抽打的痛苦。这体现了某种动物保护或万物平等的思想。

综合上述关于"治"的论述及引申意,可知"治"的实现必以遵循公平、公正、正义为前提;以人为本;以治理"人之私"而实现社会安定、天下太平为主要目标;以语言、知、善、和、名、信等为主要工具,不仅需要"预"以防患于未然,且需间用暴力或意识形态工具。

链接：公法的力量

《韩非子·五蠹》:"今有不才之子,父母怒之弗为改,乡人谯之弗为动,师长教之弗为变。夫以父母之爱、乡人之行、师长之智,三美加焉,而终不动,其

---

① 语出《荀子·劝学》。
② "絜",一种以绳度量物之大小或周长的方法。

胫毛不改。州部之吏，操官兵，推公法，而求索奸人，然后恐惧，变其节，易其行矣。故父母之爱不足以教子，必待州部之严刑者，民固骄于爱、听于威矣。"

对于"不才之子"，如果父母之爱与怒、乡人之行与谯（谴责）、师长之智与教，都不起作用，那么就只能对其实施"公法"。一般来说，因恐惧"公法"之力量而"易行"的当在大多数，所以，韩非子坚定地认为，"公法"比父母之爱与怒、乡人之行与谯、师长之智与教更有力量。为何如此呢？因为公法中有暴力相随，而且是对"自由"与"生存权利"的剥夺。

可是，现实情况是：有些人进入监狱就沾上"污点"，一旦剥夺了"自由"反而更不珍惜自由，所以社会中有不少反复犯罪、屡教不改的人。因此，我们对于孩子的教育，必须要有这样一种思想：爱、怒、谯、教之余，还必得有让"不才之子"感到恐惧的手段，不然，一旦对其实施"公法"则往往悔之晚矣！

习近平总书记要求党员干部们都"照镜子、正衣冠、洗洗澡、治治病"①，可谓循循善诱，笔者认为，对于某些"病重者"，还可在其"病"还不足以实施"公法"处置之前，先给他们"鞭笞"一顿以示提醒，似乎也不失为"德政"或"治道"之一法。

3. 汉字学与当代社会对于"法治"的认知

"法治"一词的使用是近代之事。但如作为"以法治国"的简称，则韩非早已用之。《韩非子·有度第六》："故以法治国，举措而已矣。"意即："如果以公正严明的法律来治国理政，只需列出具体法律条文与相关事实进行比较衡量就可以了。"

汉字学视域下的"法治"，概言之，首先，它的内容以及产生、实施过程，应皆"以人为本"，循"水"之"德"而行，而"德"又总是以公平、公正、正义为核心，所以它既符合"道"，又可以"利万物"而去"争"；其次，它必具一定的神圣性，即不可侵犯，在过去，最高统治者或其集团内部或有例外，而在今天，如有违犯，无论是谁，应必受惩处。

当前，我们关于"法治"的一般解读是："法治是治国理政的基本方式，依法治国是社会主义民主政治的基本要求。它通过法制建设来维护和保障公民的根本利益，是实现自由平等、公平正义的制度保障。"

---

① 习近平：《在党的群众路线教育实践活动工作会议上的讲话》，《十八大以来重要文献选编（上）》，中央文献出版社 2014 年版，第 315 页。

　　这一解读与汉字学对"法治"的认知高度一致,只是增加了对"自由""平等""公平""正义"等新概念的关注。"自由"即"权利","平等"寓"公正"。事实上,"法治"不仅依"德"或"公平""公正""正义"而创立,亦即"自由""平等""公正""权利""公平""正义"之实现工具或制度保障。

链接

　　《老子》第六十五章有"以智治国,国之贼"的说法。以此可知,老子是反对以"以智治国"的。为什么呢? 老子说:"民之难治,以其智多。"所以,"以智治国,国之贼。不以智治国,国之福。"换言之,"以智治国"是以个人之"智"与天下人斗智,只能以失败告终,也可能给自己、国家、社会、人民带来伤害。

　　当然,"以智治国"之不能行,不仅有上述原因,还因为"智"有巨大的局限性。"智"需要受到"礼义"或"仁义道德"的制约。如果一个人的"智"背离了"礼义"或"仁义道德",也就走向了反面,最后必定是搬起石头砸自己的脚。所以老子又说"虽智大迷",孔子也有"好智不好学,其弊也荡"之说。

　　既然老子反对"以智治国",那他主张以什么治国呢? 一以"正",一以"法"。"正",即孔子所说的"直"或"中庸",也即"公正""公平""正义"。因为它是"道德"的根本,所以,《老子》第五十七章"以正治国"亦可称"以德治国"。"以德治国"是"以法治国"的前提与保证,一个社会如果没有"德"或"公正",即或有法也没有用。比如法官判案,如心中没有公正,就会有法不依或执法不严,以个人好恶为是非,以致是非无正,以非为是,以是为非。

　　"以法治国"在《老子》中没有直接的表达,相反,他还认为"法令滋彰,盗贼多有",即细致烦苛的法律,不仅不利于治,反而弊大于利。不过,《老子》第七十四章有言:"若使民常畏死,而为奇者,吾得执而杀之,孰敢。常有司杀者杀。夫代司杀者杀,是谓代大匠斫。夫代大匠斫者,希有不伤其手矣。"这几句话从一个侧面反映了老子对于"法"的态度。在老子看来,"以法治国"主要就是用杀戮之重刑辅助或保证"以德治国"。但这有个前提,就是要"使民常畏死"。如果天下无道,天下无德,百姓就不会"畏死"。统治者要想做到"使民常畏死"并不容易。其中,解决百姓温饱问题、自身不要骄奢淫逸、不要把自己的养生放在百姓基本生命维持之上等,皆是必需的。老子主张用重刑("而为奇者,吾得执而杀之"),但并不主张用私刑,认为"夫代司杀者杀,是谓代大匠斫。夫代大匠斫者,希有不伤其手矣",即主持刑戮之法的应是国家的公法执行部门——"有司",如果有人想代替国家公法执行部门去杀人,那么就是"代大匠斫",会让自己也受到伤害。老子所说的"常有司杀者杀",就是杀人必由公法执行部门负责,就是依法杀人,也就是"依法治国"。

老子生于乱世,既主张"治乱世用重典",又主张法律条文不要过于繁苛;既主张"以德治国",又推崇圣人的"以正治国"。这虽然与当世有所不同,但仍可给予我们启发。

三、个人修身养性之道——
爱国、敬业、诚信、友善

"爱国、敬业、诚信、友善"是"个人修身养性之道"。"爱国"既是国家对公民的政治要求,也受国家法律保护与强制。"敬业"不仅关乎国家"富强""民主""文明""和谐",也关乎社会"自由""平等""公正""法治"与个人"诚信"。"诚信"不仅直接关乎"自由""平等""文明""和谐",而且与"公正""友善"正相关。"友善"是"公正""诚信""文明""和谐"的表征,"公正""诚信"也是最深刻的"友善"。

(一) 爱国

"爱国"位列社会主义核心价值观之九、个人层面之首,它既是对公民个人道德的最基本要求,亦是对历史的深刻认知与反省。

1. "爱"的汉字学解读及分析、启示

"爱"的初文为"🔣",会意字。上下皆为"及",中部为"心"。

"及"之初文为"🔣"。上为"人",下为"手"。会意字。象一"手"把"人"抓住或接触到。其初形有"🔣""🔣""🔣""🔣""🔣""🔣""🔣"等多种异体。不管构形如何不同,但皆有以手抓住或触及之意。"及"之以手抓住或触及,意味着"爱"不只是思想或想象,而必须付诸行动。其中"🔣""🔣"因有"行",所以又意味着这种"及"或"抓住"不仅要在公共场合,而且要符合"道"或遵"道"而行。另从"🔣""🔣"的构形来看,则近于"逮"。从"🔣"的构形来看,它又近于"秉"。"逮"即"抓住""逮捕","秉"即"持""拿""执"等,又可引申为"依据""准则"。"爱"既意味着"逮捕",也意味着需要"持"或"依据"。《说文》云:"及,逮也。从又,从人。""又"即"人"之"手"。"从又,从人"意味着"及"之意既源于"手"亦源于"人"。无"手"则不能"及",无"人"则无"爱"。

"及"之引申意主要有"追上""至""到达""连累""关连""如""比得上""兼顾""继""接续"等。"爱"有两"及",说明"爱"的实现,必得在两人之间或两人以上。换

言之，"爱"必须一人把另一人"追上"，以"至""到达"。追不上、达不到的"爱"，只是一厢情愿，算不上真正的爱。"如""相像""比得上"，同样是"爱"不可或缺的部分，其中亦暗含了所谓"容貌相似""男才女貌""门当户对"等俗识。有"爱"自然就有"关连""连累""兼顾"；司马迁《报任安书》中"夫人情莫不贪生恶死，念亲戚，顾妻子"即此之谓也。"爱"当然需要接续不断。《孟子·离娄上》有"不孝有三，无后为大"，《诗经》有"关关雎鸠，在河之洲，窈窕淑女，君子好逑"，皆意味着唯有"爱"才可能有"家"有"孝"有"后"或其他伦理道德。

"心"之初文为"🔥"，象形字，象人心脏之形。中国古人所认识的"心"，与现代哲学、医学、生理学、心理学所认识的"人脑"基本一致，即认为"心之官则思"，认为"心"就是用来思考的。

"心"能引申为"内心""思想""心思""思虑""品行""性情""心性""人的主观意识"等，也可引申为"树木的尖刺""花蕊""胸"等。"爱"中有"心"，意味着"爱"具有同样的特征。

爱，只有发于内心才可能有穿透人心的力量，所以，它既可化干戈为玉帛、化腐朽为神奇、化精神为物质、化物质为精神，又能"及"。《墨子·兼爱》："爱人者，人必从而爱之。利人者，人必从而利之。恶人者，人必从而恶之。害人者，人必从而害之。"

"心之官则思"，"爱"中有"心"，说明爱要通达思想智慧，不然就可能走向反面。孔子说："好仁不好学，其蔽也愚。"《东郭先生与狼》中的东郭先生，《农夫与蛇》中的农夫，他们不是没有仁慈或爱，而是缺乏思想、智慧，对事物发展规律没有认识，于是被狼所吃（后幸被救）、为蛇所害。现实生活中类似的例子也有不少，如父母因对孩子的溺爱而导致孩子违法犯罪，就是这种没有思想智慧或违背了"道"的爱。说明"爱"需费心思。这种心思不仅是智慧也是策略。

爱，还与人之品行、性情、心性、主观意识紧密相关。没有品行就是没有道德。没有性情、心性、主观意识，就没有激情与个性。

"心"还能寓意"树木的尖刺"，一为"心"形"尖"，似"刺"；二为"心狠"，能"思"或参与"思"的过程，所以能穿透物质、参透阴阳、领悟精神。所以古人特别注重"诛心"。"爱国"在"心"，"心"在"情感"。故爱国教育的关键在于培养公民对祖国的深厚情感。

2. "国"的汉字学解读及分析、启示

"国"的初文为"或"，会意字。由"戈"与"口"两部分构成。

戈是古代的一种像戟一类的兵器。"戈"之初文有"🔶""🔶""🔶""🔶""🔶"

多种，均代表此类武器，象征着"武力""强力""暴力""军队""武装""战争"等。"化干戈为玉帛"即是化"战争"为"和平"，或以"礼"代"兵"。如《后汉书·公孙述传》："偃武息戈，卑辞事汉。"唐杜甫《秦州杂诗》："风林戈未息，鱼海路常难。"其"戈"皆可指"战争"或"战乱"。

"或"中之"口"，有多层意义。其一，它代表国之首都或重要城池或核心区域。其二，它也可是"人""人口"。其三，因为"口"与"言"相通，"言"又可表示"文字""思想""智慧"等，所以"口"在"国"字中又可代表一个国家的核心价值观。其四，它也可是上述多层意思的综合。

于是，对于"或"（国），我们可以得出如下认识：国家是"人"与"暴力"相结合的产物；暴力既由人所创造、掌控，是人实现其目标的工具，也能反过来制约人或人的思想与行为；"国"本来是没有固定"边界"的，只有宽阔而不规整的边陲，其形状、大小往往随着"戈"的长短大小，即国家武力（暴力）的强弱变化而变化。

由"或"而"國"，既有"或"借用为"或"的原因，也有人们对于"国家"的认识不断变化的原因。近代国家就是有明确边界的。

至于由"國"而"国"的简化，一般认为，应只是"囯"（國）字草书楷化的结果。但是，说"国"中之"玉"为"王"（领导者或领袖集团）亦未尝不可。因"玉"之构形亦通于"王"，今文中，和"玉"有关的，大多以"王"做偏旁。在中国古代，"玉"是君子的象征，代表仁、义、礼、智、信，而"王者"也具仁、义、礼、智、信诸德。

链接

《老子》第五十九章："治人事天莫若啬。夫唯啬，是以早服。早服谓之重积德。重积德则无不克。无不克则莫知其极。莫知其极，可以有国。有国之母，可以长久。是谓深根固柢，长生久视之道。"

其大意是："治理国家、统治人民、事奉上天，莫过于事先预想好、谋划好、有长远打算。只有事先预想好、谋划好，才可能得到人民的信服、支持与顺从。这种事先得到的人民的信服与顺从，就是当权者重视积德的结果。只要事先就重视了积德（即'为政以德'或'以正治国'），就没有克服不了的险阻艰难。这种'无不克'力量的继续发展，没有人能知道它力量的极点。谁拥有了这种无尽的力量，谁就能保有国家。保有了国家的根本（指'重积德'），就可实现长治久安。而不断地加深与巩固这种根本，就是实现国家长治久安的根本法则。"

一般认为老子之"啬"为"节俭""吝啬""俭啬"等意。但笔者经再三检索与探讨，认为"啬"应当训为"图""远图"或"重视农业生产"。

"啬"的初文为"𠷎"。会意字。上为粮食作物（或曰"来"），下为储粮之仓。连接线为道路。既有生产，又有粮食储存，便是"图"或"远图"。又通"穑"，即种植作物，重视农业生产。汉《张迁碑》有"啬夫"一词，即为"田夫"，又可称"穑夫"，即农夫、种地人。"啬"的引申意有"收获谷物""爱惜""节省""吝啬""缺少""贫乏""贪""积""弥合""缝合""中医脉象"。

"啬"又通"啚"。"啚"，初文为"𠷎""𠳵"，前字上部象仓库之形，下象倒挂之谷穗，会意已有粮草储备。其形与"啬"几同。后字，外框表示一定范围，内部表示几个互相联系的大小村镇或粮仓，亦为"图"之初文。《说文》："啚，啬也。"在其运用过程中，两字又同"廪"（粮仓），通"鄙""图"。引申意有"鄙吝""乡下或偏远地方"等。综观之，"啚""图"既是粮食储备、农业生产，又是村镇地图，故其意形上、形下皆有。形上之意主要有"远图""思虑""谋划""预想"等，形下之意则为"粮食储备与农业生产"。

由于此"啬"通于"啚"与"图"，便能涵括"远图""思虑""谋划""预想""重视粮食储备与农业生产"诸意，所以它也就是"重积德"。在老子看来，所谓"有国者"，如果是"圣人之治"，那么最重要的政治理想首先便是解决老百姓的"实其腹""为腹不为目""甘其食"的问题。进一步的要求便是统治者要"夫唯无以生为者，是贤于贵生"，即永远要把百姓们的生命维持看在自己的所谓养生之上。而这些就是"啬"或"早服"或"重积德"。

"重积德"不仅需要远图、思虑、谋划、预想、重其初，更需要"慎终如初"。"慎终如初"即"不忘初心"，并不容易做到。它不仅需要有理想、有蓝图、有意志力，更需要把"尊道贵德"贯穿始终。

一个国家，一个政党，一个人，皆相类似。有些东西需要与时俱进，但有些东西却需永远坚守。这个需要永远坚守的东西，就是"重积德"。唯有"重积德"，才能"无不克"，才能"莫知其极"，才能"有国"，才能长治久安。

3. 汉字学与当代社会对于"爱国"的认知

"爱国"一词，查遍先秦诸经典及《史记》《资治通鉴》等史籍，除《战国策·秦令樗里疾以车百乘入周》有一处"周君岂能无爱国哉"外，其他踪迹全无。联系当时历史背景，"周君"所爱之"国"或仅为其属地，或周都，最有意义的应是当时所谓的"周天下"。而其他诸侯或士，则无今天所谓之"爱国"观念。孔子离开鲁国，周游列国，寻求政治出路，其目标就是欲实现其"天下有道""一匡天下""天下归仁"的梦想。

其他如荀子、墨子、韩非子等，情形也相类似。当时的"士"，虽没有爱哪个具体的国，但皆有以天下为己任的家国情怀。当然，这种情况既与当时诸侯国乃周之封建属国有关，也与当时意识形态中没有如今天之"国"的概念有关。所谓"周天下"，实有共同文化、语言、文字、宗主、生产方式等。虽如此，上述"爱国观"或"天下观"仍可给我们以重大启发：在全球化背景下，世界各民族国家已经初具共同的经济、文化、科技，甚或政治之基础，因此，我们要一方面"网罗天下英才"，让我们国家变得更富更强；另一方面要积极地把我们的文化、价值观推及世界。"网罗天下英才"首先需要我们自身的政治、经济、文化等环境对天下英才有足够的吸引力；把我们的价值观推及世界则需要我们的价值观能融汇其他国家民族先进的且具普遍意义的价值观，即具超越性。

我们今天之"国"或"爱国"概念的形成，既与近代中国之屈辱历史有关，也与近代中国的思想启蒙有关。屈辱的近代史告诉我们：过去的"周天下"已变成实实在在的有疆之国；且此有疆之国不再是一家一姓之"国"，而是全体中国人民之"国"，所以"天下兴亡，匹夫有责"；"四夷"不再是我们周边地区的朝贡者、臣服者、被征服者，而是我们的"朋友""导师"，当然也有可能是我们的"敌人""征服者"。中国人如果不想亡国灭种或被外族同化，一方面要不断努力学习，另一方面则必须不惧牺牲，以生命爱自己的祖国，维护其独立与尊严。

今天，我们关于"爱国"的一般解读是："爱国是基于个人对自己祖国依赖关系的深厚情感，也是调节个人与祖国关系的行为准则。它同社会主义紧密结合在一起，要求人们以振兴中华为己任，促进民族团结，维护祖国统一，自觉报效祖国。"

笔者认为，这种解读还需要进一步推敲。其中"基于个人对自己祖国依赖关系的深厚情感"似乎有失偏颇。难道那些侨居国外或已成他国公民的华人就没有这种情感了吗？"它同社会主义紧密结合在一起"也有失严谨。中国是一个多民族、多所有制形式的国家，而且有两种社会制度并存（一国两制），所以，爱国不仅可与社会主义紧密结合，当然也可与资本主义紧密结合。换言之，在新的世界形势下，只要华夏子孙们能"以振兴中华为己任，促进民族团结，维护祖国统一，自觉报效祖国"，就是爱国。

其实，从发展的眼光来看，我们可以把"爱天下"与"爱有疆之国"有机结合起来：当祖国面临生死存亡关头，我们每一个国民都有与祖国同甘苦、与同胞共患难的责任或义务；而当世界以和平与发展为主题时，我们不仅要守卫好因历史的连续性而形成的有界疆土，要能守卫其核心价值，而且要以一种开放的心态，吸纳世界一切先进科技文化为我所用，更要以我们国家民族先进而伟大的优秀文化"滋润"世界。换言之，凡能增长世界人民福利，提高中华民族在世界民族之林中的尊严与地位的所有行为,应皆属爱国行为。

此外,"⿱爱"之构形还启导我们,爱国绝非个人之事。它必须"行必及心""心必通行""人人相及"。即凡中华儿女必得团结一心,从心灵深处爱自己的祖国,发展她、强大她、呵护她,即或身体远离有疆之故土,心也不变。

链接:爱国者钱学森

钱学森(1911—2009),浙江杭州人,出生于书香门第,自小便有报国远志,1934年毕业于上海交通大学,同年公费赴美留学,后留美任教,36岁成为空气动力学正教授。在美期间,不仅参与了制造原子弹的曼哈顿工程,而且主持设计制造了美国第一架喷气式飞机。其知名度、影响力、收入状况、住房状况等,皆可谓"志得意满"或曰"舒服"。但是,当祖国一声召唤,他便马上燃起了回国以报效祖国的热情。可也就在其回国愿望被公开后,遭到了美国军方及政府的重重阻挠。美国政府一方面对中国政府撒下弥天大谎,谎称钱学森"从来没有回国的愿望";另一方面,则以各种卑鄙的伎俩剥夺了钱学森的自由。美国当时的海军次长金布尔曾说:"一个钱学森至少可以抵美国五个海军陆战师。我宁愿把他击毙在美国,也不愿让他回到红色中国。"

1955年10月,钱学森克服重重困难,终于回到了阔别多年的祖国。钱学森回国后不久,便立即投入到国家多项国防科研工作中,成为我国火箭、导弹、航天器等各项研究工作的主要领导者与实际参与者,带领广大科研工作者取得了举世瞩目的成就。从某种角度来看,其成就亦可谓为中国的强大与崛起撑起了"半边天"。

钱学森为人低调,为学做事做研究极为细致认真,不爱钱(所得各种奖金、稿费一律捐出),不好名(连美国给的工程院士、科学院士头衔亦拒绝),不计较待遇(从不享受国家给予的国家领导人待遇),终生努力(直到逝世前不久亦在坚持工作),一心只为报效祖国。这种精神,就是我们时代最伟大的爱国精神。如果有人要问什么是爱国,爱国应当如何表现,什么样的人才是真正的爱国者,爱国的最高典范或楷模是谁,那么,钱学森一生的行动实践均可给予回答。

具体来说,可归纳为下述几点。

(1)作为一般的普通公民,只要勤奋工作,诚实做人,不做违法犯罪的事,不做有损人格国格的事,不做有损民族团结与破坏祖国统一的事,有基本正确的是非观、价值观、正义感,就是爱国。

(2)作为社会知识精英,则应在上述基础上有以天下为己任的情怀,目标高远，努力学习，能把自己的工作、研究与国家民族的兴衰荣辱紧密结合起来，既能给当权者以思想理论上的借鉴参考，给普通公民以精神上的榜样，亦能在科技文化教育等领域做出一番自己的应有贡献，为国争光。

（3）作为一般国家干部，应有一般普通公民的基本素质，也应干好本职工作，完成上级交代的各种任务；又能处处为百姓着想，全心全意为人民服务；且能谨慎谦虚，及时改正自己及上级可能出现的各种错误或失误。

（4）作为国家高级干部甚或最高领导人，不仅需要有上述三类人群的基本素质要求，而且要有更加崇高的使命感与大无畏精神。不贪钱，不图名，一心为公为国。"苟利国家生死以，岂因祸福避趋之"便是这种爱国精神的真实写照。

（二）敬业

"敬业"位居社会主义核心价值观之十、个人层面之二。"敬业"不仅是公民最基本的道德要求，且与"富强"联系最为紧密。

1."敬"的汉字学解读及分析、启示

"敬"之初文为"🔲"，会意字，并有异体"🔲"等，后来皆一于"🔲"。

"🔲"像人背负礼物躬身"行礼"或"负荆请罪"，表现出人极有礼、极谦卑、极敬畏之意。故"🔲"仅依其形，便体现出"敬"与"礼"之意。《墨子》云："礼，敬也。"事实上，无论是"礼"或"敬"，它们皆从属于人，并皆可与"仁""义""礼""智""信"等互通。郭沫若在其《两周金文辞大系图录考释》中认为"🔲"乃"狗之象形文"，实在太过牵强：不仅其形不像，且其意亦难符合。实际上，"狗"之象形字有"🔲"（犬）。狗虽然在某些方面比人更加警惕、警觉，亦可能更加尊敬、顺从主人，但其"敬""警"又岂能与人之"敬""警"相提并论。狗之"警"与"敬"或只是忠诚于主人的一种本能，而人之"警""敬"背后却寓涵着思想、智慧、判断力或策略。狗没有自己的"事业"或"职业"，即没有主体性，只是一种动物性的本能，唯有强大主体意识之人才可能有"业"，才可能"敬业"。

"🔲"在"🔲"的基础上加了一"口"，这既是汉字规范化的结果，也是对人及其思想、智慧、语言等的特别重视与强调。"🔲"形象地告诉我们"敬"的方法与态度，而"🔲"则明确告知并强调了"敬"的主要对象和原因。前者的"方法"即需要"送礼""有礼""曲体""卑拜"，"态度"需要"恭敬""谨慎""严肃"。后者的"对象"主要是人

与人的思想、智慧、语言；"原因"是因为恐惧，需要保护人，不仅要保护自身，且要保护家人、亲人、众人等。

秦统一文字，所有异体之"敬"皆归于"敬"。之后，其意亦随构形变化而有所变化：右部所加"攵"（攵）为一只拿着某种武器的"手"。此"手"代表暴力或不可抗拒之强力。它喻示人的"敬"并非全出于自觉自愿，而是"国家机器"或一定情势逼迫下的产物。同时，人之极端无礼、不敬或没有惧怕，也会受到家庭、家族、社会或当权者、国家机器或其他共同体的惩罚。一个人如极不"敬业"，也会受到这样的惩罚。

《说文》云："敬，肃也。"《玉篇·苟部》："敬，恭也。""敬，慎也。"说明一般情况下，"敬"同具上述诸意。如《易·坤》云："君子敬以直内，义以方外。"其"敬"乃同具"恭敬""严肃""谨慎"之意。其"内"即"内心"，"外"即"行为"，"直""方"即为"规范""权衡""遵循"。全句即："君子要以恭敬、严肃、谨慎来规范自己的内心，要以公平、公正、正义来权衡自己的一切行为。""敬业"当然就是要以恭敬、严肃、谨慎的态度来对待自己的事业、学业、职业、功业等。

《释名·释言语》："敬，警也。恒自肃警也。"《周颂·闵予小子》："维予小子，夙夜敬止。"《诗·大雅·常武》："既警既戒，惠此南国。"据郑玄注，其"敬"即"警"或"不敢懈怠"。君子为人、成事、敬业，自当"恒自肃警""不敢懈怠"。不仅要常有危机感，而且要能防患于未然。一般人之"敬业"亦应向"君子"看齐。这进一步说明"敬"亦通于思想智慧。

《周礼·天官·太宰》："二曰敬故。"郑玄注："不慢旧也。"其"敬"即"尊敬""尊重"。"不慢旧"即对自己的故旧好友要尊敬、尊重、不怠慢，即或他们对你"无用"也必得如此。不然就是"耻辱"或"不义"。其实，此"故"不仅是故旧好友，也可是传统、文化、历史、风俗。"敬故"给我们的启发是：我们不仅要对自己的故旧好友尊敬、尊重、不怠慢，对先辈们所开创的事业、建立的功业、打下的基业等，也要继承、弘扬。即或无需继承、弘扬的，也需予以尊重、尊敬、保护。具体而言，就是要对祖先留下的各种物质或非物质文化遗存善加保护。

《潜夫论·述赦》："君敬法则法行，君慢法则法弛。"《论语·颜渊》："君子之德风，小人之德草，草上之风，必偃。""敬法"如是，"敬业"亦如是。它首先需要领导者以身作则，身体力行。如众多官员无一懈怠，则"众萌"们必不敢懈怠。

"敬"之引申意主要有"恭敬""严肃""慎重""警惕""戒备""尊重""尊敬""崇信""信奉""信仰""以礼物表达敬意或谢意""有礼貌地送上（敬酒、敬烟等）"，还可作谦辞。稍作联系可知，"敬"乃是生命成熟的具体体现，它不仅需要主体"预"、能"预"，即具有思想性、策略性，而且需要主体坚持不懈地付诸行动实践。

链接

据《史记·秦始皇本纪》及有关资料记载，秦王嬴政的一生都很勤政、敬业。其文曰："亲巡天下，周览远方……皇帝并宇，兼听万事……"仅凭"周览远方""兼听万事"八字，便足以说明秦王嬴政之勤政。他在当上皇帝之前，其"业"就是当好秦王、积蓄力量、横扫六合、统一天下。最终用七年左右的时间做好了统一六国的各项准备工作，再用十年统一了天下。

当然，具体说来，嬴政的勤政、敬业，不仅在于他每天花了多少时间批阅奏章，与大臣们讨论处理了多少军国大事，听取了多少意见与建议等，更在于他在这个过程中所表现出来的对于自己所从之"业"的"敬"（态度）：既恭敬、严肃、慎重，又警惕、戒备，既尊重、尊敬，又信奉、信仰。而这，才是"敬"的核心所在。

可是，为什么当上了皇帝之后还同样勤政、敬业的嬴政却很快失去他的"万世之业"了呢？这是因为，他后来所表现出来的"勤"已失去其理应具有的"恭敬""严肃""慎重""警惕""戒备""尊敬""信仰"等态度。如其既派方士四处求取长生不老之药，又大兴土木修建骊山陵墓；既不愿立太子，又不敢言死；既自信以致狂妄，又没有适当的"预"；等等。

事实上，如果有人对己之"业"失去了恭敬、严肃、慎重、信仰的态度，所谓"敬业"也就无从谈起了。这昭示出来的道理是：真正的"敬业"既需要勤奋、恭敬、慎重，更需要策略、思想、智慧、信仰与高度的警惕。

2."业"的汉字学解读及分析、启示

"业"的初文为"业"。细加观察就会发现，它实际上就是一块带有木头本色花纹的大木板。《说文》云："业，大版也。所以饰悬钟鼓，捷业如锯齿，……从丵，从巾。《诗》曰：'巨业维枞。'""版"通"板"。"大板"即古时乐器架子横木上的大木板，刻如锯齿状，用以悬挂钟、鼓、磬之类的乐器。又因"巨业维枞"，即巨大的"业"皆由"枞树"①所制，所以"业"理应"从木"。其下部的写法虽与一般所写之"木"（木）有异，但应只是由汉字的书写性造成，许氏认为"从巾"似思虑欠周。朱骏声循许氏意认为"从巾"是因为"巾"像木板之形，貌似有理，其实形意乖舛。因《说文》又云："巾，佩也。"林义光《文源》认为"巾""象佩巾下垂之形"。难道"木板"像"佩巾"？进言之，就算"木板"像"佩巾"，也与许氏《说文解字序》中之"分别部居，不相杂厕也"之意旨不合。而"从木"，不仅与《说文》本身的解读相吻合，也更与该字构形以

---

① 一种常绿乔木，树干高大，是用作家具或建筑的好材料，亦名冷杉。

及“木之用”相合。在古代，木之用，大矣哉！木遍及社会生产生活诸方面，不仅是“五行”之一，也是“八音（匏、土、革、木、石、金、丝、竹）”之一。先秦时期，“五行”配“五德”，“礼乐”是统治者用来施行教化、和谐万民的重要工具，所以它们不仅具有实用性、形上性，而且具有神圣性。故“从木”之“业”亦如之。《易传・系辞上》：“富有谓之大业。”以此可知，“业”，无论是挂在钟鼓上的木架，还是巨大的木板，皆是“富有”的象征。换言之，没有“业”，“富”便无从谈起。

“业”除了小篆体“”之外还有一“古文”①“”，与前者造字理据及构形大异。此字上为两“子”，意谓“子孙众多”；下为两“大”与两“八”，皆有不断发展壮大之意。故凡能令子孙后代不断发展壮大的事物皆可为“业”。往古之时，“业”多父子相承，世代相继，如司马迁《报任安书》云“仆赖先人绪业”，即谓自己是子承父业。后来，司马迁虽然光大了世传史官的“祖业”，却因受宫刑而没了“后”，所以他又说：“亦何面目复上父母丘墓乎？”在古人看来，“有后”并发展壮大“后”，不仅是最大的孝，而且与开创事业、继承祖宗基业同等重要。自公元七世纪起就有李敬业、徐敬业等名人，其“敬业”之原意，既有继承、礼敬、尊重祖宗基业之意，也有有了香火奉祀祖先之意。

“”还有“筑墙板”之意。《尔雅・释器》：“大版谓之业。”郭璞注：“业，筑墙板也。”“筑墙板”是古代建筑用的重要工具，由两块等宽等厚的大木板制成，不仅可用来建筑一般居屋，也能用来快速修筑城墙、建造宫室。以此可知，当“业”以形而下的实物出现时，往往与建筑紧密相关。当今社会不少官员为“建功立业”，往往以大搞建筑为重为先。不过，我们还需明白，如此“功业”既易建成，亦易损毁，远不如刻入百姓“口碑”或载入历史“功碑”重要。

“业”之引申意主要有“学业”“事业”“功业”“职业”“基业”“产业”“成业”“成就”“高大”“次序”“次第”“既”“已经”“创始”“以……为业”。而在佛教中，“业”可用来暗示个人命运或缘分，也用来寓意“罪孽”。“学业”“事业”“功业”“职业”“基业”等，不仅是人物质性存在的基础，也是人精神性、社会性存在的基础。人因有“业”而显得“高大”，社会有“业”才显得有“次序”，故其价值或意义也能尽显于此。

《易・系辞上》：“圣德大业，至矣哉！”其“业”即宏大的“功业”“基业”“事业”。在此，“圣德”与“大业”紧密联系：一方面，“圣德”乃“大业”，“大业”即“圣德”；另一方面，没有“圣德”就不能成就“大德”，没有“大德”亦不能成就“圣德”。

李斯《谏逐客书》：“今乃弃黔首以资敌国，却宾客以业诸侯。”其“业”即“成业”

① 源于汉鲁恭坏孔子宅而得的“壁中书”。见《说文解字・序》。

"成就""襄助"。在春秋战国时期,国家之间你争我夺,成就别国往往就是削弱或毁灭自己。而在全球化高度发展的今天,它给我们的启发是,国家要富强,不仅不能"弃黔首""逐客",更要想办法"留客",并能留住"客"(此"客"不仅是他国才智之士,也包括本土才智之士)。进言之,"敬业"还需以礼敬人才为前提。

《广韵》:"业,大也。"《集韵》:"业,壮也。"《诗·大雅·烝民》:"四牡业业,征夫捷捷。"其"业"即"高大健壮"之意。"敬业"不仅可使主体形象更加高大,也能使国家社会发展更加健康,各种软硬实力不断壮大。

《广雅》:"业,绪也。"其"绪"即"端绪"。"绪"是与"丝"或"巾"扯得上关系的,但却不具备"木"所具有的神圣性。《尔雅》:"业,始也。"《史记·太史公自序》:"项梁业之,子羽接之。"其"业"即"创始"。当代社会倡导"创业","创业"即"业之始"。然"创业"艰难,不仅需要"敬业",要有一定的资金、知识、技能上的储备,而且要有经得住煎熬的坚韧意志。

链接

"惜秦皇汉武,略输文采;唐宗宋祖,稍逊风骚;一代天骄,成吉思汗,只识弯弓射大雕。俱往矣,数风流人物,还看今朝。"毛泽东之所以能如此"指点江山,激扬文字",纵论历史上这些伟大人物,除了其自身所托有"情"、所拥有"业"之外,更重要的是,这些伟大历史人物本身也拥有"业"——他们都或多或少给我们留下了一笔遗产。以秦始皇为例,他给我们留下的"业",既有形下的,亦有形上的。

(1)江山一统的地理格局,雏形此定。秦境西至川陕,北到长城,南到越南,东濒大海,这是夏商周三代所不能比拟的。后来历代王朝,虽有所发展变化,但基本沿此格局。大国疆土的形成,意义深远,既有利于汉民族先进文化的传播,也有利于国防的巩固。

(2)高度集中的中央集权制——皇帝制度。国家很大,虽曾分分合合,但最后终归统一。地方必须服从中央。这是郡县制的功劳,也是高度集权的皇帝制度的功劳。这种制度对历史的发展进步起到了推动作用。

(3)高度统一的制度与文化。这个制度与文化,主要的不是田畴异亩,衣冠异制、车途异轨、言语异声、律令异法等,而是文字异形。统一文字为其他一切统一的核心。有了统一的文字,其他的一切之"异"都可以因文字"一统"而实现"通"。换言之,文字之统一,不仅为中华民族的文化一统、疆域一统创造了条件,而且为各民族的交往、交融、融合提供了纽带、桥梁或催化剂。

上述始皇之"业",虽不如其所修长城那么直观,但却更是历代学者文人绕不过去的。

3. 汉字学与当代社会对于"敬业"的认知

今天,我们对于"敬业"的一般解读是:"敬业是对公民职业行为准则的价值评价,要求公民忠于职守,克己奉公,服务人民,服务社会,充分体现了社会主义职业精神。"

学界所认可的"敬业精神"是:"人们在对职业的价值、意义与使命有高度认知基础上形成的一种对职业的崇敬、虔诚、敬畏、热爱、专心、积极主动、开拓创新、忠于职守、勤奋努力、锲而不舍、精益求精的心理和精神状态。"[1]显然,上述"敬业"仅要求公民敬重自己所从事的"职业",故与汉字学对于"敬业"的解读距离很大。以此,我们理应吸收传统文化中的合理部分,不仅要求工人、农民等职业人敬"职业",同时也要求学生敬"学业",后人敬前人之"基业",教师、公务员、科技人员、军人、艺人等应把敬"职业"与敬"事业""功业"有机结合起来,态度要"恭敬""严肃""慎重",与"敬祖宗"相似。当然,此处之"业"不包括那些与公正或法律相违背的职业。"敬业"不仅要敬自己的,也要敬别人的。换言之,主体有选择"业"的自由,却没有不敬的自由。因为你的不敬,影响的不仅是你自己,还有可能影响其他许多人或整个社会,其中当然也包括你的家人与亲朋。不敬的后果有时很严重,转瞬间就可能酿成罪孽。如一司机连续疲劳驾车十余小时,行驶途中睡着,看似勤奋努力敬业,结果却伤害了十多名中学生的性命,瞬间即成罪孽。其行为之实质即是对"业"的极端不敬,既没有"恭敬""严肃""慎重"地对待自己的职业,也没有通达"敬业"所必具的思想智慧。

> **链接：孔子敬业**
>
> 孔子是敬业的典范。
>
> 年轻时的孔子,位卑身微,曾当过管理仓库与畜牧业的小官("委吏"与"乘田"),但不管干什么"鄙事",他都能干一行爱一行,且都能干好:当"委吏"能做到"会计当",当"乘田"能做到"牛羊茁壮长"。这些成就,没有强烈的敬业精神是不可能做得到的。《孟子·万章下》:"位卑而言高,罪也;立乎人之本朝而道不行,耻也。"即职位卑微而喜发高论、议论上司,是为罪过;职位崇高位列国家权力中心,却不能实现国家安定、百姓富足,是为可耻。孔子52岁在鲁国副相的位置上,干了不到两年,就能把鲁国治理得有模有样,这与他"多能鄙事"的经历有关,更与他的敬业精神有关。正是这种敬业精神,让孔子从"少也贱,多能鄙事"的一般人逐渐成了"圣人"。
>
> 不过,需要提醒的是,孔子的"会计当"与"牛羊茁壮长"之后,还有"而已矣"

---

① 刘永春、肖群忠:《论儒家思想中的敬业精神》,《道德与文明》2016年第1期。

三字①。它给我们的启发是：我们在干好本职工作的同时，还要有高远的理想追求。既要精工于"技"，又要闻达于"道"。换成《尚书·周书》的说法便是："功崇在志，业广在勤。"要想成就丰功伟业，既要脚踏实地、勤于实践，更要虚怀若谷、志存高远。这才是真正的"敬业"！

链接：天道酬勤

"天道酬勤"意谓："上天或自然规律，一定会给勤劳或勤奋者以相应的酬报。"事实上，这个世界凡有所成就者，无论"立德""立功""立言"抑或"立艺"，其"成就"莫不由"勤"而来。什么是"勤"？一般人对"勤"的理解或认知可能会有些片面。事实上，真正的"勤"，不仅是勤奋，还应包括"恒""志（心或智慧）""力（体力与脑力）"在内。而这，正是汉字学能够回答的。

一、汉字学对于"勤"的认知

《说文》云："勤，劳也。从力，堇声。"可是，从"勤"之初文"𦰏""𥂀""𢡆"及其异体的构形分析，我们会发现，这种说法经不起推敲。此三字除了"𥂀"从"力"外，"𦰏"无"力"可从，而古文"𢡆"却从"心"。这种情况反映的事实有四。其一，"𦰏"作为"勤"之初文，说明无需"力"也能反映"勤"本应具有的本质意义。其二，"𢡆"则喻示"勤"所具有的劳苦、辛劳、尽心尽力等意义，并不仅仅是"体力"的付出，同时也有"心力"的付出。换言之，并非只有"劳力者"才"勤"，"劳心者"也可以。其三，秦统一文字，"𢡆""𦰏"被废除，最后以"𥂀"出之，确是先贤们深思熟虑的结果，因"力"所代表的不仅是肉体的辛劳，同时也代表着精神或心力。其四，"勤"字如作为形声字，其中作为声部的"堇"不仅是"声"，同时也是"形"。所以，此字又可作为会意字或会意形声字。再者，既然"堇"可写成"黄""莫"，则又说明"堇""黄"是可相通的。换言之，凡有"堇"或"黄（莫）"的字，皆与"勤"有关。如"歎"（"叹"的繁体字）应当就是人们因为"劳苦"而"叹"吧！

我们的具体分析从可能最为远古的"𦰏"（勤）字开始。这是个会意字。其最上部分无疑为"艹"，"艹"即"草"之初文。"艹"之下的"圆圈"即太阳。两部分相合，既会意太阳落入草丛或从草丛中升起，也代表着太阳东升直至落山的整

---

① 《孟子·万章下》："孔子尝为委吏矣，曰：'会计当而已矣。'尝为乘田矣，曰：'牛羊茁壮长而已矣。'"

个时间段。再往下是"大","大"即"大人"、成年人,"大人"挺立的背景则是日暮或日出的天地之间。最下为"土",即"土地"或"大地"。上下四个部分全部加起来,既是一幅动人的人的生产劳动画卷,也为一幅略带浪漫色彩的人的活动艺术剪影。于是,"𦱤"以"日出而作,日没而息",早出晚归,在土地上坚持不懈地劳作,且主要为"大人""成人"之事的形象,既生动描绘了"勤"的本来面貌,也深刻表达了先祖们对于"勤"形象的最初会意与诠释。

可能是"𦱤"创后不久,也可能同时,某些学者发现"𦱤"作为"勤"是有问题的:某些人虽然早出晚归了,可是他并不用"力"用"心",所以也不能算是"勤"。于是加"心"的"懃"或加"力"的"勤"便应时而生了。加"心"之"勤"告诉我们,"勤"不仅要有长时间的体力劳动的付出,还要"用心"。没有"用心"的"勤",许多时候是没有劳动效率或效果的。加"力"之"勤"最后被确立为统一文字,是因为"力"不仅能代表"体力"亦能代表"心力"。

二、经典文献对于"勤"的认知

(1)《老子》第四十一章:"上士闻道,勤而行之。"

此语意有多层。

第一,道是可以言说、可以听懂、可以传播、可以实践的,但不是随随便便可以,只有"上士"能。

第二,"勤"是"上士"的最重要特征。此处的"勤"身兼多义,既是辛劳、努力、尽心尽力,也是经常、有恒、忧虑和操心。老子说:"为学日益,为道日损。"[①]孔子说:"十室之邑,必有忠信如丘者焉,不如丘之好学也。""学而不厌,诲人不倦。"其中的"日益""日损""不厌""不倦""好学"皆是"勤"的具体表现。

第三,"上士"总是以"道"为自己的志业。"士志于道""君子谋道""君子忧道""士穷不失义,达不离道"皆表达了如此思想。

第四,"上士"因为深刻地懂得了"道",所以才"勤而行之"。"道",只有通过"勤而行之",才能得到证明、检验与发展。人的存在,无论是个体抑或群体,总是有限性的存在;人的认识,无论是个体抑或群体,总是有限性的认识。所以,只有通过不断的"行",才能不断地认识"道"、检验"道"、发展"道"。

换言之,没有"勤",我们既不能成为"上士",也很难认识"道";既不会以"道"为志业,也很难践行"道"、发展"道"。

---

① 语出《老子》第四十八章。意为:"探究学问,是一个不断地积累知识、能力的过程;提升道德境界是一个不断减少欲望、谬误的过程。"

（2）《左传·僖公三十二年》："勤而无所，必有悖心。"

此句本指蹇叔对于秦师"劳师而袭远"，必劳苦而无功，军队必生反叛之心的一种忧虑与判断。但推及一般，也具有普遍意义。这里的"所"可作"处所""房屋"解，即对于一般百姓而言，如果辛勤劳苦，却连个稳定的居所都没有，那就一定会产生反叛之心。这与孟子的"民无恒产，便无恒心"，与老子的"不失其所者久"亦高度一致。

（3）《左传·宣公十一年》："吾闻之，非德，莫如勤，非勤，何以求人？能勤有继，其从之也。《诗》曰：'文王既勤止。'文王犹勤，况寡德乎？"①

此语中有多处"勤"，意思基本一致，都是辛劳、劳苦、尽心尽力之意。全句共同透露的信息是：勤能医百"病"。此处"非德"，不是真无德，而是后文中的"寡德"，指没有足够的思想、智慧或天资，故难以通"道"。解决的办法仍只有"勤"。亦如孔子所说："好仁不好学，其弊也愚；好知不好学，其弊也荡；好信不好学，其弊也贼；好直不好学，其弊也绞；好勇不好学，其弊也乱；好刚不好学，其弊也狂。"即"仁""知""信""直""勇""刚"皆具局限性，且必须以"好学"才能解决。其"好学"就是"勤"。《左传·襄公二十九年》："美哉！勤而不德，非禹其谁能修之？"②认为大禹的命运就是通过"勤"而改变的。只是这种改变一般人很难做到。

此外，孔子的"好学则智，恤孤则惠，恭则近礼，勤则有继"③中的"勤则有继"与《左传》的"能勤有继"皆表达了同样的意思。其"勤"所表达的"有继"不仅是物质资料生产的保障，也是人的生产的保障。换言之，人只有"勤"，才可能得到存续与不断发展。

（4）《左传·宣公十二年》："民生在勤，勤则不匮。"

百姓们的生计、生存皆在一个"勤"字。只有勤奋，才可能不缺乏。此处之"民"，指百姓；"生"即生存、生计，亦可指生命；"勤"即勤劳、尽心尽力、劳苦操心等；"不匮"，主要指人所必需的物质资料丰富或不匮乏。

（5）"四体不勤，五谷不分，孰为夫子？"

此语是"隐者"对孔子的揶揄或讽刺，但可能并不合乎事实。第一，此语与孔子"少也贱，故多能鄙事"的生活经历不合。孔子三岁丧父，十七岁丧母，其幼少年时期的人生是有些苦涩的。其中"鄙事"就是指各种体力劳动。第二，孔子

---

① "我（此处指邰成子）听人说，一个人如果德行不厚，那么解决的最好办法就是勤奋。如果连勤奋都不具备，你就一无是处。既然一无是处，你又拿什么去向别人求助呢？只有在勤奋的前提下，你才有可能产生或磨砺出优良的品德。《诗经》说：'周文王是多么的勤奋啊！'像周文王这样的伟大人物都勤奋不已，又何况我们这些德行浅薄的凡俗之辈呢？"

② 大禹真是伟大完美啊！他以夜以继日的勤劳完全弥补了自己的德行菲薄。如果不是大禹这样伟大的人物，又有谁能仅以一"勤"字而修成如此的伟大道德与智慧呢？

③ 语出《孔子家语·弟子行第十二》，意为："好学就是智慧，恤孤就是仁爱，恭敬就是礼义，勤劳就有保障。"

所教"六艺"之中,除了"数"多需动脑之外,其他如"射""御",甚至"乐""书""礼"等,皆是需要动手的。第三,"四体不勤"也不能完全代表脑力劳动者的生存状况,许多时候,脑力劳动者也需要亲自动手。第四,孔子主张"多识于鸟兽草木之名",不可能"五谷不分"。不过,以"四体不勤,五谷不分"来描述今天社会中的某些人却是恰当的。

人生在勤! 勤能补拙! 有了"勤",思想智慧也能生于其中。

(三)诚信

"诚信"虽位列社会主义核心价值观之十一、个人层面之三,却是个人层面价值之核心。凡"诚信"者必"敬业"。凡"诚信"者多"友善"。但需要注意的是,"诚信"并不等于"友善"。

1. "诚"的汉字学解读及分析、启示

"诚"的初文为 **䛍**。左"言"右"成"。《说文》云:"诚,信也。从言,成声。"即云"诚"乃形声字,其意已涵括了"信"。其实"诚"亦可会意:凡主体所"言"能够得以"成就"或"实现"即可谓之"诚"。

"言",本书已述及。简言之,"言"出于"口","口"通于"心","心"通于思想智慧。

此处主要讲讲"成"。

"成"之初文有"䇂""䇂""䇂""䇂"等多形。细察之,皆象斧钺之类武器置于"丁"上或挂于"丁"上之形。《说文》云:"成,就也。从戊,从丁。""丁"即今之"钉"。文字发明之初,并无金属之"钉",故"丁"多为木制,象形。"戊"之初文为"䇂""䇂"等。两相比较,它们皆相类似,即皆"从戈"。"戈"是战争、军队、强力、暴力的象征。把"斧钺"挂于"丁"上,即寓干戈已息、事功已就、大业已成,且该事功、大业的获得又多与暴力或军事斗争的胜利或结束有关。《玉篇》:"成,毕也。""成"之"从戊""从戈""象斧钺"的最深层意义是,社会"诚信"的建立,其背后必得有"暴力机器"作支撑。换言之,如果没有军队、警察、监狱、法庭等暴力机构为社会"道德"或"公平""公正""正义"张目,"诚信"环境的建立只能是一句空话。

《史记·刘敬叔孙通列传》:"夫儒者,难与进取,可与守成。"其"成"即"成绩""成就"。此处说儒者"难与进取,可与守成",其真实意思是说儒者在社会动乱之际,往往羞于言兵、不敢言兵或不愿积极参与反叛性的军事斗争。这虽有片面性,但也有其深远的历史根源、思想根源或现实根源。历史上,自商周以来,儒者便多以"六书"或"六艺"为师为业,而少有谈兵者,但并不是不懂得军事。思想上是因为儒者崇"礼"。"礼者,法之大分,类之纲纪也,故学至乎礼而止矣。夫是之谓道德之极。"因为崇之,最后就必得拘之。现实是因为儒者不管处于何种时代,都是社会所不可或缺者,是知识的传播者,是社会的良心,是诗、书、礼、乐文化的保存者,是历史的见证者,是社会"诚信"的代表或象征(少数"俗儒"不在此列)。于是,所谓的"进取",如果最后没有儒者的参与,就不能获得其合法性地位。

《论语·颜渊》:"君子成人之美,不成人之恶。"其"成"即"成全""助人成功"。君子为何要成人之美?既源于君子对于"人之美"之"信",亦源于君子欲成"己"之"义"、成"人"之"义"。信"人之美"是因为君子对"人之美"有深刻认知,知道"人之美"不仅有益于人,也有益于社会,故君子知"人之美"则必"成"之。"义,己之威仪也","信近于义",故君子能"成人之美"之最深刻根源还在于此行既能大大提高自己在共同体或历史中的光辉形象,也能彰显"己"之"信"与"义"。于是,"成人之美"就是"诚信"的最佳表现。

"成"的引申意有"完成""实现""成就""成绩""成熟""茂盛""成为""成全""助之成功""和解""裁决""使平均""并列""必定""既定的""现成的""重""层""象""格式""可能""十分之一",还可通"盛"、通"诚"等。"成"有如此众多引申意,皆源于其中有"信"。

在生活实践中,人的语言表达诚实不欺、言而有信,是其成事、成功、成人之重要前提。其中"成人"最难,"权利不能倾也,群众不能移也,天下不能荡也。生乎由是,死乎由是,夫是之谓德操。德操然后能定,能定然后能应,能定能应,夫是之谓成人。"不仅如此,"成人"之难还在于盖棺之后,要经得起历史或思想的追问。

链接

《大学》:"所谓诚其意者,毋自欺也。如恶恶臭,如好好色,此之谓自谦。故君子必慎其独也。"意为:"所谓诚其意,就是诚心实意,就是本真自然,对自己对别人皆如此。既不欺骗别人,也不欺骗自己。就好像闻到恶臭就会感到厌恶,见到美色就会心里由衷欢喜一样,这便是自尊自重。"①所谓"慎独",既是社会对君子的要求,也是君子对自己的要求。它要求君子在独处时,自己的基本人性也要受仁义道德或理性意志的约束。比如"好好色",虽然可以表现为一种愉悦的情感,但却不能变成一种有违仁义道德或礼制的行动。以此可知,君子之所以要"慎独",就在于君子独处时与一般人一样,容易受基本人性的驱使而出问题或犯错。具体说来,君子所慎的"事物",除了"好好色""恶恶臭"之类外,还有没有其他呢?有!《中庸》给予了肯定的回答:"君子戒慎乎其所不睹,恐惧乎

---

① 这句话中的"谦",笔者认为应解释为"敬重""尊重"。

其所不闻。莫见乎隐,莫显乎微,故君子慎其独也。"既包括自己从来没有见到过的、没有听说过的,也指自己的所作所为不为别人所听闻的。前者可能会因为认知上的原因让君子犯错,后者则可能让君子自欺欺人。不是主观故意犯的错,一般容易改之;如是自欺欺人,则可能让人万劫不复。为什么?因为"莫见乎隐,莫显乎微",这个世界没有什么事情能被永远隐瞒,也没有什么细微之物能永远不显现。人之行,因为"民"之无处不在,公正、道德无处不在,所以皆无法隐藏。

其实,"慎独"并非只是防范犯错,还要防范偷懒、防范自我放纵而不再坚持"格物"或"修身"。《大学》云:"古之欲明明德于天下者,先治其国,欲治其国者,先齐其家;欲齐其家者,先修其身;欲修其身者,先正其心;欲正其心者,先诚其意;欲诚其意者,先致其知。致知在格物。物格而后知至,知至而后意诚,意诚而后心正,心正而后身修,身修而后家齐,家齐而后国治,国治而后天下平。自天子以至于庶人,壹是皆以修身为本。""格物而后知至","修身者智之府也",可见"修身"与"格物"的根本目标与内容是一致的。具体来说,就是通过不断的学习、研究、实践,认识自然、社会、人类自身之存在、发展、变化之规律性。换言之,如果一个人对这些规律一无所知,那么所谓"意诚""心正"便不可能实现,"身修、家齐、国治、天下平"当然也就无从谈起了。

综上可知,所谓"诚其意者",并不是我们一般所想象的那样仅为"好好色""恶恶臭",而是与康德所谓"意志自由"高度一致。不是一味地放纵自己的主观欲望,而是如老子所云,"心使气则强","自胜者强",即能够以自身的理智、意志控制好自己的情感与行为。

2. "信"的汉字学解读及分析、启示

"信"的初文及异体至少有"𦐇""信""信""𧦂""𠈌"五种。不同的构形,依据不同的造字理据,不仅寄予了先贤们对于"信"的不同理解或期望,也客观地反映了"信"的不断发展,表达了"信"的重要作用。一般认为"人言为信",即或是世上最复杂缜密的"谎言",其中也一定隐藏着你需要的"真实"。关键在于你能否"知言":"诐辞知其所蔽,淫辞知其所陷,邪辞知其所离,遁辞知其所穷。"[①]日常生活中,因为一般人并无上述"知言"之能力,所以,即或"谎言"并不复杂缜密,亦可颠倒众生。于是,基于对"人言"的极度不信,古人又有了"信"的另构,即"信""𧦂""𠈌"等。

---

① 语出《孟子·公孙丑上》。意为:"偏颇的言辞,知道它遮蔽的真实;迷惑的言辞,知道它所设下的陷阱;邪恶的言辞,知道它背离了正义有多远;欺骗的言辞,知道它的缺陷在哪里。"

　　上述"信"字的五种初文，除了"𢘅"是两"心"相交之外，其他四个皆有"人"与"言"（"口"亦通"言"）。以此可知："信"是属"人"的；凡"人"皆有"信"；"信"主要以"言"为表征。"言"出于"口"，"口"通于"心"，"心"通于"良心""思想""智慧"，所以，"信"也是人的良心、思想、智慧的表达。孔子说："人而无信，不知其可也。"即言人之无"信"，一无所是，也就寓涵了没有良心、思想、智慧的意思。所以，有"信"也就是有良心、思想、智慧的表现。不过，"信"与"道""德""仁""义""美""善"等一样，也不是容易被深刻认知的。

　　要想真正认识"信"，我们必须从认识人开始。正如本书前言中对"人"进行的汉字学解读所表明的，只要是"人"就理应具有"仁""义""礼""智""信"等特征。

链接

　　赵州禅师的寺院里，来了位王公大人，与禅师对话片刻，禅师坐在禅床上抱歉道："我从小吃素，现在年老体衰得厉害，接见客人时，没力气下禅床啦！"王公大人对他尤加尊重礼敬。

　　隔天，王公大人又派位将军来传话，赵州禅师便下床去接待将军，侍奉在左右的小和尚就不解地问："昨天王公来，师父不下禅床；今天派将军来，为什么又下床应对呢？"禅师笑笑说："这不是你们能明白的，第一等人来访，我就在禅床上迎接；中等人来访，我就要下床迎接；末等人来访，我就得走出门去迎接。"赵州禅师的话与世俗的想法恰好相反，不以贫富权位为等级，只以眼光高下为随喜。

　　末等人计较最多，最留意排场待遇，虚文缛节一样都不能少，少了就要见怪。中等人还有点自卑，对他仍需要礼数周到，让他面子十足，心中才喜悦。而第一等人，只需真诚对待，以朴实面目直来直往，勿使卑辞俗套带着势利气味，拘礼反失潇洒，威仪也成恶趣，只需寻常床榻旁对话，无所标榜，无所营扰，无所求取，无所艳美，才让他优游自在，坦然愉快！

　　这则故事可以给我们如下启示。

　　（1）佛家心中的所谓"众生平等"，其实就是"众生不平等"。以"不平等"或"有分别"的方式对待不同的人，就是"平等"。这与俗世关于"平等"的最深刻认识并无什么区别。所谓"阎王易过，小鬼难缠"，则是从另一个侧面说了同样的道理。故现实中的"平等""公正"最忌讳"一刀切"！

　　（2）所谓"礼"，无论僧俗，都是虚无性与实在性的统一。对于有些人，"有礼"反而是"轻忽"；对于有些人，"无礼"反而是"看重"。夫妻之间、母子之间，由于亲密无间,所以可以不拘礼,可以"轻忽",至爱亲朋之间亦如是。"礼"只"对外"——对于不很亲密或不很熟悉的人则必"讲礼",必"看重"。赵州禅师对王公的"轻忽",必有一前提——熟悉与了解,不然就无所谓"上等下等"之说。故"看重"既是真"看重"亦可能是真"轻忽"。

(3)上述两点启示不能无条件地引入公众政治生活领域。在政治生活中,上等就是上等,下等就是下等。这既是政治伦理,也是官场哲学。

"人"之外,"㐌""信""信""䚱""心"的部件还有"口""言""心"。此三字我们也在前面分别述及了。为了尽可能客观、准确地表达出"信"意,先贤们不仅为"人"加了"脚镣""手铐"——"信"之"亻"加了"脚镣"成了"亻";"䚱"之"亻"不仅加了"脚镣",而且加"手铐"成了"牟";而且还曾抛弃过"人",仅以"人心"构之,把"信"写成了两心相交之形,即"心"。两个人"心心相通",其诚实可信,似无可置疑。可是,仔细想想,我们自己能完全相信自己吗?自己对自己内心说的话,自己给自己的承诺,自己给自己设定的目标,都能实现吗?事实是,不能!于是两"心"相交之"信",同样只是智者、先贤们寄予"人"或"信"的一种理想。

秦统一文字,抛弃上述所有异体,只留下"信",因为此字已包括了其他异体想要表达的意旨。例如,我们的先圣先贤早就知道,人生而自由,但无往不在枷锁之中,所以在"信""䚱""㣺"等字的"人"部上加上"脚镣""手铐"实属多余,且有害于汉字的书写性与艺术性。

"信"的引申意囊括了上述所有异体对于"人""信"的希望或理想、忧虑或期待,具体而言,其引申意有"诚信""不欺""确实""的确""相信""信任""信仰""信奉""佛教信徒""符契""凭证""证实""应验""使者""信息""消息""书简""信件""明""审""保""用""连宿两夜""知晓""依靠""按期""准时""引信""任凭""随意""信石(砒霜)"。"信"又通"申""伸""身"。"符契""凭证""证实""应验"等,是法律在"信"的实践中得到具体实施的表现,如"介绍信"便是"信的凭证"或"不信的凭证"。"消息""信息"既可信,亦不可信。"连宿两夜"是因为谎言往往只需两天两夜便可得到证实或证伪。"任凭""随意",表达的既是最大的"信",也是最大的"不信"。"信手拈来"是最大的"信","信口开河"是最大的"不信"。通"伸"是因语言有无限的伸缩性。通"身"是因为"身"是实现"信"最好的"质"。"信"可代"信石(砒霜)",其所彰显的特别意义可能是:"信",就像"砒霜"一样,可以造成人与人之间难以挽回的"伤害"。人与人之间的"伤害"多是以"信"为基础的。父母溺爱自己的孩子，因此而使孩子无法无天，甚至违法犯罪，原因是他们不仅相互信任，而且坚信这就是最好的"爱"；骗子之所以能得逞，原因是他总能赢得别人的信任；侵略者的屠杀，是因为他们坚信这种方式是解决问题的最佳方式。所以孔子说："好信不好学，其弊也贼。"这个"贼"就是"伤害"，而这个"伤害"则不仅能伤害别人，也能伤害自己。

"信"，按照一般的解读，就是"诚信不欺"。可是，当我们继续追问什么是"诚信不欺"时，却会发现，"诚信不欺"并不意味着对人绝对要说真话或践"信"而行。为什么？因为"信"并不是最高道德范畴，在它背后还有更重要的东西——仁义道德。《左传·文公元年》："信，德之固也。""信"，一方面是"道德"的一部分，另一方面又是捍卫它的最基本的工具或防线。

3. 汉字学与当代社会对于"诚信"的认知

"诚信"一词古已有之，《孔子家语》《荀子》《孟子》中均有提及，如《荀子·致士》的"诚信如神，夸诞逐魂"①，《孔子家语·儒行解第五》中的"言必诚信，行必忠正"等。

当前，我们对于"诚信"的一般解读是："诚实守信是人类社会千百年来传承下来的道德传统，也是社会主义道德的重要内容，它强调诚实劳动、信守承诺、诚恳待人。"这一解读强调，"诚信"乃共同体、公正或社会存在的根基。它与"真诚""承诺""践约"等密切联系。去"诚信"就是弃道德、去生活②。它要求我们每一个公民在面对他人时都要"诚实不欺"。可是什么才是"诚实不欺"或"诚实守信"？汉字学对于"诚信"的解读与分析告诉我们：主体的语言表达，不管任何时候，既不能无辜伤害别人，亦不能伤害自己，更不能伤害真理；而其最后的结果，经过实践的检验，如其形象愈加高大，且能成事、成功、成人，即说明"诚信"已经实现，如果仅"诚笃言实"而没有最终成功的结果，不能说实现了"诚信"。

（四）友善

"友善"位列社会主义核心价值观末位，意味着其价值从属于"公正""诚信"，且不易深刻认知。最深刻的"友善"即"公正""诚信"。失去"公正""诚信"的"友善"即为伪善。

1. "友"的汉字学解读及分析、启示

"友"的初文为""。象两只朝着一个方向用力的"手"。既可会意"人"有共同

---

①　一个人如果诚实有信，就会像神一样受到别人的尊重或敬服；反之，如荒诞无稽，就会像失去灵魂的行尸走肉一样进退失据。

②　郭慧云、丛杭青、朱葆伟：《信任论纲》，《哲学研究》2012 年第 6 期。

理想或志趣①，亦可会意"友"如人之"手"②。为何以"手"为"友"？至少意有三层。一是强调了"友"的重要性地位。人之有"友"如人之有"手"，人之无"友"犹如人之无"手"，有"手"有"友"成事易，无"手"无"友"成事难。二是彰显了"友"的从属性地位。"手"是人之身体的重要部分，但只是其一部分，且永远只能从属于人，即不管"友"何等重要，任何时候都不能取代人的主体性或中心地位。三是说明"友"应如人之"左右两手"，既能精诚团结、配合于无形，劲往一处使，偶也可能互相伤害，即使没有主观故意。

"友"的最大特征是能形成"合力"。"同志为友"，既可是两个人志同道合、同心并力，也可是多人或无数人的力量集合。无数"同志"之"友"，既可以破坏一个旧世界，也可以建设一个新世界。革命者互称"同志"，即人人"志同道合"皆为"友"。然而，随着物换星移、时代巨变，"同志"或"友"的称谓也发生了变化。"同志"者多为陌路，有时为戏谑，甚至还用以指同性恋。"友"者不仅可为陌路（如"网友"等），即或不是，也以"金钱""酒肉""麻将"为多，略高雅者，莫过"琴""棋""书""画""舞"之类而已。

除上述初文外，"友"还有" "" "两异体和一古文" "。异体下部之"口"或"曰"，既代表语言，也代表思想智慧。换言之，仅仅"同志"（有共同志向），仍不一定能为"友"。初文中，两个朝向一个方向的"手"寓涵了深刻的思想：唯有同心才可能并力。"口"则是对语言或思想智慧的重视与强调。古文" "类于"习"，说明"友"的形成多与人一起玩耍或学习有关。

"友"之引申意主要有"互助合作""朋友""结交""与……为友""亲善""友爱""关系友好"等。很明显，在社会主义核心价值观中，似仅取"亲善""友爱"之意。

《孟子·滕文公上》："乡田同井，出入相友，守望相助，疾病相扶持，则百姓亲睦。"其"友"即"互助合作"。赵岐注："'出入相友'，相友耕也。"郑玄说得更具体些："友，谓同井相合耦锄作者。"《说文》云："耦，耒广五寸为伐，二伐为耦。"《广雅》："耦，耕也。"贾公彦疏："两人耕为耦。"简言之，"耦"是一种有两"伐"的耒耜类农具，也指两人并耕的耕作方法。"相友耕"既需两人同心并力，又需两人互相配合、互相信任。"相友耕"，在提高耕作效率的同时，也可增进邻里感情，形成"守望相助，疾病相扶持"的睦邻友好关系。再进一步分析考察，我们还会发现，它有一个前提条件：乡田同井。即这种"相友"关系的形成，既有共同地域性存在所形成的互知根

---

① 《说文》云："友，同志为友。"
② 《三国演义》："朋友如手足，妻子如衣服。衣服破，尚可补；手足断，安可助？"

底，也有共同的利益、情感，甚或性情。以此可知，"出入相友"并不像赵岐、郑玄所注的那么简单。因为"耦耕"仅是"出"之事，似与"入"无关。"入"即意味着这种"友"在"出"之余，也常在一起交流、玩乐、生活。今天，由于社会变迁，像农耕时代那样的"相友"关系，已很难形成。今天的"友善"需要"互助合作"，但却不一定同时能成为互知根底的所谓"挚友"。

子曰："益者三友，损者三友。友直，友谅，友多闻，益矣。友便辟，友善柔，友便佞，损矣。"①其"友"即为"结交"或"以……为友"。由于"友"对人的成长、成人、成才有巨大影响，所以，古圣先贤都主张要择友而行、择邻而居。荀子说："蓬生麻中，不扶而直。白沙在涅，与之俱黑。兰槐之根是为芷，其渐之滫，君子不近，庶人不服，其质非不美也，所渐者然也。故君子居必择乡，游必就士，所以防邪僻而近中正也。"说明人的成长不可能不受环境的深刻影响。进言之，只要我们能真与公平正直、诚信宽厚、见闻广博的人为友，就有可能让自己也成为此类人。当然，"择友"不等于"友善"，"择友"有明确针对性，"友善"却像阳光普照大地。

《周礼·地官司徒·师氏/媒氏》："师氏掌以媺诏王。以三德教国子：一曰至德，以为道本；二曰敏德，以为行本；三曰孝德，以知逆恶。教三行：一曰孝行，以亲父母；二曰友行，以尊贤良；三曰顺行，以事师长。"其"友"即"亲善""友爱"。"友行"，即实现"亲善""友爱"的"德行"的具体标准。标准是什么？"尊贤良"。何谓"贤良"？公平正直、诚信宽厚、见闻广博之人即"贤良"。"尊贤良"是为"友行"，但并不一定就能让"贤良"成为己之友。如不能，就要自我反省，并不断修正自己的行为，以向"贤良"靠拢。"尊贤良"是"友善"的重要内容，但却不是全部。换言之，社会主义核心价值观中的"友善"，需要我们尊重每一个人，即或罪大恶极的死囚，我们亦应以友善的态度尊重其基本人权。

《南史·傅昭传》："昭弟映字徽远，三岁而孤。兄弟友睦，修身励行，非礼不动。"其"友"即"相敬相爱"。"友"应以"互相敬爱"为前提，如无此前提，则无论朋友或兄弟，皆可能互视为陌路，甚至可能互相残害。

链接：有朋自远方来，不亦乐乎

《论语·学而》："有朋自远方来，不亦乐乎。"对于这句话的理解，历代学者各有不同。其原因，一在于"朋"，一在于"乐"。

"朋"的初文为"　"，会意字。为远古时代的货币或货币单位，象两串用

---

① 孔子说："对自己有益的朋友有三种，对自己有害的朋友也有三种。与公平正直的人为友，与诚信宽厚的人为友，与见闻广博的人为友，便是对自己有益的。与擅长阿谀奉承的人为友，与善于柔情蜜意的人为友，与擅长花言巧语的人为友，便是对自己有害的。"

绳子串起来的"贝"或"玉"。因为个体之间既是并列关系,又联系在一起,所以就有了"同道""同门""同类"等的引申。

"乐"的初文为"𣓟",上为丝,下为木,实为以丝、木所制之乐器。"乐",不仅"喜形于色",且必有所动作及语言表现。

"有朋自远方来,不亦乐乎。"这里的"朋",基于历史事实的考察可知,既可指有共同志向并彼此有所了解的朋友,亦可指孔子所收的来自各诸侯国的学生。有朋自远方来,孔子因何而乐呢?笔者以为,孔子之"乐"主要有三个原因。一是"人知我"。孔子兴办私学当老师,许多学生慕名而来,结伴而来。可以想见,这些"朋"们会为一个无德、无才、无能、无识之人远道而来吗?所以这个"乐"说明孔子是有才德的君子且名扬遐迩,受到社会认可、推崇,成为天下人的榜样,这才是令人持久快乐的根源。二是"得天下英才而教育之"。孔子说此话之时,"孔门十哲"已有八位来到身边,教之育之,争之论之,教学相长,不能说不是天下至乐之一。其三应源于学生们的"自行束脩以上"。"束脩",古人认为是一捆或十条肉干,今天来看就是学费。圣人也是人,也需食人间烟火,所以基本的物质生活资料也是不可或缺的,更何况孔子还有"食不厌精,脍不厌细"之说。人们从一顿美食中所获得的快乐,也不亚于破解了一道科学难题。

上述分析让我们得到如下启示。

(1)"友"不是非得幼年一起长大才可形成,"圣人无常师","闻道有先后,术业有专攻","三人行必有我师",我们每个人均有可能交到不同层面或不同地位的朋友。

(2)朋友之间,精神上的互相支持、帮助、鼓励、砥砺必不可少,物质上的帮助、支持亦不可或缺。两者之间,应以精神为主,物质为辅。

(3)要想有真朋友,必须要有自己坚定的"修行",一个人如果既无才亦无德,就不会有真正的朋友;如果有也只是"酒肉朋友"或"一丘之貉"。另外,朋友之间的"义",不是无原则的,它一方面能让主体在社会中或在朋友中不失威仪或尊严,另一方面也能不违最基本的公平正义。

2."善"的汉字学解读及分析、启示

"善"的初形及异体发展至今主要有"𦍌""𦍋""譱""譱""譱""善"等六种。其他略有变化的,也不出上面六种之意象范围。

"𦍌"是"羊"的头部形状,上部为两角,下部为羊脸,最接近今天的"羊"字。"𦍋"更像真正的"羊头",因不具书写性而抛弃。先圣以"羊"为"善",有深刻的经济与意识形态原因。羊是人类较早驯化的动物，温顺可爱，繁殖力强，肉质鲜美，皮毛可御寒，能给人较多、较好的生活保障，而且其头骨与角也能成为人们喜爱的艺术品。羊的这种特点，昭示出先圣对于"善"的最初认识："善"的实现，不仅有一定的艺术美、形式美、精神美，还要有一定的物质保障。

"羊"已不是简单的象形字，而是由两个象形字组合成的会意字。它的上部仍是"羊"，而下部则多了一只"眼睛"。这只"眼睛"就是"直"（直）。"直"，前文已述，既是"德"（德）的核心，又可通"道"（道），可引申为公平、公正、正义等。说明凡"善"的实现，必得通于"道德"或公平、公正、正义，不然则算不得"上善"或"至善"。

"善""善"两字构形基本相同，只是下面部分有"两言"或"一言"之变化而已。此类构形的出现，比起上述之"羊"又是一个伟大的进步。因为"言"不仅是思想智慧的表征，也是"传道""与人为善"的工具。一切思想都无法逃离语言的辨析，更无法摆脱语言对它的重新书写。任何思想，无论是"善"与"信"或"仁""义""礼""智"等，如果没有经过语言的提炼、组织、追问、反思，皆是不可崇信的。

"善"是帛书《老子》之"善"，亦是上述篆书的简化，与后世隶书即今文之"善"同，是"羊"与"言"更加紧密的结合，其中，"羊"之形俱在，而"言"则难以窥见其全貌而突出了"口"。"口"的突出使"言"退隐于背影之中，使此字的书写更趋简易，同时又表达了更加丰富的内涵。这个"内涵"，一在于它寓涵了"言"，因为"言"出于"口"，是"口"的功能之一；二在于它强调、突出了"口"，即是更加强调了"人"的重要与可贵。此外，"口"还是"知""信""名""智"等的组成部分。老子说"圣人为腹不为目"[1]"夫唯无以生为者，是贤于贵生"[2]"道者，万物之奥。善人之宝，不善人之所保"[3]，这告诉我们，"善"的最基本内涵是当权者（也包括普通的有钱有能力的人）应把别人的生命置于自己的养生长寿之上，要把解决天下百姓的生存需要当作自己从政的第一目标。

"善"不仅有上述意义，而且与"美""义"意义相通、构形相关。

---

① 语出《老子》第十二章。意为："圣人的根本任务是解决人民生命得以存续的最基本需求——口腹之欲，而不是追求各种其他感官享受。"

② 语出《老子》第七十五章。意为："圣人让那些没有能力生存下去的生命继续生存下去，要比自己的所谓养生长寿更为重要。"

③ 语出《老子》第六十二章。意为："道是万物得存在、发展的奥秘所在，既是善于认知、运用它的人的法宝，也是不善认知、运用它的人所能生存下去的保证。""善人"保护众人，众人受"善人"引领与保护，这是社会存续、发展的基本规律。

"义"的初文为"義"。上为"羊"(即"善"),下为"我"(一"人"持"戈"而立之形)。"我"以"善"的面目出现于大众面前,或"我"以自身努力以行"善"或维护"善",即为"义"。

美的初文为"美",与"義"一样,上亦为"羊"(即"善");下为"大","大"即"人",是张开四臂正面挺立的"人"。它直接宣示出:"人"不"善"即不"美";"美"即"大善"或"善"的壮大与扩张;"美"是"善"的更高级形式;"美"的就应当是"善"的;"善"的必定有"美"的内容与形式,或就是"美"。"善"何以致"美"?仅从其初文构形上观察,便是让"善"大起来,也即让"人"大起来。"善"与"人"何以能大?按老子的说法便是"为学日益,为道日损",按屈原的说法便是"吾独好修以为常",按孔子的说法便是"志于学""好学",按荀子的说法则是"学至乎没而后止也",按诸葛亮的说法便是"静以修身"。总而言之,就是让人在不断的学习过程中,使其"仁""义""礼""智""信"得到不断的扩充,以成为"君子""善人""圣人"。

上述提到的"善人"还需要说明一下,绝不是当今一般所谓"善良的人"或"行善积德的人",而是老子所云"天道无亲,常与善人"中的"善人",不仅善良有德,而且对天道自然与事物发展规律有深刻认知并能灵活运用。

"善"之引申意主要有"吉祥""美好""善人""善行""正确""和善""友好""亲善""喜爱""妥当的""好好的""擅长""会""慈善""领悟""熟悉""工巧""高明""大""做好""赞许""表示应诺"等。在上述诸意或社会主义核心价值观中,其最重要的意义应为"适当""妥当"。老子所说"居善地,心善渊,与善仁,言善信,政善治,事善能,动善时"①,其中之"善"即为"适当""妥当"。这里的"适当""妥当"不仅涵括了"和善""友好""亲善",而且就是"德"或"道"。

《论语·八佾》:"子谓《韶》,'尽美矣,又尽善矣。'谓《武》:'尽美矣,未尽善矣。'"其"善"即"吉祥""美好"之意。在上述语境中,孔子所言之"善"主要指内容,"美"主要指形式。《韶》,传为舜时所作乐曲,其主题表达国泰民安、欢乐祥和之意,故其内容形式皆可能做到尽善尽美。《武》,传为周武王时所作乐曲,主要表现武王如何以武力灭商兴周,故不管其形式如何庄严肃穆,其中也免不了有杀戮之气。

《论语·为政》:"举善而教不能,则劝。"其"善"既是"善人"也是"善行"。"举"即"推崇""提拔"。《广雅》:"教,效也。"《说文》:"教,上所施下所效也。""劝",即"勤勉""鼓励"。这句话说明人是否勤勉或能否受到鼓励,主要与其个人荣誉或利益紧

---

① 语出《老子》第八章。意为:"居住要选择妥当的地方,胸怀要有适当的深邃宽广,对别人的仁爱的施与要适当,语言表达要有恰当的信度,公正、正直有利于国家治理和长治久安,做事有适当的能力水平,采取行动要选择合适的时机。"

密相关。当权者应因势利导，让"善人""善行"或勤勉之人得到相应的利益或荣誉，让勤勉的继续勤勉，不勤勉的也有了效仿的榜样。故对正直善良的人给予提拔，对能力欠缺的人给予教育，既是让他们获得利益与荣誉的具体措施，也是让他们能够继续勤勉或获得鼓励的策略。于是，当权者"与人为善"，并带领天下人皆行"善"，最后实现天下和平安宁便有了可能。

《孟子·尽心上》："善政，民畏之；善教，民爱之。"其"善"即"正确""良好"。"善政"与"善教"，为政都需要。当权者要让"民"既"畏"且"爱"，不仅要有正确的政策措施，更要有以身作则的精神。《释名》："善，演也，演尽天下物理也。"何谓"正确""良好"？能"演尽天下物理"者即"正确""良好"。它是合规律与合目的的统一。"善政"与"善教"的有机结合就是这种统一。由此观之，"友善"不仅是公民之间或公民个人之德，也是政府对待公民之德。换言之，如果政府或代表政府的公务员对公民或百姓不友善，那么社会或个人的友善便无从谈起。

链接

《吕氏春秋·先己》："行义则人善矣。"这句话说，"行义"就是"行善"。但仔细推敲却不一定站得住脚。为什么？问题就出在人们对"义"的认识上。对于这一点，韩非子的认识最为深刻："兄弟被侵，必攻者，廉也；知友被辱，随仇者，贞也。廉贞之行成，而君上之法犯矣。"看到自己兄弟被人侵犯、欺侮，必定帮助兄弟进行反攻，一般认为这不仅是"义行"而且符合"公正"的原则；知道自己好友被人侮辱，就替好友出头或与好友一去报仇，一般不仅认为这样的行为就是"正直""正义"而且也是"正当"。但是，如果我们真的这样去做了，往往就触犯了国家的法律了。何以如此呢？

（1）此"义"中有"私"。唐代陆贽对此有深刻认识："示人以义，犹患其私。"遇到自己兄弟或好友被人欺侮，主体为了表现自己的"义"，往往就容易感情用事，一旦被感情遮蔽了双眼，就会做出很不理智的事。所以老子一再强调"自胜者强""心使气曰强"，也就是说，只有能用理智控制自己情感的人，才称得上真正的强大。

（2）一般人对于"义"的认识，存在一定的局限性。换言之，你认为是"义"的并不一定真是"义"的。同一件事，既可能是行善行义，也可能是造孽作恶。

（3）法律一旦制定，就带有一定的权威性。我们一般人没有能力也没有权力替有关部门执法。老子说："常有司杀者杀。夫代司杀者杀，是谓代大匠斫。夫代大匠斫者，希有不伤其手矣。"告诉我们，一般人绝无替"有司"执法的权力与能力。如果僭越了这种权力，很少有不受到伤害的。

基于上述分析，如真遇到兄弟、朋友被人侵害、欺侮，我们应当怎么办呢？

必须冷静理智地具体情况具体分析：如果是符合法律的正当防卫，我们必须视自己的能力快速采取正当防卫措施；如果不在法律的正当防卫范围内或已超越自身能力控制，我们就得求助于"有司"的帮助。古人尚且如此，我们理应比古人的认识更加深刻。

帮助朋友、兄弟，可以"从心所欲"，但必不能逾"矩"。这个"矩"就是神圣的法律。唯有不逾"矩"的"友善"才是真正的"友善"。

3. 汉字学与当代社会对于"友善"的认知

"友"与"善"相连，早在《荀子》当中就有："取友善人，不可不慎，是德之基也。"但其中的"友善"并非一词。真正作为一词且与今之意近的，最早始于宋代。如《资治通鉴·汉纪五十二》："备少与河东关羽、涿郡张飞相友善。"其"友善"与今之"友善"相类。

社会主义核心价值观中的"友善"，一般的解读是："强调公民之间应互相尊重、互相关心、互相帮助、和睦友好，努力形成社会主义新型人际关系。"这一解读中，"友善"主要表现为"礼貌"与"仁爱"。这种"礼貌""仁爱"，常与"文明""和谐"紧密联系。换言之，如果我们不能做到"友善"，便既可能破坏"和谐"，亦可能沾污"文明"。具体言之，则是要求主体在处理与他人关系时，要普遍做到谦虚、平和、尊重、仁慈、有爱心。不仅对君子、大人、长辈、上级如此，即或对小人、恶人、仇人、下级亦应如此（即或对敌人，也应遵循有关战争法则与人道主义原则）；不过，当有"敬而亲之""敬而远之""敬而重之"之别。荀子说："取友善人，不可不慎，是德之基也。"启示我们，"友善"还必须把握一个度，不要误导他人或让自己受到伤害。如男女之间的"友善"不要被误认为"示爱"，陌生人之间的"友善"不要被利用为"陷阱"，上下级之间的"友善"不要被误导而失去"公正"。

链接：什么是"勇"

一、汉字学对于"勇"的认知

"勇"的初文为"🎇"。上"🎇"（口）为形，下"🎇"（用）在此字中，既可为声，亦可有形有意。

"🎇"为人之口。其意既可为"人"或"人口"，亦可指"言"或"口才"，可通于思想智慧。

"🎇"（用），象形字，象木桶之形。木桶主要用于装水。水之用，大矣哉！它不仅可利万物，而且具"仁""义""礼""智""忠""信""勇"诸德。《说文》云："用，可施行也。"即是说"用"可为人效仿、学习、传播。中国古人主张"潜龙勿用"，即言"用"要得其时、得其当、得其宜。因"🜲"（勇）之"口"为人之"口"，故其"用"，首先是人之"用"；其"勇"，为人之"勇"，如说人之外的其他什么东西也有"勇"，那只是一种拟人的说法；其次，又因"口"之"用"除维系生命外主要以"言"或"口才"呈现，故"🜲"之初意必与人的语言或思想智慧的勇敢表达能起到重大作用有关。如《史记·廉颇蔺相如列传》中，蔺相如在与强秦的争斗中，纯以"口舌之能"而使"完璧归赵"，在秦赵渑池之会上，为赵王免为秦王"鼓瑟之辱"，也是以"言"为"勇"。

不过，也有人认为，真正的"勇"只能是敢于战场杀敌、有勇有谋的行为。所以古文中还有"勇"的或体"🜲"，这反映了某些学者对"勇"的别样认知。"🜲"的"戈"代表武力。有"用"且可效仿的"武力"主要只能用于战场。《史记·廉颇蔺相如列传》中，廉颇起初认为蔺相如的"口舌之能"不是"勇"，只有自己的"攻城野战"才是"勇"，故对蔺之大功不能认可，对蔺"位居其右"心不悦、口不服。但最后，经过蔺的避让以及旁敲侧击的点拨，终于明白：真正的勇，不只是"攻城野战"之一途，蔺相如之"口舌之能"也为大勇。

今天所用之"勇"在春秋战国时便已出现，并与上述各"勇"混用。秦统一文字，选择此字，当有深刻原因："甬"下加"力"为"🜲"，不仅改变了原来字形，而且会通了上述数意。因"力"不仅是体力、武力，也是心力、智力、脑力。故"勇"不仅是勇气、有胆量、果敢、凶猛，而且与"仁""慈""义""礼""智""信""忠""恕""孝""悌"等德目紧密联系。

曹刿说："夫战，勇气也。一鼓作气，再而衰，三而竭。彼竭我盈，故克之。夫大国难测也，惧有伏焉。吾视其辙乱，望其旗靡，故逐之。"其中的"勇气"是以"惧"与"视其辙乱，望其旗靡"为前提的。人因为"惧"所以有"谋"，"谋"后而生"智"。在上述记载中，"视其辙乱，望其旗靡"即"知"，"知"而生"智"，"智"而生"勇"，"勇"而克敌制胜。

二、先秦经典文献对于"勇"的认知

1.《左传·哀公十六年》："率义之谓勇。"

"率"在此语中主要为"带领""率先"之意，同时亦有"勉励""遵循"之意。"义者，己之威仪也。"此处之"勇"的主体面对的是公众，主要是其所在共同体的成员，有时亦有敌对方；其行为在时间上有一定的优先性；其意义既可彰显主体之正面形象——"威仪"，亦对其所在共同体有巨大激励作用，使其行为得到众人的跟从或效仿。故此"勇"特别适合在军队中传播。如关羽、张飞、吕布之类的英雄人物，就常以此"勇"闻名。不过，此"率义"之"勇"者，多为武力高强之人,如无此前提,则其中必有"智",否则就有"鲁莽"之虞,也会使主体"威仪"扫地、不可仿效。

2.《墨子·经上第四十》:"勇,志之所以敢也。"

《说文》云:"志,意也。""志",即主体心中最想达成的那个"伟大目标"。"敢",则是"不怕死""知死不避",也可以是"不敢死"或"隐忍苟活"。墨子此语是说,所谓勇,就是为达到心中那个伟大而崇高的目标或志向而做出的"不怕死"或"不敢死"的选择。例如,司马迁因言罹祸,"财赂不足以自赎,交游莫救,左右亲近不为一言",却"不敢死",故"就极刑而无愠色","隐忍苟活,函粪土之中而不辞",就是因其有"鄙没世而文采不表于后"之大志、强志。为达此志,其"委曲求全"之行,既是"志"的表现,亦是"智"的表现,更是"勇"的表现。

3.《孟子·离娄下》:"可以死,可以无死,死伤勇。"

这句话与"死而不义,非勇也。共用之谓勇"意同。可死可不死之"勇","死",便是不义、非勇。

司马迁《报任安书》:"勇者不必死节。怯夫慕义,何处不勉焉?!"[①]人主动地选择死,必当有对自己所在共同体,或对历史、对人民大众有意义或有用,并能光大自己的形象,如不能则不可谓之"勇"。司马迁受宫刑之前,也曾觉得"智穷罪极",想要"伏法受诛",但当他进一步想到,如此之死"若九牛亡一毛","与蝼蚁何异","世又不能与死节者比"时,决然选择了"就极刑而无愠色",最终留下皇皇巨著一部,其形象亦随着历史的推演而愈加高大。而这,就是真正的"大义大勇"。

4.《礼记·中庸第三》:"知、仁、勇三者,天下之达德也,所以行之者一也。"

此语明确告诉我们,"仁""义""智""勇"皆是紧密联系、互相通达的。实际上,因为"仁"可以涵括"仁、义、礼、智"四者[②],所以,真正的"勇"者,必定既是仁者,亦是智者、义者、信者、忠者、孝者。不过,这种延伸,有时表面上是矛盾的,而深层次的通达或联通却是曲折隐讳的。我们还以司马迁为例。选择宫刑必是"无后"且"辱先",而"无后""辱先"皆为不孝。所以,司马迁心中的"耻辱",便有一种"肠一日而九回。居则忽忽若有所亡,出则不知所如往。每念斯耻,汗未尝不发背沾衣也"之"痛":"亦何面目复上父母之丘墓乎。虽累百世,垢弥甚耳。"可另一方面,又因为没有其他更好的选择,且唯有如此才能让他"扬名声,显父母",为祖宗增添光彩,故其当时虽然没有实现"光于前,裕于后"的荣耀,但

---

① 真正的勇敢,不是不害怕,而是内心的坚韧、坚强不屈,亦非一定要选择死。一个胆小的人,只要心中有道义,任何时候都可能因情势所迫而敢于慷慨赴死。

② 朱子说:"盖仁义礼智四者,仁足可包之。"见黎靖德编:《朱子语类》,中华书局 1994 年版,第 113 页。

从某个侧面来看，他仍然是"孝"的。现实生活中，"事已无可奈何"，故有不得已之事，从来就不少。

"众人之所难，而君子行之，故谓之有行；有行之谓有义，有义之谓勇敢。"①其"行"为"有才德"或"有德行"，其人即遵"道德"或"仁""义""礼""智""信"等德目而行的君子。上述所论与《论语·为政》中的"见义不为，无勇也"的思想是高度一致的。

5.《左传·文公六年》："临事而屡断，勇也。"

此"屡"为"迅速""急速""快速"之意。此处说，临事能迅速做出决断就是"勇"。笔者认为，"临事而屡断"之"勇"还应该再加一个前提条件：此决断如"有用"，并能提高主体形象，便是"勇"，否则便是鲁莽。

《左传·文公六年》："介人之宠，非勇也。""介"，此作"凭借""依仗"。这种行为又可称"狗仗人势"，因不可效仿，故亦可称"无用"。"无用"即不是"勇"。

《左传·成公十七年》："人所以立，信、知、勇也。信不叛君，知不害民，勇不作乱。"此语前段没有问题，后面的"信不叛君""勇不作乱"则不具绝对性，必须具体问题具体分析，因为其中涉及对"君"与"乱"的认识问题。

《左传·昭公二十年》："知死不辟，勇也。"《论语》："勇者不惧。""知死不辟""不惧"，皆为"勇"的共同特征，但绝不可能是"勇"的全部。因此"勇"可能被歧解为鲁莽无知，也忽略了"隐忍苟活"之"勇"。换言之，"知死不辟"如不能与"义"结合起来，仍不能称"勇"。

《左传·定公四年》："违强陵弱，非勇也。"②此语不可一概而论，必须具体情况具体分析，关键仍在"义"与"不义"。因为"大威将至，不可以为勇"，"勇力振世"要"守之以怯"。"怯"与"勇"从来就是个相对的概念。人当勇则须"勇"，当"怯"则须"怯"。对于不可抗拒的强大，非要拿鸡蛋碰石头，便是"无用""不义""不智"，也不是"勇"。

《吕氏春秋·孟春纪·贵公》："大勇不斗，大兵不寇。""大勇"，"猝然临之不惊，无故加之而受"，所以不会介入日常小事的争斗。

《吕氏春秋·仲秋纪·论威》："兵，天下之凶器也；勇，天下之凶德也。举凶器，行凶德，犹不得已也。"这是说"勇"的出现，大多时候总是与"武力""暴力""杀戮"紧密联系。故和平、宁静的庸常生活中，最好不要有"勇"的出现，即或"仁者之勇""慈者之勇"亦如此。换言之，当这个世界不再需要"勇"的时候，人

---

① 语出《礼义·聘义第四十八》。意为："众人认为该事难以践行，很难成功，便皆放弃，而君子却知难而上以践行之，所以这样的人便可谓之知行合一之有才德者。这种能知行合一的有才德者，便是有义，有义自然可谓勇敢。"

② 意为："见到强敌或强大对手就逃跑，见到弱敌或弱者就欺负，这不是勇。"

类也就没有灾难与不平了。

三、"勇"的层级与"大勇"的达成

通过汉字学对于"勇"的分析以及先贤经典作家的论述,我们大致可把"勇"分作"匹夫之勇""战士之勇""仁者之勇"三个层次。

"匹夫之勇",因其"无用",或乏"义"或无"义"而不能学或不可学、不可效,故不能算是真正的"勇",如东郭先生、现实生活中的殉情者、为江湖义气而以身试法、铤而走险者等。他们的共同特征是:好冲动,不能忍,没有远大志向,不好学,没有深刻思想。孔子所说"好勇不好学,其弊也乱"即此之谓。唯有"好学""修身""明智""强志"才算是"勇"。

"战士之勇"与"匹夫之勇"有某些联系,但因其在战场上可被他人效仿,能起到激励他人的作用,所以当权者总是愿意把有"匹夫之勇"者送往战场,以能实现其价值或作用。"战士之勇"虽然皆"有用",但其"用"之大小却有差别,有些人在消灭敌人的同时不善于保护好自己,很快就会牺牲,只有那些既善于保护好自己又善于消灭敌人的人方可成为将军。由此观之,"战士之勇"中又既有"匹夫之勇""勇夫之勇",亦有"智者之勇""仁者之勇""大智大勇"。

"仁者之勇"即"智者之勇"或"大智大勇",它具体表现为孔子所说的"临事而惧,好谋而成",如老子所说的"勇于不敢,则活"。韩信年轻时愿受胯下之辱,司马迁"受极刑而无愠色",曹刿参与鲁齐之战指挥等,皆为此"勇"。很明显,"仁者之勇"总是与"仁""义""礼""智""信"等密切联系,勇者性格沉稳、谦虚好学、足智多谋,亦具远大理想、坚强意志、侠义情怀。

由此可知,"大勇"的达成,仅有"好学"之一途。

第三章 社会主义核心价值观的核心

　　社会主义核心价值观共三组十二词,每词都很重要。但是否有哪词更重要或最重要呢? 有。前文已经提及,就是"公正"。

　　"公正",不仅是我国文明社会以来最为古老且贯穿始终的核心价值,而且也是当代社会特别是社会主义社会最具普遍意义的价值。只要细加揣摩,我们便会发现"公正"不仅寓涵公平、正义,是"自由""平等""法治"的基石,是"道德"的核心,而且唯有它才可能是合规律与合目的的统一。所以,只有它能成为社会主义核心价值观之核心。

　　这一结论,不仅可从汉字学对于"道""德"与"公""正"等字的构形分析中得出,也可从先秦以及当代思想家们的认识或论述中得出。

一、汉字学关于"道""德"与"公" "正"构形关系的认知

　　汉字学对于"道""德""公""正"等字初形的认知,前面已作了较为详尽的论说,这里主要说说其构形的相互关系。为了说明问题,有所重复在所难免。

(一)"道"与"公"

　　最常见的"道"之初文"𧗟"由"行""首""之(或止)"三部分组成,它与秦小篆"𧖟"形实同而略异。其异体"𧗸""𧗝"则可分成"行""首"或"行""人"两部分。当然,"𧗟"中间之"首"与"止(之)"亦可视为一整体,即"人"。"行"本意即"路",可指公众场合或物质世界,也可是"道""规律""思想""行动"等。"人"可代表"仁"

"义""礼""智""信",也是"别人""自己""人的品性""人情事理"等。只要我们细加观察便会发现,"公"与"道"之构形关系既可体现于"〔道〕"之"〔行〕"、"〔公〕"之"、、",也可体现于"〔公〕"之"〔厶〕"、"〔道〕"之"〔彳〕"。

就"〔行〕""、、"而言,"、、"既可视为"〔行〕"的上一半,亦可视为省去了"〔行〕"之右一半的"〔彳〕"。"路有他歧,可以南可以北。"道路既可由一个地方出发朝向两个或三个方向,有如"、、"或"〔彳〕";也可由一个地方出发朝向四个方向,有如"〔行〕"。"大道之行也,天下为公。""大路"之所以能够通行天下,是因为"大路"是天下人的路,即"公路";"道"之所以能够流行,是因为"道"是天下人的道,即"公道"。

就"〔厶〕"与"〔彳〕"而言,简单来说,二者皆强调了"公""道"与"人"的密切关系。换言之,一方面,"人"是"公"或"道"的一部分;另一方面,"公""道"又是属于"人"的,没有了"人","公""道"不仅不能成其为"公""道",即便有也毫无意义。事实上,无论是"〔道〕""〔道〕"或"〔公〕",它们的中间部分皆是"〔彳〕"。"〔彳〕"是躬身曲背之"人","〔厶〕"即"自环"之人。不"自环"之人因为能通达"仁""义""礼""智""信",使"〔道〕""〔道〕"(道)有了思想智慧,所以境界更加高妙。

综上,我们会很自然地得出这样的结论:"公"即"道","公"乃"道"之一部分。

(二)"道"与"正"

"〔道〕"(道)与"〔正〕"(正)的构形关系最为明显的是共有"〔止〕"(止)或"之"。"〔止〕"(止)既可是人或其他动物留下的脚印,也可是时间或其他事物留下的痕迹。既能代表"行动""实践",也能代表"到达"。"止"参与"道"与"正"的建构,主要强调的是人的实践活动是实在性与虚无性的统一。事实上,任何事物是否"正"或是否符合"道",既与主体对它们的认识紧密相关,也需要时间的陶冶或积淀。时间不仅可以造就沧海桑田,同时也可能让"正道"变成"歪道",使"达到"变成没有"达到",或相反。

其构形关系有点隐讳曲折的是"正"上之"一"。"一"即"道"或为道所生。另外,没有"〔止〕"的"〔道〕"下面加上"〔止〕"仍是"〔道〕",所以,我们亦可明确认定"〔正〕"就是"〔道〕"。"正"之所以就是"道",不仅在于它们构形相同,更在于"正"不仅以"道"作为自己的目标,而且已经达到或正欲达到"道"的境界。换言之,只要人有自己"正"的高远的且符合"道"的目标，又有正确的方向与行动，就一定能够达到目标。

（三）"德"与"公"

无论是原初的没有"心"的"𦥻"或没有"行"的"𢛇"，抑或是由"行""直""心"三部分构成的小篆之"德"，它们皆与"道"关系非常：或通于"道"，或为"道"之一部分，或为"道"在人间。所以，"公"与"道"的所有关系，与"德"同样具有。其区别在于，"公"与"道"形显且意显，与"德"则形隐而意显。

"公"与"德"之形显主要表现在"行"与"八"，上面"公""道"关系已述。这里主要说说其形隐而意显。首先，无论是"𤶃"（直）或"𢚩"（心），它们皆属"人"。由于"公"之"厶"即"自环"之人，所以"德"即从属于"公"。此外，"公"即"直"。"𤶃""𤱂"（直）既是大众的"眼睛"，也是无处不在的"𠂤"（民）或"民的眼睛"。凡事物能经得起"众人眼睛"的直视、审视的，便是"直"，便是"公"，便是"德"。

（四）"德"与"正"

从表面上看，"德"与"正"之构形似没有任何关系。但在有了前面的认识之后，我们会发现，"众人眼睛的直视"就是"正"。在不借助现代技术的情况下，"眼睛"只能对准目标"正视"。"止"因为是"脚或足迹"所以亦能"行"或是"行动""实践"。"德"即循"道"而行，"正"同样如此；"德"需通过实践达到与检验，"正"同样如此。所不同的是"德"更加凸显了"心"与"眼睛"或"民"的作用。"民"总是与无处不在的"眼睛""德""公正"紧密联系在一起。所以，更多的时候我们总是提到"德"而不是"正"。另外需要提醒的是，个人的循"道"而行，需对"道"有足够认知，如不然则可能会上演"正复为奇，善复为妖"或"仁义即罪恶"的悲剧。

（五）"道德"与"公正"

透过上述分析，结论简单明了："公正"即"道德"，或者说，"公正"为"道德"之核心。

二、先秦思想家关于"道""德""公""正"
关系的论述或认知

（一）"公"即"道"

（1）《礼记·礼运》："大道之行也，天下为公。选贤与能，讲信修睦，故人不独亲其亲,不独子其子,使老有所终,壮有所用,幼有所长,矜寡孤独废疾者,皆有所养。男有分,女有归。货恶其弃于地也,不必藏于己;力恶其不出于身也,不必为己。是故谋闭而不兴,盗窃乱贼而不作,故外户而不闭,是谓大同。"其所描述的内容,可概括为"大道流行"。其"大道"之所以"流行",是因为此天下是天下人的天下,所以人人都有权利有义务发出自己的光和热以努力实现"老有所终,壮有所用,幼有所长,矜寡孤独废疾者,皆有所养"的"大同"社会。无疑,这样的社会既是"公正""有德"的社会,也是"天下有道"或"大道流行"的社会。某种程度上说,这也是马克思所描绘的生产力高度发达的"自由王国"。

(2)《吕氏春秋·贵公》中有一段话:"天下,非一人之天下也,天下人之天下也。阴阳之和,不长一类;甘露时雨,不私一物;万民之主,不阿一人……天地大矣,生而弗子,成而弗有,万物皆被其泽,得其利,而莫知其所由始。此三皇五帝之德也。"

这是我国古代社会最为素朴的"天下有道"或"天下为公"的理想。它根源于"阴阳之和,不长一类;甘露时雨,不私一物"的自然之道,也即老子的"天地不仁,以万物为刍狗;圣人不仁,以百姓为刍狗"。但是,需要强调的是,这种思想也认识到了人的主观能动性的伟大作用,认识到人能认识、顺应、利用"天道"的秘密,所以它又是对"自然之道"的伟大升华。老子说:"道者,万物之奥。善人之宝,不善人之所保。"[①]即对于那些对这个世界或"道"没有深刻认识的"不善人"而言,其"利"只能依赖"圣人"的帮助或给予,其"不利"只能依赖"圣人"予以消除。在今天,"不善人"主要指社会弱势群体,其"利"只能依赖于成熟的国家政府的相关政策。

《吕氏春秋·贵公》中,"荆人"遗弓不索,老子以"失"为"得",正是一种"天下为公",即以"天下"为"天下人之天下",这不仅是"公",而且既是"三皇五帝之德"或"大德""至德""孔德""上德",也是"大道"。这说明的问题是,有时的"背私以为公""分私以为公"或"扩私以为公",似乎有点"不公正",但却正是成就"大德"、实现"天下有道"所必需的前提。

(3)《吕氏春秋·去私》:"尧有子十人,不与其子而授舜;舜有子九人,不与其子而授禹:至公也。"其实,尧授舜,舜授禹,既是历史语境使然,也是一种理智、智慧或民主意识的选择。换言之,如果"尧授舜"而舜不贤,"舜授禹"而禹不贤,结果不是"天下有道",那么"至公"之名则无实,"名者,实之宾也。""无实"即经不起追问、推敲,或是没有意义或价值。

还需要说明一下:由于"德"与"道"的亲密关系,"德"即"道德",故凡符合"道"的一切亦是符合"德"的。如老子所说的"上德不德",其实就是"道"。

---

① 语出《老子》第六十二章。意为:"所谓道,是万物存在、发展、变化的奥秘,既是善于认识它的人的伟大法宝,也是不善于认识它的人们存在发展的保证。"

（二）"公"即"德"

与上述"公""道"的关系一样，通"德"之"公"同样可以没有"公"字的出现，而只是一种语境。

（1）《孟子·告子上》："有天爵者，有人爵者。"大意是："有相应的仁义道德与才识，就应享有相应的官位或社会地位。"笔者认为，这也是一种"公"或"公德""公正""公道""有道"。

在先秦各种典籍中，"公"字多用于称呼各国国君及拥有爵位或官位的人。如穆公、孝公、昭公等各诸侯，或鄂公、周公、姜太公等。后演变为最高官位通称，也可作为家庭中的尊长、男性年长者的尊称。这也可反过来说明，如果这些高官、尊长为人处事不公，也就枉有"公"之名。先秦诸典称国君为"公"，寄托了我国古代史官、学者、思想家们对于社会公正的巨大期望。

称最高官爵者为"公"，最初的意思是称其有"德"，即"高官厚爵唯有德者居之"。根据孟子理论，在远古的时候，"天爵（有德）"与"人爵（有位）"必须完全匹配。孟子曰："有天爵者，有人爵者。仁、义、忠、信，乐善不倦，此天爵也；公卿大夫，此人爵也。古之人修其天爵，而人爵从之。今之人修其天爵，以要人爵；既得人爵，而弃其天爵，则惑之甚者也，终亦必亡而已矣。"其实，孟子说的"今之人修其天爵，以要人爵；既得人爵，而弃其天爵"[①]的情况放在今天也甚是普遍。

（2）《吕氏春秋·去私》记载祁黄羊"外举不避雠，内举不避子"的故事，孔子称祁黄羊"可谓公矣"，其评价标准即"国人称善焉"。"国人"即"民"。"民"即无处不在的"眼睛"，乃"直"，乃公平、公正、正义的象征。

（3）《吕氏春秋·去私》记载，墨家学派领袖腹黄享之子杀人，秦惠王怜其膝下无子而予以赦免，腹黄享认为，禁止杀人伤人是天下大义，杀人者应死，所以杀了自己的孩子。腹黄享"忍所私以行大义"，既是"公正""有德"，亦是"大义不义"。而就其杀子以成"大义"或"公义"而言，又可称"上德不德"。

（三）"正"即"道"

说"正"即"道"，除了上述有关其汉字初形的认知之外，其他相关的论述尤多。原因是"正"通"直""中""雅""善""公""平""定""治""是"等。《考工记》注："正，直也。"《文选》注："正，中也。"《玉篇》："雅，正也。"《仪礼》郑玄注："正，犹善也。"《玉篇·八部》："公，平也，正也。"《玉篇》："正，定也。"《说文》："正，是也。"《周礼·地

---

① 大意是："今天的人努力修炼仁义道德，其目的在于得到高官厚禄；而一旦目的达到，得到了高官厚禄，也就把仁义道德全丢弃了。"

官·大司徒》："以五礼防民之伪,而教之中。"贾公彦疏："使得中正也。"其"中"既是"正"亦是"礼"。《晏子春秋·内篇问上十六》："衣冠不中,不敢以入朝。"张纯一注:"中,正也。"《荀子·天论》："故道之所善,中则可从。"《荀子·儒效》："事行失中谓之奸事,知说失中谓之奸道。"其"中"皆"公正"。《荀子·不苟》："君子不贵者,非礼义之中也。"其"中"亦"正"。

（1）《离骚》："举贤而授能兮,循绳墨而不颇。"此语虽没有"正"字,却因为"循绳墨"而与"惟木从绳则正,后从谏则圣""木受绳则直,金就砺则利"一样,皆说的是一个通于"直"的"正"。"正""直"皆通于"公平""公正""正义"且与"举贤授能""利""圣"紧密联系。唯"圣人"之"王天下"也,方能"举贤授能"以利泽天下百姓。如此即"天下有道"。

（2）《荀子·宥坐》："孔子观于鲁桓公之庙,有欹器焉。孔子问于守庙者曰:'此为何器?'守庙者曰:'此盖为宥坐之器。'孔子曰:'吾闻宥坐之器者,虚则欹,中则正,满则覆。'孔子顾谓弟子曰:'注水焉!'弟子挹水而注之。中而正,满而覆,虚而欹。孔子喟然而叹曰:'吁!恶有满而不覆者哉!'子路曰:'敢问持满有道乎?'孔子曰:'聪明圣知,守之以愚;功被天下,守之以让;勇力扶世,守之以怯;富有四海,守之以谦。此所谓挹而损之之道也。'"这段话中,"中则正,满则覆",其"中则正"即"挹而损之之道",也即"中正之道""中庸之道",又可称"损之又损之道"①或"为学之道""修身之道"。

"修身"需"好学""好修"。不仅"修身者智之府也""好学近乎智""苟中情其好修兮,又何必用夫行媒""自天子至庶人,壹是以修身为本",而且唯有"好学"才可知何为"中则正",何为"静以修身,俭以养德",何为"守之以愚""守之以让""守之以怯""守之以谦"等。其"愚"是"其知可及也,其愚不可及也"之"愚";其"让"是"当仁不让"之"让";其"怯"是"临危而惧,好谋而成"之"惧";其"谦"不在于"疾趋卑拜"而在于有"受益""进步"作标志。

（3）"王道正直。"语出《尚书》："无偏无党,王道荡荡;无党无偏,王道平平;无反无侧,王道正直。"不仅其"正直"是"王道",而且因其"无党""荡荡""无偏""平平""无侧"皆通达于"正""中""中正""公正""不偏私",故皆为"王道"。

（4）"人心惟危,道心惟微,惟精惟一,允执厥中。"语出《尚书·虞书·大禹谟》。其"中"既是"公平""公正""正义""正""中正",亦是"恰当""适当"。"允执厥中"即"执中",亦"中庸""用中""守中""节中"。它们皆是"王道",既是王者治天下

---

①　《孔子家语·三恕》："聪明睿智,守之以愚;功被天下,守之以让;勇力振世,守之以怯;富有四海,守之以谦。此所谓损之又损之道也。"《老子》第四十八章："为学日益,为道日损。损之又损,以至于无为。无为而不为。"

之道,也是实现"天下有道"之第一要道。换言之,无论"危"的"人心"或"微"的"道心",对于智慧的当权者而言,最好的应对法则只能是"执中",即无论何地何时皆需施以恰当的"公平""公正""正义""正""中正"。唯如此,才可能既合于道亦合于德,既合于目的亦合于规律。其是否"合",其过程需"十目所视",其结果亦需"国人称善焉"。

(5)"平出于公,公出于道。"语出《吕氏春秋·大乐》。此语把"道德""公平""公正"全部贯通起来了,是对汉字学关于"道""德"与"公""正"构形关系阐释的最好说明。"平"本天平,其最大特征即公平、公正,与"水"同。"水"之趋"平","利万物而不争",当然出于"道"。此语既可把"公""平"倒过来——"公出于平,平出于道",亦可以"正"充"平"或"公"——"正出于平,平出于道;平出于正,正出于道"。

(四)"正"即"德"

"正"即"德",可以说是不证自明、不言而喻。除了"德"之构型中的"直"通于"正"通于"德","正"又通于"公正""公正""正义"之外,先秦思想家们对此亦有诸多论述。

(1)"义者,正也。"此语出自《墨子·天志》:"义者,正也。何以知义之为正也?天下有义则治,无义则乱,我以此知义之为正也。然而正者,无自下正上者,必自上正下。是故庶人不得次己而为正,有士正之。士不得次己而为正,有大夫正之。大夫不得次己而为正,有诸侯正之。诸侯不得次己而为正,有三公正之。三公不得次己而为正,有天子正之。天子不得次己而为政,有天正之。今天下之士君子,皆明于天子之正天下也,而不明于天之正天子也。是故古者圣人明以此说人,曰:'天子有善,天能赏之。天子有过,天能罚之。'天子赏罚不当,听狱不中,天下疾病祸福,霜露不时。天子必且刍豢其牛羊犬彘,絜为粢盛酒醴,以祷祠祈福于天,我未尝闻天之祷祈福于天子也。吾以此知天之重且贵于天子也。是故义者不自愚且贱者出,必自贵且知者出。曰:谁为知? 天为知。然则义果自天出也。"

在上述语境中,主要是指居上位者或"强者"必以"义"①即"自身的光辉形象"以垂范下属或弱者。其中以"天"最为"贵且知","天子"次之,"三公"又次之,"诸侯"又次之,"大夫"又次之,"士"又次之,"庶人"最下。"上"可正"下","下"不可正"上"。这一论述似既合逻辑且颇有正能量或可行性,但事实远非如此简单。不仅称"天子""三公""诸侯""大夫"者不一定有"德",就此关于"义"与"正"的关系论述,如"正者,无自下正上者,必自上正下""是故义者不自愚且贱者出,必自贵且知者出",一旦置于现实世界或与其他思想资源联系考察,便不仅与过去的历史不合,放

---

① 《说文》:"义者,己之威仪也。""义"是道德的根本、人的"面子"。有时等同于尊严。尊严乃人之幸福、价值、意义的根据或源泉。

在今天也不可追问。据《尚书·泰誓》"天视自我民视,天听自我民听"知,"民"即
"天","天"即"贵且知者"。另据"民"之构形源于被锥刺瞎左眼的奴隶,以及"民"乃
"黔首""庶人""百姓""众萌"等,又知"民"或确实亦"愚且贱者"。以此可知,"民"就
像宽广深厚的大地,从来就是集"愚且贱"与"贵且知"于一身的。而墨子的论述似
乎割裂了它们的这种既对立又统一的辩证关系。其所反映的本质问题是:"正"
"义"及其关系与"道""德""仁""智""礼""信"等一样,并不是可以随意深刻认知的;
"智愚""贵贱"不仅无明显界限,而且有时皆可同时指向其反面;"正者",不仅可以
"自上正下",亦可"自下正上";"义"或"德"或"公平""公正""正义"总是与"民"同在;
无论是"贵且知"者还是"愚且贱"者,其"义"或"不义"、"有德"或"无德"皆是随时空变
化而变化的,而最后的结果是要经得起"民"的检验;"义"必定是"正"的"义",才可能
符合"德",即能经得起思想的追问,不然就可能导向"示人以义,犹患其私"。

(2)"权,正也。"此语出自《墨子·大取》,与《墨子·经说》的"绳直权重相若,
则正矣"可以互为说明。一个国家或社会是否"有德",主要可通过其政权的建立或
权力的使用是否"正"或是否符合"公平""正义"表现出来。如果不"正"即为无德。
即如以秤称物,"权"不"正"则秤不能公平。秤能公平、公正即谓"权正"或"掌权者"
有德。如果我们的政党、政府能坚持以公平、公正、正义为核心,把"富强""民主"
"文明""和谐""自由""平等""法治""爱国""敬业""诚信""友善"作为行政目标并能
为此奋斗不懈,那么就是"权正",就是有德。它传递出的信息可能是多向度的,但
就一般而言,它至少可以给予我们两个方面的重大启示:一方面,凡政权或权力机
构的建立与存在、掌权者的选拔或权力的获取,必须以"正"(公平、公正、正义)为前
提;另一方面,为了保证"正"在权力机构或掌权者"用权"过程中的实现,必须建立
一整套让"绳直权重相若"的制度。什么是"正"?"绳直权重相若"就是"正"。"绳"
如何能与"直""相若"? 一要绷紧,二不能太长,三要保持一定的弹性。即如制度的
设计,既需严密、简明、没有陋洞,又需遵从基本人性且能达成"直"即"公平""公正"
"正义"的目标,又不至于"绷断"。"权"如何能与"重""相若"? 一需"支点"得当,二
需"刻度"与"权"本身重量合适,三需有"公正"的掌"权"人。"支点"即有相当稳定
的群众基础;"刻度"是指职位与权限或权力大小需明确;"公正"的掌"权"人则必须
以"公平""公正""正义"作为人生目标且需好学不倦。以此可知,"正"既合"道"亦
合"德",既如"公平秤"之"权"亦如"仁义礼智"之"水",既能经得起思想智慧的追
问,也符合自然、社会之发展规律。更重要的是,在达到众人所共同追求的目标的
同时,其过程也能经得起"十目所视",即经得起"民"的"眼睛"的审视。

"有权力的人容易滥用权力,这是万古不变的一条经验。"[①]以此观之,社会政

---

① 孟德斯鸠:《论法的精神》,商务印书馆 1961 年版,第 154 页。

治生活中的最大问题，是且只能是权力监督问题。解决此问题，关键是能建立一整套制度，让"民"能够全程审视"官"的整个行政过程，即实现行政的公开透明。不然，腐败堕落、消极行政便不可避免，真正的"民主"亦不可能实现。

（3）"君子居必择乡，游必就士，所以防邪僻而近中正也。"此语出自《荀子·劝学》："蓬生麻中，不扶而直。白沙在涅，与之俱黑。兰槐之根是为芷，其渐之滫，君子不近，庶人不服，其质非不美也，所渐者然也。故君子居必择乡，游必就士，所以防邪僻而近中正也。"其"正"或"中正"与《论语·里仁》中孔子说的"里仁为美，择不处仁，焉得知"中的"仁""知"一样，皆是"德"。不难看出，"择仁而居""就士而游"，既是"防邪僻而近中正"的手段，也是实现"仁""智"成为"君子""士"的策略。其最深刻处是，一个国家或社会要想实现"天下有道"，其士、君子们必须成为社会的良心、道德的楷模。然而，悲哀的是："余以兰为可恃兮，羌无实而容长。委厥美以从俗兮，苟得列夫众芳？"与屈原所处的时代一样，有如芬芳之"兰"的"士""君子"们或多因"时缤纷"而"变易"了。新时期需要有新的"士""君子"们，"以仁义为己任"，"以天下为己任"，重拾信心，不断好学上进，让自己成为不会因"时缤纷"而"变易"的"琼佩"——"学为人师，行为世范"，成为别人、天下人"择""就""近"之目标。如果有这样的目标，我们的社会特别是"官"的队伍就理应"择而居之""就而游之""近而处之"。

（五）"公正"即"道德"

"公正"作为一词，最早出于战国时期的《韩非子》《荀子》等经典。虽然比《韩非子》《荀子》更古老的经典中没有"公正"一词，但其意却早已有之。因为"公正"是"道德"的核心，无处不在，且其意可用"公""正""直""平""中""中正""正直"等其他字词表达。如《尚书》名句"人心惟危，道心惟微，惟精惟一，允执厥中""咸庶中正"等，其中的"中"与"中正"，其核心意义就是"公正"。另如："帝曰：'夔！命汝典乐，教胄子，直而温，宽而栗，刚而无虐，简而无傲。诗言志，歌永言，声依永，律和声。八音克谐，无相夺伦，神人以和。'"其"直"亦如此。其他如《左传》"国将兴，听于民；将亡，听于神。神，聪明正直而一者也，依人而行"中的"正直"，再如老子的"守中"，孔子的"中庸"，荀子的"中正"，屈原的"节中"等，其核心意义亦皆如是。至于《易经》，因其垂示的乃是来自上天的消息，能"与天地准，故能弥纶天地之道"，所以其核心思想或意义当然也是"公正"。

下面我们看看先秦主要思想家对"公正"的认识。

1. 老子的"公正"思想

"功成而弗居"意谓功劳成就绝不可能全是自己的，所以，要分些与人。"夫唯无以生为者，是贤于贵生"意谓弱者的生命权、生存权要远比当权者或强者的所谓

"养生"或追求"长生"更重要。"高者抑之,下者举之。有余者损之,不足者补之"寓涵朴素的平等观念。上述思想均要求当权者、强者注意关注弱者的生存权、发展权、幸福权,故均寓涵"公正"思想。事实上,也只有这样,主体才可能实现"远害全身"或"死而不亡",社会才可能实现"天下有道"或稳定繁荣。

"天地不仁,以万物为刍狗。圣人不仁,以百姓为刍狗。""善者,吾善之;不善者,吾亦善之。"要求当权者、执法者公正、不偏私,要像天地养育万物、阳光普照大地一样,把生机与温暖送到每一个人身上。既希望我们实现制度公正、法律公正、分配公正,也希望我们实现机会平等、程序平等、结果平等。

"天道无亲,常与善人"意谓客观公正的自然、社会规律,只会帮助那些善于认识它、顺应它、利用它的人们。这句话类于"自助者,上帝助之"的西方名言。老子告诉我们:"公正"不仅来自上天或圣人的垂爱与关怀,更来自主体自身的不懈探索、追求或斗争。换言之,即或天道公正、制度公正、法律公正、分配公正、机会平等、程序平等,但如果没有主体自身的不懈追求,真正的社会公正或结果平等也很难实现。

2. 孔子的"公正"思想

除了前文已经述及的"以直报怨"之"直"之外,孔子的"公正"思想主要以"中庸""仁""忠""恕"等观念表现出来。

《论语·雍也》:"中庸之为德也,其至矣乎!民鲜久矣。"在孔子心目中,"中庸"既为"至德"亦为"至道",其核心意义就是"直",即"公正",且在他所生活的那个时代,"民"已经很久享受不到这种待遇了,其具体表现就是天下无道、公侯无德、社会动荡不安。很明显,这种思想既源于《尚书》十六字箴言中的"允执厥中",也与老子的"守中"或"公正"思想一脉相承。

《论语·雍也》中"夫仁者,己欲立而立人,己欲达而达人"即孔子的"忠",《论语·颜渊》中"己所不欲,勿施于人"即孔子的"恕"。细加揣摩,孔子的"忠恕"思想,不仅源于"公正"或以"公正"为核心,而且也是人生成功的策略。"忠"从属于"义","义必公正"。"义"既源于"仁"亦为"道德"之根本。特别是作为消极道德之"己所不欲,勿施于人"之"恕",其"公正""平等"之思想观念尤其明显。

季康子问政于孔子,孔子对曰:"政者正也。子帅以正,孰敢不正?"明确告诉我们:"公正"还是一种强者道德,它与"君君、臣臣、父父、子子""君子之德风,小人之德草"以及俗语"上梁不正下梁歪"等一样,都是需要强者、当权者、君子、长者率先垂范,着力推行。

3. 荀子的"公正"思想

荀子的"公正"思想贯穿其整个著作。如其著名的"性恶论"认为"人之性恶,其善者伪",即人的一切美德都是后天学习而来,这比孟子的"性善论"要更经得起追问,而且与现代自然科学、哲学(遗传学、心理学、脑科学、新人文主义等)关于人性的认知基本吻合。

荀子说:"公正之士,众人之痤也。循乎道之人,污邪之贼也。""公正无私,反见纵横。"告诉我们,在他所生存的那个时代里,"公正"的实现相当困难,做"公正之士"绝非易事,不仅会遭人非议,而且可能成为众人的眼中钉、肉中刺。

荀子还说:"上端诚则下愿悫矣,上公正则下易直矣。"佐证了"直"就是"公正",而且证明了"强者道德"论的正确性:如社会强者、当权者无德无道,就不要期望天下有道、民能遵道而行。"楚王好细腰,宫中皆饿死""齐王宫嫔爱男装,天下男女不易分""三寸金莲宫中赏,天下女子尽缠脚"等事例,也印证了这种社会现实。

4. 韩非子的"公正"思想

韩非子一生致力于法治理想与规律的追求与探索,虽然谈不上成功,但其认为"治道"依于"势"、"一于法"的法治思想,既是以"公正"治国理政的另说,对今天仍有重大启示意义。事实上,古今中外,没有什么法不是依"势"(政权、暴力)而行,没有什么法不是依"公正"而立。

另,《韩非子·解老》中有"所谓直者,义必公正,公心不偏党也",不仅与老子、孔子的"公正"思想作了呼应,而且让我们进一步明白,所谓"公正",就是"义",就是"直",就是"公心""不偏私"。

上述之外,墨子的"兼爱"(如"天下之人皆相爱,强不执弱,众不暴寡,富不侮贫,贵不傲贱,诈不欺愚""爱人者,人必从而爱之;利人者,人必从而利之;恶人者,人必从而恶之;害人者,人必从而害之"),孙子反对非正义的战争等,皆寓涵深刻的公平、公正、正义思想。

三、其他圣贤关于"公正"的论述或认知

古今中外,思想家的论述几乎都绕不开"公正"。

西方的"公正"理论,古代的多始于德性,现代的多始于自由。涉及"公正"的"德性至上主义""契约至上主义""自由至上主义"或"功利至上主义"等,皆有巨大的局限性。其简单原因是:人不仅有认知上的巨大差异,且就其本质而言,人不仅是"一切社会关系的总和",亦是历史的、传统的、文化的、民族的、遗传的、动物性与社会性的高度统一。换言之,片面地认为个体能绝对地拥有自身,不仅罔顾了科学、事实与逻辑,而且其本身也是不公正的。

亚里士多德认为,"公正"意味着给予人们所应得的。可是,什么是"人们所应得的"却很难经得起追问。例如一个偶然的机会,两位具有同样才华与学历的同学,一夜之间,收入可能相差数百乃至数千倍,这很难用"应得"或"不应得"来解释。

康德、罗尔斯皆认为,公正原则的建立应当不依赖于任何德性观念或所谓最佳生活方式。即一个公正社会应当尊重每一个人选择他自己的关于良善生活观念的自由。可是,什么是良善生活?每个人都有选择自己生活方式的权利,我们是否也应保护这种"自由"?康德基于"实践理性"的"意志自由",无疑是深刻的,但他似乎高估了人的理性能力。事实上,许多时候,人的动物性要比其社会性强大得多。于是,康德晚年在其《道德形而上学》中宣称:"要是没有以有效法律表现的正义,就根本不会有道德,而人类生活就会失去意义。"①对其原来的观点进行修正。但是,这仍然是有问题的,因为它颠倒了法律与道德的先后次序,也与老子的"大道废,有仁义"的深刻认知相去甚远。事实上,就算没有法律,而以公正、公平、正义为核心的道德也会永存。因为如果没有最基本的"公正",共同体就无从建立,至于法律或自由、平等就更无从谈起。罗尔斯在其名著《正义论》中对"正义"的价值作了无以复加的肯定,就是对于"公正"价值的肯定。而其以"无知之幕"为背景以确立"公正"原则的思想,由于与老子的"圣人不仁,以万物为刍狗""善者,吾善之;不善者,吾亦善之"等关于"公正"的认知如出一辙,所以,它当然地可以成为我们建立当代社会"公正原则"的基础。但是,我们还要认识到,当"无知之幕"被揭开,人的所谓主观能动性便可能改变一切。

马克思认为:"只要资本逻辑继续保持为支配社会运转的基本力量和基本原则,就不可能有真实意义上的社会公正。只有根本消除资本逻辑对社会行为和个人人为的统治,才可能真正实现普遍的社会公正。"②

这似乎是说,在过去的历史中,"真实意义上的社会公正"似乎从来就没有实现过。不过,我们也不必灰心,一个为寻求"最基本的公正原则"的"原则",我们还是可以确立起来的。事实上,以汉字学对于"道德"与"公正"的解读,早已给了我们正确的启示。

其一,"公正"的目标应当是:个体与共同体的理想不仅高度统一,而且一定都能实现。这也就是马克思所说的"个体的自由而全面发展是全社会自由而全面发展的前提或条件"。

其二,"公正原则"的建立必得基于对自然、社会之规律的认知之上。这种认知,能使我们社会的发展建立在可持续的基础之上。对于规律的认知,闪耀着人类理性的光芒。

其三,上述之外,还得基于人类自身的良心与情感。有时情感的作用要比理性强烈得多。

①　博格:《康德、罗尔斯与全球正义》,上海译文出版社 2010 年版,第 39 页。
②　卜祥记、张玮玮:《马克思"社会公正"理论的当代意义》,《哲学研究》2014 年第 4 期。

其四，不断的实践检验。检验之对象为"行"与"众"。其过程，不仅是人之认知不断提高的过程，亦是"原则"不断得到修正的过程。

在此思想原则之下，不管什么样的"道德困境"均可得到解释。如以人为食的所谓"海上生存绝境""雪地生存困境"等，只不过是由于资源的极度缺乏，人已完全失去"自由"或"人格"已退化至野蛮状态。没有了以自由、自觉为特征的可以自我主宰的"人"，其一切行为不仅已完全由其生命本能所支配，而且也失去了其担当责任的可能性与必要性①。另如所谓"电车困境"，当作为人的一切主观努力均已穷尽之时，最后的"行"就只能是动物本能了，即"尽人事，安天命"或孟子的"顺受其正"。尽管如此，即或所有"困境"之下，我们仍可见到动物性之"行"背后闪烁出"公正"的光芒，如先吃死者，再吃伤者，再抽签，再"弱肉强食"，等等。谁能说其中没有"公正"？

四、"公正"与其他核心
价值观的简单比较

"公正"是社会主义核心价值观之"核心"，这一结论不仅可从汉字学对于"道""德""公""正"等字的构形及其关系的认知以及先秦诸经典作家对于"道""德""公""正"及其关系的论述或认知中得出，同样也可从"公正"与"富强""民主""文明""和谐""自由""平等""法治""爱国""敬业""诚信""友善"等价值的简单比较中得出。

（一）"公正"与"富强"

"富强"，简言之就是民富国强。对于当代中国而言，"富强"的重要性不言而喻。没有"富强"，我们就不能雄立于世界民族之林；没有"富强"，我们"有尊严的幸福生活"就会因没有丰厚的物质保障而大打折扣；没有"富强"，我们甚至会失去某些必须依赖物质作前提的"自由"，此外，"富强"的实现或推进过程，也是当然地促进"民主""文明""和谐""自由""平等""公正""法治"甚或"诚信""爱国""友善"等价值的进步与发展的过程。

但是现实中，我们可以设想没有"富强"，却不可以设想没有"公正"。

没有"富强"，我们可能重回贫穷落后。但只要有"公正"，我们就不会受人欺凌，就有活下去的理由与信心。

如果我们的社会没有了最基本的"公正"，就会没有合作、没有效率，没有"自由""民主""法治""文明""和谐""敬业""诚信""友善"，更不可能有道德与尊严，就

---

①　贺来：《有尊严的幸福生活何以可能？》，《哲学研究》2014 年第 7 期。

会人人为敌、你争我夺。一个家庭没有基本的"公正"，父亲将使不动自己的妻子儿女；一个单位没有最基本的"公正"，领导将使不动其下属或员工；一个国家没有最基本的"公正"，领袖将使不动它的臣民或公民，"富强"或"稳定""繁荣"就更不可能。

事实上，今天中国"富强"的不断推进与实现，既是改革开放、励精图治的结果，也是以"公正"为核心的价值得到不断推进与实现的结果。而其存在的诸多问题，更是与"公正"没有得到更进一步的推进或实现紧密相关。

（二）"公正"与"民主"

"民主"就是让人民自己当家作主，即让每个个体都能自主地发出自己的光和热。

作为一种政治理念或制度，民主最早出现于古希腊城邦，但为多数国家所接受并运用于政治实践，则是近代之事，这说明"民主"并不是一个理所当然或必需的政治制度或理念；有些国家可能没有"民主"，但如果有最基本的社会"公正"，也能实现发展与繁荣，也能让人获得幸福。当然，如果没有"民主"，"公正"的实现将会十分困难。

如果"公正"与"民主"两者只能择其一，我们必定会选择"公正"。因为有"民主"，不一定就会有"公正"，民主有一定的局限性，一方面可能会忽略少数人的权利，另一方面则可能遮蔽"真理往往掌握在少数人手中""集体无意识""多数人的暴政"这样一些事实。但对于"公正"的不断追逐，则总有一天会把成熟的"民主"制度自然而然地带到我们身边，并融进我们的政治或生产生活。

（三）"公正"与"文明"

"公正"与"文明"似无法比较。

"文明"既指"文化""传统"，又指"文化"中之先进部分。由于几乎无所不包，所以"公正"只能是"文明"或"文明进程"中的一个部分。

但也正因如此，当"文明"披着"文明"的外衣，抛弃了"公正"的时候，便总是与"野蛮"同行：近代西方列强强加给中国人民的一系列战争、不平等条约，莫不如此。敌强我弱的情况下，除了抗争，别无选择。我们必须在此过程中忍受"文明"带来的欺凌与耻辱，忍受不公正，且只有不断自强才可能赢得未来的"公正"。

我们追求"文明"，不一定会实现"公正"。但我们追求"公正"却一定是对"文明"的最深刻的实践与阐释。换言之，追求"公正"的"野蛮"，有时看似"不德"，但却因为符合"道"，符合事物发展的基本规律，所以又可称为"上德"。所以，我们仍可坚定地认为，"公正"比"文明"更重要。

（四）"公正"与"和谐"

"和谐"即"谐和协调"。它主要指向"人与人""人与社会""人与自然"三个向度"和"的实现。

"公正"与"和谐"关系密切：一方面，"和谐"是"公正"所追求的目标之一；另一方面，"公正"又是"和谐"实现的最大前提或基础。如果没有最基本的社会"公正"，就不可能有"和谐"。换言之，"公正"的实现往往就是"和谐"的实现。古往今来，几乎所有的不和谐事件都与最基本的社会公正遭到践踏有关。就当代世界而言，"公正"的最大问题，说到底就是社会财富的分配与再分配的问题。

现实中，为片面追求"和谐"而抛弃"公正"者甚众，但最后必将引发更大更深刻的不和谐；反之，如以"公正"为前提而追求"和谐"则必定持久而深入人心。两者相较，毫无疑问，我们的选择必以"公正"为先。

（五）"公正"与"自由"

"自由"的概念从来就是多向度的。一般所言之"自由"以"权利"为边界，或就是"权利"的伸张或别称。

作为现代意义上的价值原则或行为取向的"自由"，既是现代文明的重要标志，也是现代意义上的社会"公正"的重要支撑理念。在中国历史上，"自由"由于与人的动物性欲望紧密联系，所以多呈贬义。而"公正"则是对"自由"概念的一种确认，并与真正的"自由"抑或"权利"的本质意蕴相符①。

"公正"与"自由"相辅相成，既对立又统一。一方面，"公正"是"自由"得以实现的保证，即"自由"是"公正"所追求的重大目标之一；另一方面，"公正"又可能在某些方面要限制某些人的"自由"。如一个人有个性发展的自由，但却不能损害别人的正常生活秩序或发展。一个商品，有价格波动的自由，但却不能因垄断而牟取暴利，或借故漫天要价，否则就会受到以"道德"或"法律"形式所表现出来的"公正"的"审判"。

两者相权，当然"公正"更为重要。进言之，只有有所约束的"自由"才是真正的"自由"。而这个约束"自由"的东西，最重要的部分就是"公正"。

（六）"公正"与"平等"

"平等"，简言之，就是依"公正"为前提而创建或形成的一种政治制度或思想理念。

---

① 张彦：《论社会公正重建的内在逻辑与实践进路》，《哲学研究》2014年第1期。

在当代中国学界,有人认为"公正"可以涵括"平等",有人认为"平等"可以涵括"公正"。其实,这两种说法皆有理据。事实上,只要有"公正",就会有相应的"平等";只要有"平等",就会有相应的"公正"。然而,"公正"并不等同于"平等"。历史上曾有人想在现实世界中实践"绝对平均主义"的"等贵贱,均贫富",或"有饭同吃,有衣同穿,无处不均匀,无人不饱暖"的"理想社会",皆以失败告终,就是因其不"公正"或对"平等"没有深刻认知。殊不知,把"齐简"的模式套用于人是完全不可以的。因为"简"可"齐",人不仅天生"不齐",而且后天也无法使之"齐"。故欲"齐人"必得通过"公正"。以"公正"为前提的"平等",一方面会很快把人分成不同的等级;另一方面,则在把人分成不同的等级的同时,也让社会实现民主、文明、自由、和谐、法治。

事实上,政治实践中的"平等"只能是在"公正"不懈追求下的"自由""民主""法律""制度""机会""分配""程序""结果"等面前的"平等"。所以,两者相较,如果必去其一,我们只能选择"公正"。很简单,有了"公正"我们就会有"平等"。相反,基于"平等"的"错觉",我们则可能因"平等"而逐渐失去"公正",最终又从根本上不能实现"平等"。

现实中,"平等"之不能实现,既与当权者或执法者对于"公正"的认知水平有关,也与其因偏私而失去"公正"意识有关。但更重要的则可能是因主体缺乏对"公正""平等"的认识或主动性追求所造成。如当代信息技术的迅猛发展,虽然让某些社会群体失去了"平等"竞争的基础而让"不平等"成为必然,但"公正"在此过程中却不能完全无动于衷、不管不顾。以此,"公正"也就似乎显得更为人性化或变得更加重要了。

(七)"公正"与"法治"

"法治"即"以法治国"。"法",在中国古时一般指"刑法";在当代,主要指一个国家的所有成文法典;在中国历史上,有时亦包括那些用以维护社会公正秩序或优良道德习俗而创建的礼法制度。

"公正"与"法治"的关系犹如"目标"与"工具"的关系。一方面,"法治"总是以"公正"作为自己不懈追求的理想或目标;另一方面,"法治"又是"公正"得以实现的最现实、最有力的工具。

从人类发展史来看,无论古今中外,先贤们对于国家"治道"的探索,从来就离不开"法律"。其与军队、警察、监狱、法庭等国家暴力紧密联系,共同构成维护国家统治的暴力机器。国家暴力机器依法律而建立、依法律而运转,其最重要职能就是维护最基本的社会"公正"(甚或国际"公正")。换言之,不管一个国家暴力机器如何强大,法律条文如何健全,文辞如何优美,如果不能维护最基本的社会"公正",迟早会被颠覆。其"法"就是"恶法"。恶法非法。不仅如此，即或有"公正"的法律条文，如果没有一支秉持"公正"的执法队伍，"法治"也仍有可能成为某些当权者用来奴役百姓的工具。某些时空中，正是不公正的法律或不公正的执法造成了对社会公正或社会道德秩序的极大伤害，反而使"法治"成为社会不和谐、不稳定的因素。而且，由于法律的工具性质，或因为程序、证据、滞后性及认知上的原因，即或"公正"的法律也可能潜藏着巨大的局限性，因此"公正"比"法治"更为重要。对于"恶法"，"公正"有权说不。

（八）"公正"与"爱国"

"爱国"，是公民对于自己祖国的一种崇高感情，类似于儿女敬爱自己的母亲。

一般而言，伟大母亲对于自己众多儿女的爱应皆是"公正"的。但由于各种主客观原因而造成的不公正现象或结果仍不可避免。国家对于本国领土上的每一个公民犹如母亲之于儿女，都应有爱与保护之责；国家给予每一个公民的爱与保护都应尽可能地保持"公正"，但不公正却仍难以避免；得到公正的爱与保护的公民理应且必须热爱自己的祖国；受到不公正待遇的公民可以不爱自己的祖国或选择离开，也可以不计前嫌而复爱之；受到祖国极端迫害的公民有权力申诉或要求国家赔偿、正名，但却不至于反叛；人民法院及相关部门有责任、义务为冤假错案翻案，为冤假错案的当事人正名、恢复名誉；凡叛国者一律要受到国家公正法律的严惩。

现实中，在国家机器运转过程中，公民为爱国而捐躯，既需要，也常发生。对此，我们的国家一定要替捐躯者、受伤害者尽某些他们已不能尽的义务（如孝、养等）或责任。不然，就不符合"公正"原则。进言之，"公正"不仅可激发公民不竭的爱国热情与正能量，也需要国家承担起公民因"爱国"而产生的不良后果，保障其应有的权利。

（九）"公正"与"敬业"

"敬业"，即公民谨慎、认真、恭敬地对待自己所从事的正当的或符合公正法律的职业、事业、学业、功业甚或祖业。其核心是"职业"。

凡"公正"者必"敬业"。教师公正，一定会好学上进，教好自己的学生；律师公正，就一定会兢兢业业为当事人或社会伸张正义；官员公正，就一定会"全身全意为人民服务"。

但是，"敬业者"却不一定"公正"。有人以偷盗为业，有人以杀人为业，有人以拐卖人口为业，有人以诈骗为业，他们即便"专业"又"敬业"，却因违背社会最基本的"公正"而受到法律或道德规范的严惩。

此外，一切"从业者"皆会受到主张"公正"的法律、政策、制度等的监督或保障。

个人在从业或追求事业的旅途中，如果遇到不公正，应拿起"公正"的"法律"武器捍卫自己的权益。但不论在何种境遇之中，只要我们以符合公正法律的方式与原则选择了自己的职业，那就没有权利不敬业。一般来说，我们有选择"业"的自由，却没有不敬的自由。不敬，则必将受到源自"公正"的法律或道德伦理的严惩。

事实上，只要选择了"公正"即是选择了"敬业"。没有"公正"，无业可敬。

（十）"公正"与"诚信"

"诚信"，即信守承诺、诚实不欺。"诚信"是共同体得以建立的重要前提或基础。没有"诚信"，"自由""公正""法治"等皆将寸步难行。

由于诚信的重要性与世俗性对普通人影响深刻，所以有不少人认为"诚信"远比"公正"更为重要。形成如此认识，当是对"公正"与"诚信"及其相互关系均没有深刻认识的缘故。

确实，"公正"与"诚信"关系至为密切。一方面，"公正"是"诚信"的领导者、主宰者、核心或灵魂。如国际上不平等条约的废除，不是不要"诚信"，而是为了更好地维护"公正"。失小信，人多不予追究，原因不在其未失信，而在于其未背离"公正"。失大信，人与社会必予追究，原因不在其失信，而在于其背离了"公正"。所以，所谓"诚信"，只能是"公正"的"诚信"。因此，"君子""大人"们可以"言不必信，行不必果"，只要"唯义所在"就可以了。其"义"即"公正"。另一方面，"诚信"又是"公正"的第一道也是最坚固的防线。孔子"去食""去兵"，商鞅城门立木，表面上看来皆为"重信""立信"，而其根本则是为了维护社会最基本的"公正"。无论是"去食""去兵"抑或"立木"，其目标皆是要让广大民众相信政府或当权者，其行为是皆经得起众人检验的。没有了"诚信"，"公正"就无法坚守。所以，"公正"又必定是"诚信"的"公正"。两者相较，"公正"更为重要，社会只要有对于"公正"的不懈追求，就一定会有"诚信"，但有"诚信"却不一定有"公正"。不过，一旦"诚信"防线失守，则"公正"之城即破。

（十一）"公正"与"友善"

"友善"，即以礼待人、善意待人，乐于关爱、帮助他人。和谐社会的建立，不能没有"友善"。人与人之间的"友善"是一切文明、和谐社会的重要标志。

但与"公正"相较，其价值却不可同日而语。一方面，"公正"即是最深刻的"友善"。换言之，只要我们对人心怀"公正"且具体至"行"，即或礼仪不周，甚或粗鲁无礼也必无伤大雅。另一方面，一切"友善"的行为实践，必得以"公正"为前提或准绳。换言之，如果我们的"友善"伤害了"公正"，或以伤害"公正"为目的，则不仅不是"友善"，而且就是不德。

老子说："善者，吾善之；不善者，吾亦善之。"此处"善之"之"善"，笔者认为，它的核心意义正是孔子所推崇的"直"。"直"即"公正"。对于"善者"或"不善者"，我们都要"友善"。最深刻的"友善"就是"公正"。唯"公正"，既能辐散洋洋暖意，又能惩治滔滔罪恶。有人以物质利益引诱、教唆"熊孩子"做坏事，有人以"友善"为幌子骗人情感、钱财，其形式虽似"友善"，其结果却皆成罪恶。究其原因，就是上述主体之行为抛弃了道德的核心，抛弃了"公正"这个最深刻最根本的"善"。

以此观之，现实中的"公正"与"友善"可能迎头"相撞"：有时"友善"或能促进"公正"的实现，有时却可能颠覆"公正"。例如，一些扶贫帮困资金或项目，其本来目标是欲帮助国家、社会以实现最大限度的"公正"，可是在基层最先得到落实的，往往并不是那些最需要得到"公正"的人或地方，而是那些与政府或当权者关系"友善"者。这，对于"公正"与"友善"都给予了极为辛辣的嘲讽。

"公正"无处不在，"友善"无处不在。但当"公正"与"友善"迎头"相撞"，无论何时何地，我们都应以"公正"为先。唯有"公正"才是最深刻最高远的"友善"。

五、今天我们需要什么样的"公正"

就当代社会而言，一个国家或共同体是否实现了"公正"，主要看它如何分配我们所看重的物品——收入与财富、义务与权利、权力与机会、公共职务与荣誉等①。而其背后则与"自由""平等""民主""法治"等价值紧密联系。一个公正的社会以正当的方式分配这些物品，给予每个人以应得的东西。什么是"正当的方式"与"应得"？就是这种分配不仅能最大限度地扩大该共同体所有人的幸福，让社会不断走向文明进步，而且不会破坏或贬低"自由""平等""民主""法治"等价值。换言之，"公正"的实现，既是"天下有道"的实现，也是"有尊严的幸福生活"的实现。其关键在于，我们要创建一整套法律制度，让一切关于收入与财富、义务与权利、权力与机会、公共职务与荣誉等的分配，都能实现公开透明，受到广大群众和社会舆论的有力监督。

就当代中国社会而言，上述目标当然还远没有实现，但我们已经看到，当代中国领导人以及社会贤达、知识精英正在朝此目标不懈努力。让我们拭目以待。

---

① 迈克尔·桑德尔：《公正》，朱慧玲译，中信出版社 2012 年版。

第四章 结 语

　　综合全书,我们还可得出如下一些启示。

　　其一,中国汉字(特别是其初文)构形及其意义发展具有具象性(或象形性甚或科学性)、抽象性(或象意性、想象性、哲理性、多义性)、历史性(与生产力状况、社会道德意识形态发展紧密联系)、艺术性(根源于象形性)、开放性(与历史性或时代性紧密联系)等高度统一之特征。这种特征经数千年的发展不仅大多被继承,且既能与先秦诸子(特别是老子思想)互相诠释,亦可与当代哲学、自然科学、日常生活、事理逻辑等相通相融。故不仅中国古典哲学(特别是先秦哲学)研究必得以通汉字学为前提,而且中国哲学史或思想史也必得从汉字构形研究或认知始。换言之,中国的汉字构形及其发展,自商周以来,从根本上来说就是一个独立、完整的思想或哲学体系。不少人认为,中国从来就没有一个完整的思想体系,这可能是对中国汉字缺乏系统研究或认知的缘故。进言之,所谓中国哲学,特别是其道德哲学,只能是对汉字学关于"道""德"等的深刻认知之下的丰富、发展或申说。

　　其二,如《淮南子》"昔者仓颉作书,而天雨粟、鬼夜哭",宋人"一字一太极"等一类的论述皆可得到合乎情理或较完满的解释。对于前者,一般认为其只是神话传说,或并无意义;对于后者,一般虽惊其用语玄妙、神奇,却不能深晓其意。其实,前者只是一种略带浪漫色彩的比喻或夸张,其意义完全值得肯定:汉字构形所寓涵的多重特征且互相通达,已"穷尽"宇宙"真理",既能让"上天"为之感动,亦可让"鬼神"无法潜匿。后者则明确告诉我们,每一个汉字皆意涵丰富、包罗万象!为什么?因为它们既源于"伏羲八卦""神农结绳""河图洛书"(卦爻与符号),亦源于"近取诸身,远取诸物"(象形与象意)或为上述数者的结合,故能"囊括万殊,裁成一相","追幽捕微,鬼神不容其潜匿;通玄应妙,言象莫测其存亡"。

　　其三,社会主义核心价值观理论,因其以中国传统道德伦理学精华为根基,以"公正"为核心或灵魂,既与马克思辩证唯物理论、近现代西方进步思想相通相融,又与我党数十年革命建设之实践相融相通,其"中国风格、中国气派、中国特色"确是十分明显,有它的引领,我们的事业既能承继先贤遗志,亦能引领世界潮流。

参 考 文 献

古籍：《尚书》《易经》《易传》《老子》《左传》《论语》《墨子》《列子》《孙子兵法》《孟子》《荀子》《庄子》《吕氏春秋》《孔子家语》《韩非子》《淮南子》《法言》《礼记》《说文》《尔雅》《广雅》《字汇》《公羊传》《论衡》《史记》《汉书》《资治通鉴》《六祖坛经》《书谱》《书议》《天工开物》《梦溪笔谈》《朱子语类》。

著作：

《马克思恩格斯全集》，人民出版社，2002 年。

孟德斯鸠：《论法的精神》，商务印书馆，1961 年。

西塞罗：《论共和国·论法律》，王焕生译，中国政法大学出版社，1997 年。

迈克尔·桑德尔：《公正》，朱慧玲译，中信出版社，2012 年。

亚里士多德：《政治学》，吴寿彭译，商务印书馆，1983 年。

伯尔曼：《法律与宗教》，梁治平译，三联书店，1991 年。

陈来：《竹简〈五行〉篇讲稿》，生活·读书·新知三联书店，2012 年。

罗素：《罗素自选集》，戴玉庆译，商务印书馆，2006 年。

阿伦特编：《启迪：本雅明文选》，张旭东、王斑译，生活·读书·新知三联书店，2008 年。

柏拉图：《理想国》，郭斌和、张竹明译，商务印书馆，1986 年。

康德：《道德形而上学原理》，谢地坤、王彤译，人民出版社，2007 年。

博格：《康德、罗尔斯与全球正义》，上海译文出版社，2010 年。

斯密：《道德情操论》，蒋自强等译，商务印书馆，1997 年。

卡尔·萨根：《魔鬼出没的世界》，李大光译，海口出版社，2010 年。

梁启超：《梁启超全集》，北京出版社，1999 年。

李零：《丧家狗》，山西人民出版社，2007 年。

文章：

习近平：《青年要自觉践行社会主义核心价值观——在北京大学师生座谈会上的讲话》，《人民教育》2014 年第 10 期。

卜祥记、张玮玮：《马克思"社会公正"理论的当代意义》，《哲学研究》2014 年第 4 期。

王淑芹：《诚信道德正当性的理论辩护》，《哲学研究》2015 年第 12 期。

王葎：《幸福与德性：启蒙传统的现代价值意涵》，《哲学研究》2012 年第 2 期。

兰久富：《倡导社会主义核心价值观的理论前提》，《哲学研究》2014 年第 8 期。

邓晓芒：《什么是自由》，《哲学研究》2012 年第 7 期。

甘绍平：《新人文主义及其启示》，《哲学研究》2011 年第 6 期。

刘社欣：《论社会主义核心价值观的生成逻辑》，《哲学研究》2015 年第 1 期。

刘红玉、彭福扬：《马克思的创新价值向度论》，《哲学研究》2012 年第 5 期。

刘永春、肖群忠：《论儒家思想中的敬业精神》，《道德与文明》2016 年第 1 期。

余在海：《中国道路与社会主义核心价值观的凝练》，《哲学研究》2014 年第 8 期。

吴玉军：《自由主义国家认同观及其困境》，《哲学研究》2012 年第 7 期。

吴炫：《试论儒学的创造性改造》，《哲学研究》2011 年第 2 期。

陈炳：《公民性与公民教育：古典政治哲学之维》，《哲学研究》2012 年第 4 期。

杨深：《社会达尔文主义还是民族达尔文主义》，《哲学研究》2014 年第 1 期。

何铁山、卫兵：《"道可道，非常道"别解》，《北京师范大学学报（社会科学版）》2013 年第 6 期。

张彦：《论社会公正重建的内在逻辑与实践进路》，《哲学研究》2014 年第 1 期。

李志强：《论马克思自由观的生态意蕴》，《哲学研究》2014 年第 6 期。

李德顺：《如何认识法律的价值》，《哲学研究》2014 年第 4 期。

庞立生：《历史唯物主义与精神生活的现代性处境》，《哲学研究》2012 年第 2 期。

赵汀阳：《一种对存在不惑的形而上学》，《哲学研究》2012 年第 1 期。

贺来：《有尊严的幸福生活何以可能？》，《哲学研究》2011 年第 7 期。

贺来：《现代社会价值规范基础的反省与重建》，《哲学研究》2014 年第 3 期。

郭慧云、丛杭青，朱葆伟：《信任论纲》，《哲学研究》2012 年第 6 期。

程光泉：《道德困惑与道德冲突》，《哲学研究》1995 年第 10 期。

戴圣鹏：《试论马克思恩格斯的文明概念》，《哲学研究》2012 年第 4 期。

翟振明、陈纯：《自由概念与道德相对主义》，《哲学研究》2014 年第 1 期。